JN092532

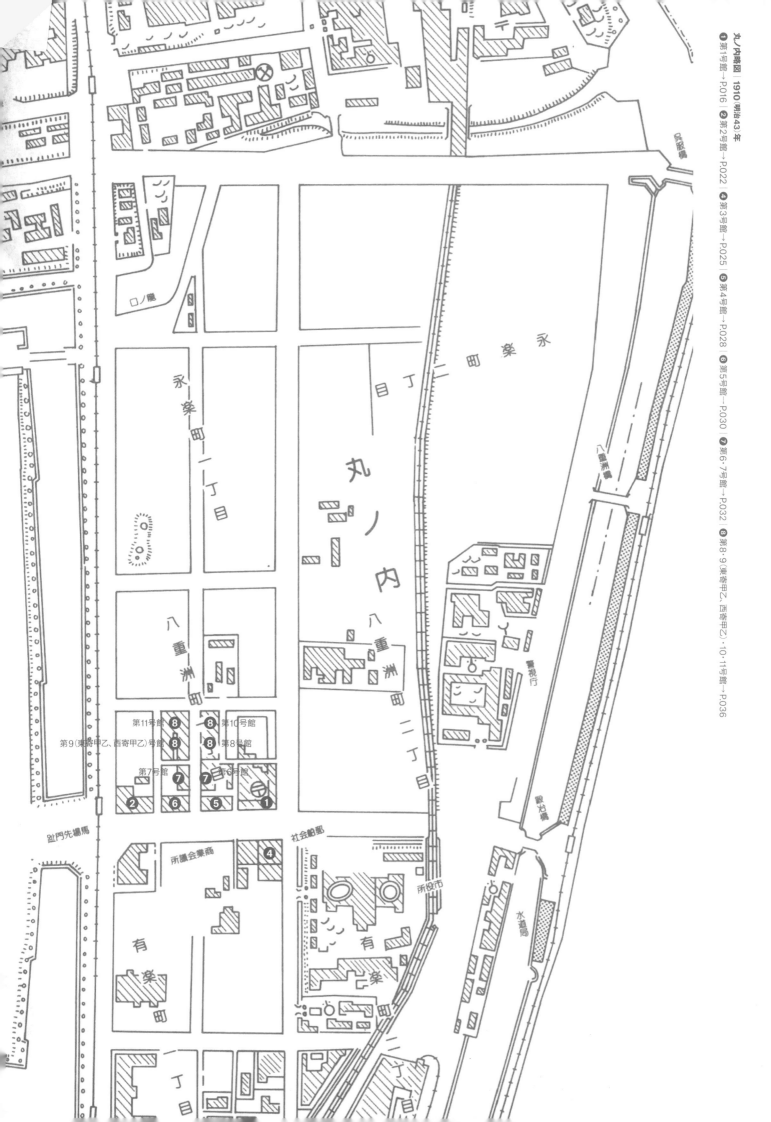

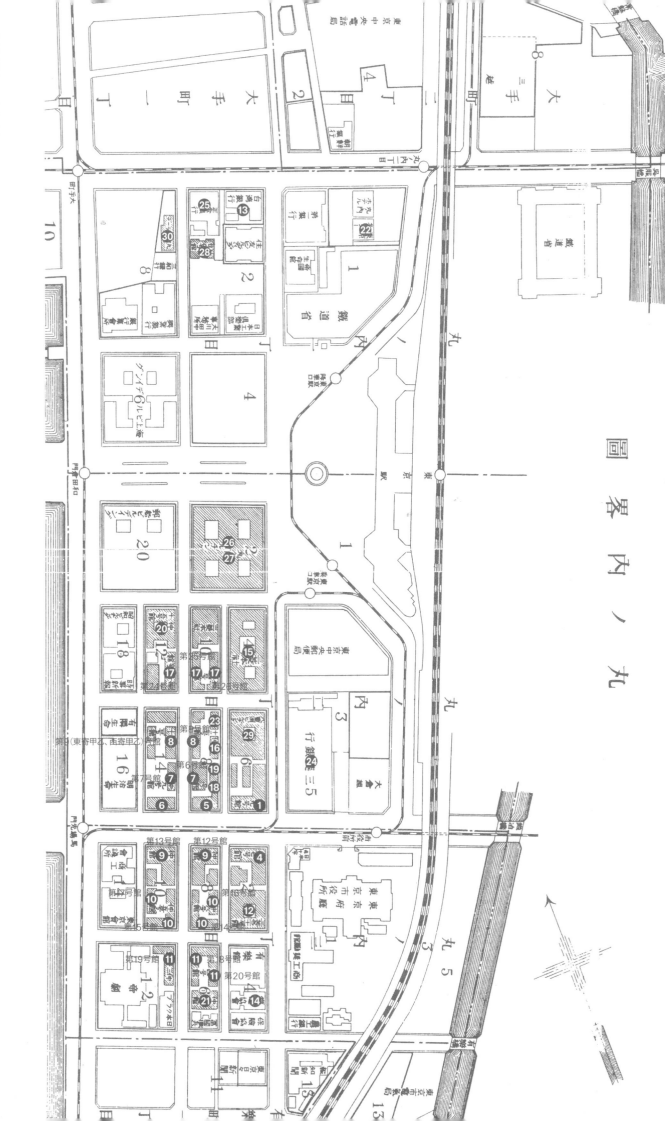

丸ノ内略図 | 1936（昭和11）年

三菱地所設計
創業130周年記念

Mitsubishi Jisho Sekkei
130th Anniversary

新建築社

丸の内建築図集
1890-1973

Architectural drawings of
Marunouchi Tokyo
1890-1973

三菱地所設計
創業130周年記念

Mitsubishi Jisho Sekkei
130th Anniversary

新建築社

- **設計者**
- **竣工年**
- **構造**
- **規模**

建築データ
建物の竣工年や構造、規模は、第
1期竣工時のものを示す。

❶　**図面名（図面に記載さ
れている名称）**

- 縮尺（1/000）│レイアウト
上の原図の拡大縮小率
（00%）
- 作成日
- 解説

図面キャプション
掲載図面は、図面内容に支障のな
い範囲で、一部、トリミング・紙色
の調整・図枠や図面名の削除を
行っている。
掲載図面は、三菱地所・三菱地所
設計所管。

130年にわたる設計思想と技術の継承

野村和宣｜三菱地所設計古図面研究会 代表

三菱地所設計の持つ設計図書群

　三菱地所設計は、1890（明治23）年に三菱社内に設置された「丸ノ内建築所」に端を発する、わが国で最も歴史のある設計組織のひとつです。社内には、三菱社（三菱合資会社）地所部・丸ノ内建築所−三菱地所株式会社・設計監理部門−株式会社三菱地所設計と代々受け継がれてきた設計図書（以降、三菱地所設計図面）が、途切れることなく蓄積されています。三菱地所設計古図面研究会では、2012（平成24）年より図面の整理分析を実施してきましたが、2020（令和2）年9月に会社創業130周年を迎えるにあたり、その成果を図面集としてまとめることとなりました。

　三菱地所設計図面の全体像について説明します。三菱社（三菱合資会社）時代の明治期は、自社が建築主の事務所建築や創業家である岩崎家に関係した住宅がほとんどであり、大正期になって三菱以外を建築主とする建物も含まれるようになっていきます。そして、三菱地所時代になると不動産事業の拡大と共に地域も用途も多岐にわたるようになり、三菱地所設計時代ではさらに広がりを見せます。その中で、当社が時代を超えて一貫して取り組んできたのが丸の内オフィス街の街づくりと建物群の設計です。丸の内オフィス街は、明治中期に建設が始まり大正期を経て昭和初期に概ね第1世代の街が完成します。戦後、高度経済成長を背景に「丸ノ内総合改造計画」によって第2世代の街へと生まれ変わりました。そして、平成に入り第3世代の街への再構築が着手され現在も進行しています。本書は、三菱地所設計図面の中から丸の内オフィス街の建築を対象に、「第1号館」の設計開始時（丸ノ内建築所が設置された1890［明治23］年）から「丸ノ内総合改造計画」の最後に設計された「三菱ビルヂング」竣工時（1973［昭和48］年）までの64棟の図面を紹介します。

130年間途切れることなく繋がった設計思想と技術の「鎖」

　今回本書を企画するにあたり、「同一地域」「同一用途」「同一設計組織」の図面を連続した時間軸で比較することができるということが、三菱地所設計図面の特徴であるとの考えに立ち、約80年間に設計された64棟の建物の図面をシンプルに時間軸で並べることとしました。それにより、時代の要求や技術革新などによって変化として現れるものが何であるか、逆に時代や設計者が変わっても変化せず継承されているものは何であるかが分かるのではないかと思ったからです。結果として、建物の構成・構造形式・ファサードデザインに変遷の特徴を確認することができましたが、これらは同時にわが国の都市建築の近代化の変遷とも合致するものであると思います。

　本書によって、三菱地所設計図面の価値が認識され広く研究活動に役立つことを期待すると共に、各時代の先輩たちが次の時代へと受け継いだ設計思想と技術の「鎖」を再認識することで、これからの設計者がどのように未来の社会づくりに貢献していくべきか、ひとりひとりが考えるきっかけになれば幸いです。

三菱地所設計図面の
アーカイブズとしての意義とその可能性

［論考］

［著者］
－　**藤本貴子**｜アーキビスト
－　**山﨑鯛介**｜東京工業大学博物館副館長・教授

三菱地所設計図面とは

　三菱地所・三菱地所設計は、三菱社時代の1890（明治23）年に払い下げを受けた丸の内エリアに建設した「第1号館」（ジョサイア・コンドル［1852〜1920年］設計、1894［明治27］年竣工）以来現在に至るまで、同社が手掛けた建築に関する図面や文書を保有してきた。三菱地所設計図面とは、これらの丸ノ内建築所（1890年設置）時代から現在までに作成された図面を指す。このうち、三菱地所設立（1937［昭和12］年）までに作成された図面は「古図面」として管理されている。古図面は主に和紙に墨書きのもので、14,000枚に及ぶ。これに現在までの図面を加えると、総量は相当数となる。コンドル設計の「岩崎家住宅」（1896［明治29］年竣工）や「第1号館」などの237枚の図面と、大量の建築関係の外国語文献および写真資料の一部については、公益社団法人三菱経済研究所付属の三菱史料館に寄託されている。

三菱地所設計図面の資料的価値

　近代建築に関する資料は、近代建築史研究の進展に伴い、研究者などにより部分的に収集されてきたが、ある組織体や活動に関する資料が包括的に収集・保存された近代初期の事例は、そう多くはないと考えられる。1905（明治38）年10月には建築学会（1947［昭和22］年に日本建築学会に改称）において明治初期の資料を収集することが決議されているが[1]、一次資料が収集されたかどうかは定かではない。1936（昭和11）年には、建築学会50周年記念事業として開催された記念展覧会において、1886（明治19）年から1935（昭和10）年の間に建設された代表的な建築の写真が収集され展示された[2]。展示のために収集された631点の写真はガラス乾板に複写され、現在は日本建築学会図書館に保管されている。資料群として収集・保存された事例としては、コンドルの図面資料がある。1920（大正9）年のコンドルの没後、作品集出版のために図面資料が集められ[3]、その後、所有者に返却されたものを除き、古市公威（1854〜1934［嘉永7〜昭和9］年）により京都帝国大学（現 京都大学）建築学科に寄贈された。寄贈後は建築教育や研究のために活用され、現在は京都大学工学研究科建築系図書室所蔵である。本来であれば施主などの元にあったはずの図面が、出版を契機に収集され、その後ほぼ一括して保存が図られたという、近代建築資料がアーカイブズ化された早期の事例と考えられる。戦後には、関係者や事務所、遺族などが保管した後に、公文書館、図書館、大学、日本建築学会などの公的・専門機関に寄贈される資料群も

見られるようになる。

　三菱地所設計図面は、企業自身が保管・管理する機関アーカイブズの一部である。ゼネコンや大手組織設計事務所が所蔵する資料は、後述する活用の難しさもあるが、清水建設や竹中工務店などに見られるように、その一部が整理・活用されている例もあり、近年ますますアーカイブズとしての重要性が認識されつつある。

　三菱地所設計は、近代以降に民間が設立した建築設計組織で現在に続く組織設計事務所として、日本で最も歴史が長いもののひとつとされる。130年にわたって設計活動が継続されており、現在も資料は蓄積され続けている。そもそも建築に関わる資料の状況は、単純に現用文書から歴史資料になるという一方向的な変化を辿るわけではなく、実用的な価値と研究的な価値が渾然となったまま使用され、継承されていくことが多い。三菱地所・三菱地所設計においてはまず、建築主としての建築管理営繕のために図面が必要とされ、また既存建築の改修設計の際にも使用されてきた。「三菱一号館」復元（2009［平成21］年竣工）の際にも、旧「第1号館」の図面資料や解体時の調査・部材等を使用して検討が行われている[4]。このような使用と蓄積の結果、当該資料は三菱地所・三菱地所設計という組織における設計活動の根拠であると同時に、近現代建築史の歩みを裏付ける資料となったと言える。

三菱地所設計図面のアーカイブズ化とその可能性

　近現代建築資料をアーカイブズとして扱う取り組みはまだ日が浅く、法律的な枠組みも十分でないため、さまざまな課題がある。建築に関する企業アーカイブズの保存と活用についても、いくつかの課題が考えられる。ひとつは、資料の評価選別の問題である。法律で定められた保存年限を超えた後に、どの資料を残していくべきかは、日々業務に関わる大量の資料が蓄積されていく機関アーカイブズにとって、大きな課題であろう。また、企業とは基本的には利潤追求の組織体であるため、利潤に直接は関係せず、さらに保管管理に費用のかかるアーカイブズ維持に対しては、積極的な取り組みが期待しづらい。このほかに、活用に関する課題もある。建築資料の性格上、発注者や施主との契約や、使用者への配慮などから、第三者に公開するのが難しい資料も多い。近現代建築資料を巡る権利に関係するステークホルダーは複数にわたる場合が多く、資料や建築の内容や性格、時代によってもステークホルダーは変わってくる。

アーカイブズ保存の際に重要なのは、所有者自身や残そうとする主体にとっての価値判断である。企業の機関アーカイブズにおいては、まず、資料を所蔵する企業自体においてその価値が認識される必要がある。そして、資料の活用が企業の理念や業務内容に直接・間接的に関係し、広い意味において企業の利益に寄与することが望ましい。企業内において資料を積極的に活用しようとする意志があることで、企業理念や業務内容との連関が生まれたり、その価値が再発見されると考えられる。

三菱地所設計においては、2012（平成24）年に企業内の有志によって「古図面研究会」が組織され、古図面の調査分析を行っており、その成果は社内報やHP上で共有されている[5]。社史や建築記録の出版に加え、外部の教育機関や研究において資料が限定的に活用されることもある。130年にわたって丸の内における街づくりを担ってきた三菱地所・三菱地所設計は、1990年代より開発において歴史的建築を活かした設計も行ってきた。「三菱銀行本店ビル」（「三菱合資会社銀行部」［1922〈大正11〉年竣工］、建て替えは1980［昭和55］年）や「日本郵船ビル」（1923［大正12］年竣工、建て替えは1978［昭和53］年）建て替えの際には部材保存を行い、「東京銀行協会ビル」（1993［平成5］年竣工）設計の際には、古材を再利用してファサードの再現を試みた。「丸の内パークビルディング」（2009［平成21］年竣工）における「第1号館」の復元プロジェクトや、1920（大正9）年竣工の「日本工業倶楽部会館」を部分的に保存した「日本工業倶楽部会館・三菱UFJ信託銀行本店ビル」（2003［平成15］年竣工）は、開発に際して積極的に歴史的建築を継承する取り組みであった。三菱地所設計は、こうした歴史的建築物の保存、復原、再現や、過去の建築を意識して次の世代の建築設計を考えることを「継承設計」と呼んでいる。継承設計において歴史的建築の価値の所在を見極めるためには、的確な検証が必要となる。各時代の建築技術や設計手法を検討するために、継続的に残されてきた同一地域の建築資料が有用であったことは、言を俟たない。自社が管理している歴史的資料の調査分析を行う古図面研究会の活動は、「継承設計」という手法の研究的背景となっていると言える。

三菱地所設計図面の新たな設計活動における活用や、教育機関などと連携した限定的な活用は、機関アーカイブズの適切かつ理想的な事例であると考えられる。これらの成果は、設計活動や建築教育を通じて、社会に還元されることとなる。還元方法には将来的にさまざまな可能性が考えられるだろうが、この度の本書出版も間違いなくその一翼を担うものである。

— **藤本貴子**｜ふじもと・たかこ｜1981年 富山県生まれ／2003年 慶應義塾大学総合政策学部卒業／2020年 東京大学大学院人文社会研究科文化資源学専攻修士課程修了／2003-13年 磯崎新アトリエ／2013-14年 文化庁新進芸術家海外研修員として米国・欧州の建築アーカイブで研修・調査／2014-20年 文化庁国立近現代建築資料館

— **山﨑鯛介**｜やまざき・たいすけ｜1967年 埼玉県生まれ／1990年 東京工業大学工学部建築学科卒業／1992年 同大学大学院理工学研究科（建築学専攻）修了／1992-98年 有限会社早川正夫建築設計事務所／1998-2008年 東京工業大学大学院理工学研究科 助手／助教／2008-13年 千葉工業大学工学部建築都市環境学科 准教授／2013-16年 東京工業大学大学院理工学研究科 准教授／2016-19年 東京工業大学環境・社会理工学院 准教授／2019-現在 東京工業大学博物館副館長・教授

— **註**

1　『建築雑誌』230号、1906（明治39）年2月、p.4。

2　これらの写真のうち、明治・大正期写真250点は同年『明治大正建築写真聚覧』（建築学会、1936［昭和11］年）として出版された。

3　コンドル博士記念表彰会 編『コンドル博士遺作集』、1931（昭和6）年

4　野村和宣「三菱一号館〈明治時代の煉瓦造建築を蘇らせる忠実な復元〉」（『生まれ変わる歴史的建造物』日刊工業新聞社、2014［平成26］年、pp.99-161）

5　三菱地所設計HP「連載 古図面の旅」https://www.mj-sekkei.com/library/old-drawings/

丸の内における
事務所ビルの平面計画の変遷

［論考］

［著者］
- **鰐淵卓** | 都市環境計画部
- **桐澤航** | リノベーション設計部

本稿では、本書に収録した「第1号館」から戦後の「三菱ビルヂング」までの古図面を用い、丸の内における事務所ビルの平面計画に焦点を当てて、その変遷を概観したい。同一地域(丸の内)における同一設計組織(三菱地所設計)による同一用途(事務所ビル)の建物を検証することで、近代を通して変化・蓄積させてきた三菱地所設計の設計思想や手法の一端を考察する。

ストリートを形成した棟割長屋の煉瓦街

1890(明治23)年、丸の内一帯の一括払い下げを受けた三菱社は、「丸ノ内建築所」を設置し、街づくりを開始した。ジョサイア・コンドル(1852–1920年)の設計による1894(明治27)年竣工の「第1号館」を筆頭に、馬場先通りを正面ストリートとして煉瓦造の街並みができ、引き続き曾禰達蔵(1852–1937[嘉永5–昭和12]年)、保岡勝也(1877–1942[明治10–昭和17]年)によって正面ストリートを馬場先通りから仲通り・東仲通り・西仲通りへと延伸させながら、煉瓦街がつくられていった。

明治期のビルに共通する特徴として、全階縦割りのスペースを1テナントに貸す棟割長屋形式[1]が見られ、それぞれ専用の玄関、階段、便所、給湯室、暖房等が設けられた。「第1号館」は、馬場先通り側の正面に3つ、側面に5つの玄関が付けられ、三菱合資会社と銀行部営業室の部分を除いて、各1階から3階までを1単位として建物が分割されている。

それは当時の人びとの一般的な感覚であった「自分の門は自分だけの占有で他人と共有するものではない」という考え方に基づくものであった[2]。その考え方に基づけば、明治初期につくられた兜町ビジネス街の三井組の建物[3]のように、江戸期の大名屋敷の構えを踏襲し、1社ずつ1敷地に門と建物を構える街づくり[4]もあり得たと思われるが、あえてそれをやめ、街路に面して建物を並べ統一感あるストリート的都市空間を形成[5]したところに、丸の内の街づくりの先進性が見られると言ってよいだろう。

大正期における合理的プランへの発展

大正期に入ると、シカゴやニューヨークのスカイスクレイパーを手本とし、鉄骨造や鉄筋コンクリート造の事務所ビルの形式が導入された。1テナントが棟割で借りる形式から、共用の中廊下に面して区切られた部屋を借りるという、今日の一般的なオフィスビルと同様の形式[6]へと移った。

そのようなな変遷の過渡期的"迷"作と言えるのが1914(大正3)年竣工の「第21号館」である。中廊下形式の丸の内第1号であるだけでなく、平面の変遷の過渡期的な特徴を示す重要な建物である。以前と明らかに異なり、ビルの隅に大きな玄関ホールがあり、そこに通じる廊下に面して各部屋が並ぶ。今では当然だが、複数テナントが入居するビルでありながら、玄関ホール、廊下、エレベータ、便所、湯沸所をシェアする形式は画期的であった。

この形式には貸しビル業としてふたつのメリットがあった。ひとつ目は玄関、廊下、階段を共用とすることで、延床面積に対する貸床面積の比率[7]が向上した。ふたつ目は初めから小さな部屋に仕切るのではなく、入居者が決まった段階で構造上必須の壁は確保した上で必要面積だけ仕切って貸すことが可能となった[8]。それらのメリットは平面形式の変化だけに由来するのではなく、分厚い壁で区切られた壁構造の煉瓦造から、間仕切り壁が構造体としてさほど重要でなくなる鉄骨造・鉄筋コンクリート造の構造的な特色をうまく活かしたものだったと考えられる。

ただ初めての試みゆえ、迷いながら手探りでつくった感が否めず、今から見ればおかしな点も多々見られる[9]。例えば、今では複数のエレベータを1カ所に集約させるのは普通だが、「第21号館」は玄関ホール側に1台、そこから反対側に離して1台と別々に配置された。また、上下の階で柱位置が揃っていない、鉄骨柱と鉄筋コンクリート柱が交互に並んでいる……と奇妙な点は尽きず、過渡期の建物として位置付けられよう[10]。

「第21号館」で平面計画のひとつの節目を迎えるが、桜井小太郎(1870–1953[明治3–昭和28]年)が技師長になり、よりいっそう合理的な平面へと進歩する。その最たる例は1919(大正8)年竣工の「第27号館」で、事務室を周囲に配し、エレベータや階段、便所、給湯所といった共用部は中央にまとめており、丸の内初のコア・システム[11]がはっきりと見て取れる。

一方で、すべてが中廊下形式に移り変わるわけではないこともまた興味深い。1917(大正6)年竣工の「第24・25・26号館」の3棟においては、地階から3階までを1単位として専用の玄関を設ける棟割長屋形式が相変わらず採用されている。当時まだ根強く残っていた長屋の棟借りの需要に応えようとしたものであろう。

こういった古図面からは、最先端に果敢に挑む開拓精神が見られる一方で、その時々のテナント需要に確実に応えようとする姿勢も同時に読み取れる。試行錯誤の過程に、先進性と保守性の両面が同居するのは、現在まで残る三菱地所設計の社風であるように思う。

現在の丸の内にも継承される「丸ノ内ビルヂング」の空間構成

大正後期には事務所床の需要が急増し、巨大なアメリカ式高層事務所ビルである「丸ノ内ビルヂング」(1923[大正12]年竣工)が誕生する。東京駅が1914(大正3)年に開業したことも相まって、丸の内の中心は馬場先通りから東京駅側へと移り、東京駅側を正面として設計された。

「丸ノ内ビルヂング」の平面計画は、現在の高層事務所ビルに直結する特徴がふたつある。ひとつはエレベータを主とした玄関ホールである。大正期からエレベータを主軸とする建物が主流となったが、それでも昔ながらの好みで階段が玄関を飾る演出として付けられていた。しかし、「丸ノ内ビルヂング」ではそれをやめ、広々としたホールにズラリと10台のエレベータを並べた。そして、特筆すべき2点目は、1階に十文字状にアーケードを通しその両側に複数の店舗区画を配置したことである[12]。アーケードは歩行者の自由な通行が可能で、お店を覗きながら街の路地を歩くような感覚をビルの中にも取り入れることに成功した。今では、高層ビルの低層部を商業施設等として一般の人びとが自由に出入りできる賑わい空間とするのは当たり前となっているが、このような「ストリート性」をビルの中に引き込んだのは日本では「丸ノ内ビルヂング」が初めてであり、現在の丸の内にも脈々と継承されている空間構成である。

—

戦後以降の丸の内の発展的継承

戦後、高度経済成長期下の丸の内では、老朽化し時代遅れの感もあった赤煉瓦街を変革させるべく「丸ノ内総合改造計画[13]」が始動した。まず戦後のビルが戦前と大きく変わった点は、事務所の奥行がせいぜい7−8mだったところが約18mと、ほぼ倍に広がったことである。それは照明や空調設備の普及によるものと思われ、採光のための光庭も必須ではなくなった。

一方、当初の街区を統合して約100m角の巨大街区となったが、建物正面となる通りの性格付けや事務所の基本的な構成は、戦前までに到達したものと大きくは変わっていないように思える。特に「国際ビルヂング」(1966[昭和41]年竣工)や「日本ビルヂング」(1962[昭和37]年竣工)等、この時代の「ビルヂング」は基本的にすべて、ビル内を縦横に横断して自由に人びとが通行できる1階コンコースを設けており、「丸ノ内ビルヂング」(1923[大正12]年竣工)で到達した都市とビルの関係性を踏襲している。

その代わり、戦後以降はこれまで築き上げた丸の内を発展的に継承させた。都市基盤を再構築し地下歩行通路や地域冷暖房施設といった都市基盤ネットワークの形成、モータリゼーションに対応した地下駐車場の整備等、都市的スケールで街に必要な機能を加え、建物同士でネットワーク化させる取り組みが平面計画に見られる。

それらの取り組みは1995年に発表された「丸ノ内ビルヂング」再開発を皮切りに始動した第3次開発においてもよりいっそう発展的に継承され、よりスケールを増し機能を充実させて丸の内の価値を高めている。

— **鰐淵卓**|わにぶち・たく|
1991年 東京都生まれ／2015年 東京工業大学工学部建築学科卒業／2017年 東京工業大学大学院理工学研究科建築学専攻修士課程修了／2017年 三菱地所設計入社／現在、三菱地所設計 都市環境計画部

— **桐澤航**|きりさわ・わたる|
1984年 福島県生まれ／2007年 日本大学理工学部建築学科卒業／2009年 日本大学大学院理工学研究科建築学専攻修士課程修了／2009年 三菱地所設計入社／現在、三菱地所設計 リノベーション設計部 アーキテクト

— **註**

1 「第2号館」(1895[明治28]年竣工)以降の平面図を見ていくと中廊下式の建物も多く見られるが、これらはビル1棟に1テナントのみが入居する前提で設計されている。したがって、ひとつの建物に複数テナントが入居する建物は棟割長屋形式となり、1テナントのみが入居する場合は中廊下式となる。

2 『丸ノ内 今と昔』(冨山房、1940[昭和15]年)には「貸事務所というものの意味が一般に理解されていなかつた(中略)とかく一棟の建物を専有したがる氣風があつた」とある。

3 1874(明治7)年の駿河町三井組の建物。初田亨『東京都市の明治』(筑摩書房、1994[平成6]年)に詳しい。

4 陣内秀信『東京の空間人類学』(筑摩書房、1985[昭和60]年)では、明治初期の近代建築の都市におけるひとつの構成として「屋敷構え」を挙げ、「周囲に空地をとって塀を巡らし、門を構えて格式を表現」したとある。

5 岡本哲志『「丸の内」の歴史 丸の内スタイルの誕生とその変遷』(ランダムハウス講談社、2009[平成21]年)には、丸の内に先行する西欧をモデルとした都市建設の例として、1877(明治10)年完成の「銀座煉瓦街」や1887(明治20)年前後のヘルマン・エンデ(1829−1907年)とヴィルヘルム・ベックマン(1832−1902年)の「官庁集中計画」を紹介している。

6 『丸の内百年のあゆみ：三菱地所社史 上巻』(三菱地所、1993[平成5]年)(以降、「社史」と略す。)

7 レンタブル比と呼ばれ、この比率が高いほど貸しビルとしての収益性は高まる。

8 社史 上巻

9 藤森照信「丸の内をつくった建築家たち―むかし・いま―」『新建築1992年4月別冊 日本現代建築家シリーズ15 三菱地所』(新建築社、1992[平成4]年)

10 「第21号館」に関しては、基本設計は保岡が手掛けたが直後に退社してしまい、後任の桜井小太郎が来るまでの技師長不在の期間に、実施設計を行わざるを得なかったことも要因のひとつだろう。「第21号館」の図面には当時の地所部長赤星陸治(1874〜1942[明治7〜昭和17]年)の承認印が多く見られる。

11 わが国におけるコア・システムの導入としては、1912(明治45)年の「三井貸事務所」、1927(昭和2)年の「大阪建物東京ビル第一号館」(設計：渡辺節)等が知られる。注9参照。

12 野村正晴「震災補強工事による旧丸ノ内ビルヂングの建築計画の変化―三菱財閥と丸ノ内地区開発その2」(日本建築学会計画系論文集、2011[平成23]年)で、補強工事に伴って事務室空間だった2階も商店空間へと転化されていく過程を明らかにしている。

13 1959(昭和34)年に始動した「赤煉瓦地帯建物改築計画」いわゆる「丸ノ内総合改造計画」では、ビルの建て替えを1期、2期と増築を伴いながら段階的に推進した。それに伴い、東西仲通りは廃止され、仲通りが13mから21mへ順次拡幅整備されていった。社史 下巻。

社会と共に変化する街並みと継承される思想

[論考]

[著者]
- **江島知義**｜建築設計一部
- **東海林孝男**｜建築設計一部

東京市区改正条例と丸の内の土地払い下げ(1890[明治23]年)、「一丁倫敦(ロンドン)」の形成

三菱社が払い下げを受ける前の丸の内西側一帯は、江戸時代の大名屋敷の建物をそのまま兵舎として利用していた陸軍省の兵営があった[1]。そして、払い下げを受ける前の1988(明治21)年に日本で最初の都市計画法である「東京市区改正条例」が制定される。その条例にて、日比谷通り、大名小路、馬場先通りなどの大通りは、既に記されており、仲通りも計画されていた。

丸の内の一括払い下げを受けた三菱社の街づくりは、1890(明治23)年に丸ノ内建築所を設置し、ジョサイア・コンドル(1852-1920年)を三菱社顧問に招き、曾禰達蔵(1852-1937[嘉永5-昭和12]年)を初代技師長として始まる。東京府の道路を基準にして測量を開始すると共にボーリングを行い、仲通りと大名小路との間に東仲通り、仲通りと日比谷通りとの間に西仲通りをそれぞれ南北に通し、さらに東西の通りを何本か通す。これによって町割りがなされた。そして、コンドルと曾禰は、何もなかった三菱が原に「第1-3号館」(第1号館：1894[明治27]年竣工、第2号館：1895[明治28]年竣工、第3号館：1896[明治29]年竣工)を設計し、「東京商業会議所ビル」(1899[明治32]年竣工)と共に、東端の「東京府庁舎」(1889[明治22]年竣工)から西端の内濠に至る馬場先通りに四軒長屋と呼ばれる近代オフィス街としての輪郭を定めた。そして、三菱社の初代技師長となった曾禰は、コンドルと共に定めた輪郭を継承、昇華させ、「第1号館」の軒高15mに揃えた「一丁倫敦」の街並みをつくり上げた。くり上げた。

丸の内2番目の近代街路「仲通り」の形成

曾禰は、「第6・7号館」(1904[明治37]年竣工)について、仲通りを挟んで対面する2階建ての同じファサードとして計画した。それを2代目技師長の保岡勝也(1877-1942[明治10～昭和17]年)が引き継ぎ、「第10・11号館」(1907[明治40]年竣工)までの仲通りに面する建築は2階建てとし「第6・7号館」の軒高に揃え、仲通りを挟んで同じファサード[2]にして対面させた。これは、一丁倫敦で見せた統一した街並みを仲通りにもつくることを意図したと考えられる。そして、保岡は、引き続き、馬場先通りより南側において、「第12号館」(1910[明治43]年竣工)から「第19号館」(1912[大正元]年竣工)まで完成させる。この仲通りが丸の内に2番目にできた近代街路空間となる。

また、馬場先通りより南側の仲通りに建てられた「第14・15・18・19号館」(1912[大正元]年竣工)は、対面する交差点に向けて塔状のデザインを付加し、街路空間にアクセントを与える新しい試みを実践している。そして、保岡の最後の作品であり、基本設計まで関与した「第21号館」(1914[大正3]年竣工)では、「第20号館」(1912[大正元]年竣工)までの勾配屋根ではなく陸屋根とすることで、イギリス式から大規模建築であるアメリカ式への移行を試みた画期的な建築であった。

そして、「第21号館」の完成と同じ年に東京駅が開業し、丸の内の中心は、馬場先通りから行幸通りへと移っていき、アメリカ式の大建築からなる「一丁紐育(ニューヨーク)」と呼ばれた街並みが形成される。それを牽引したのが、次の技師長となる桜井小太郎(1870-1953[明治3-昭和28]年)である。

桜井は、大名小路沿いに「第22号館(三菱仮本社)」(1918[大正7]年竣工)、「丸ノ内ビルヂング」(1923[大正12]年竣工)等のいっそう大型化した建物を設計し、「丸ノ内ビルヂング」では、東仲通りを計画せず、大きな街区が形成された。

市街地建築物法および都市計画法の制定(1919[大正8]年)と百尺規制の街並みへ

東京・大阪の大都市を中心に建築物の高層化の傾向が生じ始め、交通の局部的な集中や、その頃、実用化されてきた自動車の交通状態悪化等が起こり、衛生・保安・交通の観点から市街地建築物法(現在の建築基準法の前身)および都市計画法が制定される。いわゆる百尺の絶対高さ制限[3]である。丸の内の街並みは「丸ノ内ビルヂング」を皮切りに百尺の街並みを形成していくことになる。その後、市街地建築物法が全面的に見直され、1950(昭和25)年に建築基準法が制定されたが、百尺の高さ制限は建築基準法に踏襲され、1970(昭和45)年に集団規定が改定されるまで、この百尺規制は続くことになる。その後、市街地建築物法が全面的に見直され、1950(昭和25)年に建築基準法が制定されたが、百尺の高さ制限は建築基準法に踏襲され、1970(昭和45)年に集団規定が改定されるまでこの百尺規制は続くことになる。

「丸ノ内総合改造計画」と街区の変更

戦後の昭和30年代になり、最初の再開発となる「丸ノ内総合改造計画」が進められた。計画は、「千代田ビルヂング」(1961[昭和36]年竣工)から着手され、「丸ノ内総合改造計画」によって目指された丸の内ビジネスセンターの一翼を担うにふさわしい、「周辺との調和を図る」「品位ある風格を出すように考慮する」「いたずらに奇をてらわない」「ビルヂングの経済性を考慮する」「管理、保守に利

便のよいものとする」ことが考慮され、その後に建設される各ビルについても一貫した理念として踏襲されることとなった[4]。そして、各ビルの建設に際しては、私道であった東仲通り、西仲通りを集約するかたちで仲通りを13mから21mに拡幅[5]し、31m（百尺）の建築が道路斜線に掛からないようにした。

—

特定街区制度の創設（1961［昭和36］年）による容積制の街並みへの黎明

戦後、経済成長が進むにつれて、オフィスビルの需要が高まりつつあったが、31mの高さ制限がビル供給の障害となっていた。その結果、容積制導入の動きが進み、1961（昭和36）年には特定街区制度が創設されることになる。この特定街区制度による日本初の開発が行われたのが、「日本ビルヂング」（1962［昭和37］年竣工、常盤橋街区）であった[6]。「日本ビルヂング」は東京都の銭瓶町ポンプ所（下水ポンプ所）との合築であるが、常盤橋街区はその他にも常盤橋変電所、首都高速道路八重洲線といった都市インフラを抱きかかえた近代稀に見る複合建物であった。

—

建築基準法の改正（1970［昭和45］年）と容積率規制・斜線制限規制による街並みへ

1963（昭和38）年の容積地区制度の創設を経て、1970（昭和45）年には建築基準法の改正により、容積率規制と斜線制限規制の導入と絶対高さ規制の撤廃がされることになる。ちょうどその頃、丸の内で計画が進められていた建物が「新有楽町ビルヂング」（1965［昭和40］年竣工）であった。この建物は2期に分割して建てられており、仲通り側の第1期部分は百尺以下に、大名小路側の第2期は絶対高さ制限撤廃後のため、百尺を超えた高さで建設されており、ふたつの次代を跨いだ建物となっている。

—

仲通りの活用とエリアマネジメントの萌芽

「丸ノ内総合改造計画」以降、拡幅された仲通りには、街路樹やグリーンベルトの花壇といった「緑のネットワーク」も始まり、緑化維持を目的に大手町、丸の内、有楽町にある有力企業により「丸ノ内美化協会」が設立された。また、1967（昭和42）年7月から年2回行われ、ビジネスセンターにショッピングの要素が加わったワゴンセールである「丸の内グランマルシェ」、1970（昭和45）年9月からは、昼食時に仲通りを歩行者に開放する「ランチョンプロムナード」が開始され、さらに1972（昭和47）年6月からは箱根の「彫刻の森美術館」の協力の下、歩道に彫刻が配された[7]。丸の内美化協会という組織と「丸の内グランマルシェ」「ランチョンプロムナード」「彫刻の森美術館とのアート協力」が、仲通りという公的空間の企画であり、後の大丸有協議会の設立へと繋がる運動であったと考えられる。

—

現代の丸の内の街並み

こうして丸の内の街並みと建物は歴史を紡ぎながら、そして歴史と共に生まれ変わり、日々進化を遂げている。今は建て替えによ

りなくなってしまった建物も、時代背景と共にその図面資料を読み解けば、なぜ今の街並みに辿り着いているのか、何が継承されているのかを理解することができる。

なお、その後の1988（昭和63）年の「丸の内再開発計画」（いわゆる「マンハッタン計画」）の発表、1998（平成10）年に制定された「ゆるやかなガイドライン」に始まる「大手町・丸の内・有楽町地区まちづくりガイドライン」による街づくり、2002（平成14）年の都市再生特別地区制度創設に伴う各開発個別のアイデアによる街づくりの強化、2004（平成16）年の用途地域一斉見直しによる丸の内エリアの容積率1,300%の指定等により、丸の内の街並みは、今も時代と共に変わり続けている。

— **江島知義**｜えじま・ともよし｜1968年 東京都生まれ／1992年 日本大学理工学部建築学科卒業／1992年 松田平田設計入社／2007年 三菱地所設計入社／2012年 東京大学工学系研究科都市工学専攻修士課程修了／2018年 東京大学工学系研究科都市工学専攻博士課程修了 工学博士取得／現在、三菱地所設計 建築設計一部 シニアアーキテクト

— **東海林孝男**｜しょうじ・たかお｜1981年 東京都生まれ／2005年 北海道大学工学部建築都市学科卒業／2007年 北海道大学大学院工学研究科建築都市空間デザイン専攻修士課程修了／2007年 三菱地所設計入社／現在、三菱地所設計 建築設計一部 兼 北海道支店 兼 コンサルティンググループ業務部プロジェクト推進室 アーキテクト

— **註**

1　岡本哲志「丸の内における都市建築空間の形成とストリートスタイルの創造〜日本で活躍した建築家が果たした役割を踏まえて〜」（法政大学デザイン工学部建築学科岡本哲志研究室、2015［平成27］年9月28日）

2　「第8号館」は1棟、「第9号館」は2棟であるが、同じように見せる工夫がなされていた。また、プランは同一ではなく違っていた。

3　大澤昭彦「市街地建築物法における絶対高さ制限の成立と変遷に関する考察」より、この百尺の由来は、丸の内に1917（大正6）年に竣工したばかりの「東京海上ビルディング」の軒高が八十八尺、最高高さが九十三尺であったことが理由のひとつと、当時市街地建築物法制

定にあたって中心的な役割を果たした内田祥三（1885〜1972［明治18〜昭和47］年）も、「計画中の丸の内ビルディング、郵船ビルディングも百尺の制限内で計画がおさまる見通しがついた」ということが理由であったとされ、当時増えつつあった高層建築物が既存不適格にならない高さ百尺とされた。

4　『丸の内百年のあゆみ：三菱地所社史』（三菱地所、1993［平成5］年）（以降、「社史」と略す。）

5　社史。「三菱重工ビル」から「国際・新国際ビル」までの部分から。

6　常盤橋街区（日本ビル、朝日生命ビル、大和証券ビル）は「霞が関ビルディング」、「電通ビル」と共に日本初の特定街区の都市計画決定（1964［昭和39］年8月6日告示）がされている。

7　社史。

丸の内建築における
ファサードデザインの変遷

［論考］

［著者］
－　**須藤啓**｜北海道支店
－　**住谷覚**｜建築設計四部 兼 常盤橋プロジェクト室

ファサードデザインの時代区分

古図面、古写真の検証および三菱地所社史[1]から、丸の内の主要建築のファサードデザインは、以下に挙げる大きく5つの時代に区分することができる。それぞれの時代における技師・技師長、構造形式、建築潮流等を追いながら、ファサードデザインの特徴について記述していく。

－

第1期

「第1号館」−「第13号館」

1894−1911（明治27−44）年

第2期

「第14号館」「第21号館」

1912−1914（明治45−大正3）年

第3期

「第23号館」−「丸ノ内ビルヂング」

1915−1923（大正4−12）年

第4期

「仲28号館」−「新丸ノ内ビルヂング」

1929−1952（昭和3−27）年

第5期

「大手町ビルヂング」−「三菱ビルヂング」

1958−1971（昭和33−46）年

－

第1期｜建築様式の習得

第1期における特徴は、「クイーン・アン様式」のファサードデザインである。

「第1号館」（1894［明治27］年竣工）から始まる丸の内の建築は、石とスタッコによるネオ・ルネッサンス様式の「第2号館」（1895［明治28］年竣工）を除き、「第13号館」（1911［明治44］年竣工）まで、2階や3階建ての規模の違いはあるものの、赤煉瓦と帯石、隅石を用いた「クイーン・アン様式」のファサードデザインが踏襲された。

「第1号館」および「第2号館」の設計はジョサイア・コンドル（1852−1920年）、「第3号館」から「第7号館」を曾禰達蔵（1852−1937［嘉永5−昭和12］年）、「第8号館」から「第13号館」は保岡勝也（1877−1942［明治10−昭和17］年）が担当した。

また、同時代のヨーロッパにおいては、アール・ヌーヴォーやアール・デコ、セセッション等、古典様式以外の新しい建築様式の潮流が出現し、構造形式は煉瓦造に代わり鉄筋コンクリート造の技術が発展した。シカゴやニューヨークでは鉄骨造とエレベータ技術等の発展に伴い高層のアメリカン・オフィススタイルが相次いで誕生した。一方、わが国においては、いまだ建築様式の習得段階であり、新しい潮流の出現には次の時代を待たなければならなかった。

－

第2期｜鉄筋コンクリート造導入による
ファサードデザインの変化

第2期における特徴は、様式的装飾が抑えられたファサードデザインである。

「第14号館」（1912［明治45］年竣工）から「第20号館」（1912［大正元］年竣工）までのファサードデザインは、第1期の「第13号館」までの「クイーン・アン様式」をまとった華麗な建築と比較すると、窓枠や出入口回りに装飾的要素が見られる程度で非常にあっさりしている。化粧煉瓦貼りの煉瓦造風ファサードでありながらも、装飾的要素が極端に少ないことから、導入されたばかりの鉄筋コンクリート造を用いた様式的装飾表現が相当に困難であったと言えるのではないだろうか。

一方、交差点に面した建物の出入口上部には各々ドーム形状の屋根がある等、交差点に対し建物角を強調するデザインが見られる。交差点に向かい合う建物角を強調するファサードは、保岡の時代にのみ出現していることから彼のデザイン・ボキャブラリーであったに違いない。

このような試行錯誤を経て、「第21号館」（1914［大正3］年竣工）に結び付くのである。「第21号館」のファサードデザインは、これまでよりも大きな開口の三連窓とし、帯石や付柱等の装飾が施された「クイーン・アン様式」が復活した。これは、鉄筋コンクリート造における様式的装飾表現の技術が習熟してきたものと推測できる。また、交差点角部にあるドームを伴った円筒形状の塔のファサードからは、保岡の手による痕跡を見ることができる。

－

第3期｜新様式の開花

第3期の特徴は新しい様式の開花である。

これまで「クイーン・アン様式」一辺倒であったデザインに代わりこの第3期では、セセッション様式、ルネサンス様式、アメリカン・オフィススタイル等、多様な様式のファサードデザインが展開された。煉瓦造による赤の時代から化粧煉瓦貼り・モルタル塗りの白の時代に変貌した。

例えば、「第22号館」(1918[大正7]年竣工)以降、「第27号館」(1919[大正8]年竣工)までの建築は当時ヨーロッパで流行したセセッション様式であり、「仲2号館」(1919[大正8]年竣工)の暗色化粧煉瓦貼りの例外を除き、そのファサードはほとんどが白に近い明色の仕上げとなっている[2]。

また、「帝国鉄道協会会館」(1916[大正5]年竣工)はルネサンス様式、「三菱合資会社銀行部」(1922[大正11]年竣工)はアメリカ銀行建築の特徴である巨大オーダーが並ぶファサードデザインである。

第3期の集大成といえるのが「丸ノ内ビルヂング」(1923[大正12]年竣工)である。ファサードは三層構成、列柱なしの装飾が抑えられたネオ・ルネサンス様式が採用され、四角い箱形のアメリカン・オフィススタイルとなっている。

これらの新しい様式の開花は、保岡の退社後(1912[明治45]年)に桜井小太郎(1870–1953[明治3–昭和28]年)が入社(1913[大正2]年)することで始まった。桜井の影響により丸の内建築に世界の多様なファサードデザインの新たな潮流がもたらされたと言えよう。

–

第4期｜丸の内建築におけるモダニズム建築の幕開け

第4期の特徴は黎明期のモダニズムにおけるゆらぎ(試行錯誤)である。

昭和に入り、「八重洲ビルヂング」(1928[昭和3]年竣工)が建設された。三層構成とし、最上階の窓の半円アーチや角部の塔の装飾を見ると丸の内建築において初のロマネスク様式を基調としたことが分かる[2]。桜井の跡を継いだ藤村朗(1887–1953[明治20–昭和28]年)は、「八重洲ビルヂング」において前技師長桜井のセセッション様式やアメリカン・オフィススタイルから脱却し、ロマネスクという新たな様式的要素をここで展開させたかったのではないだろうか。

一方、終戦後に建設された「新丸ノ内ビルヂング」(1952[昭和27]年)は「丸ノ内ビルヂング」と同じ箱形であるが、装飾がほとんど排除されたボツ窓形式のモダニズム建築であった。

世界に目を向けると、1925(大正14)年にパリ万国博覧会(アールデコ展)が、1928(昭和3)年にCIAM(近代建築国際会議)が開かれ国際的なモダニズム(近代建築)運動による新たな建築理念が確立され、機能主義的・合理主義的かつ装飾のない建築の時代が幕開けした。しかし、わが国では昭和恐慌や第二次世界大戦の影響による建築行為の中断があり、丸の内建築における本格的モダニズム事務所建築の出現は戦後の「新丸ノ内ビルヂング」まで待つ必要があったと言えよう。

–

第5期｜赤煉瓦からモダニズムへ

第5期の特徴はモダニズム事務所建築への変化、移行である。

「大手町ビルヂング」(1952[昭和33]年竣工)の竣工以降、丸の内建築はすっかりモダニズム事務所建築に変貌していった。高度経済成長期中の1959(昭和34)年に「丸ノ内総合改造計画」が始まり、街並みの主役であったクイーン・アン様式やセセッション等の建築から、次々とモダニズム事務所建築に建て替えられ、「三菱ビルヂング」(1973[昭和48]年竣工)までに、新築・増築合わせて37棟が建設された。

これらのファサードデザインには次の傾向がある。初期における柱梁の軸組み(梁勝ち)デザインから、中間期における横連窓、そして後期のアルミカーテンウォールへと変遷していった[3]。これは、鉄筋コンクリートによるヨーロッパ建築の潮流に代わり、鉄とガラスを主体とするアメリカ高層建築の潮流の影響を受けたことが主な要因と考えられる。

–

丸の内建築のファサードデザインの変遷を通して

今回の考察を通じ、「第1号館」から始まった丸の内建築におけるファサードデザインは、構造形式等の建築技術イノベーション、時勢の要求やデザイン潮流の変化、歴代の技師・技師長のデザイン志向の影響を受けながら変遷してきたことが明らかとなった。

–　**須藤啓**｜すどう・ひろむ｜
1964年 東京都生まれ／1988年
日本大学理工学部建築学科卒業／
1990年 日本大学大学院理工学
研究科建築学専攻修士課程修了／
1990年 三菱地所入社／2001年
三菱地所設計／現在、三菱地所設
計 北海道支店 副支店長・ユニッ
トリーダー

–　**住谷覚**｜すみたに・さとる｜
1975年 東京都生まれ／1998年
日本大学理工学部建築学科卒業／
2000年 日本大学大学院理工学
研究科建築学専攻修士課程修了／
2000年 三菱地所入社／2001年
三菱地所設計／現在、三菱地所設
計建築設計四部 兼 常盤橋プロ
ジェクト室 チーフアーキテクト

–　**参考文献**

1　『丸の内百年のあゆみ：三菱地所社史 上巻、下巻、資料・年表・索引』(三菱地所、1993[平成5]年)

2　百川美彩、山﨑鯉介、野村和宣「三菱合資会社地所部が丸の内に建設した鉄筋コンクリート造建築の外装材の用い方」(東京工業大学 卒業論文梗概集、2020[令和2]年3月)

3　藤瀬雄登、鯵坂徹、増留麻紀子、野村和宣、江島知義、住谷覚「丸ノ内総合改造計画に関する研究－三菱地所の設計グループのデザイン特徴について－」(日本建築学会 九州支部研究報告集 歴史意匠 p.593、2019[令和元]年3月)

古図面に見る構造技術の発展
「第1号館」から「第22号館」まで

[論考]

[著者]

- **谷口洵** | 構造設計部
- **野村和宣** | 執行役員 建築設計三部長

「第1号館」(1894[明治27]年竣工)の竣工は、「オフィスビル」という分野において、構造技術を実践する場が開かれたことを意味していた。地震国である日本で欧米流の煉瓦造をどう適用すべきか、オフィスとしての建築的価値を高めるため、構造はどうあるべきか。当時の技術陣が、安全に、合理的に建物をつくるため施した数々の工夫を、古図面から読み取ることができる。

—

「第1号館」| 濃尾地震の経験を活かした煉瓦造

「第1号館」は煉瓦造であり、最大厚さ80cmを超える頑強な壁が外周を囲む「壁式構造」である。壁を多く入れ建物全体を堅くして地震に抵抗する構造であり、外壁だけでなく間仕切りも煉瓦壁となっている。床は防火性を考慮して、約12cmのコンクリートが鋼板波板の上に打設され、30cm程度の梁せいを持つ鉄骨梁が、煉瓦壁の間に架け渡されている。

鉄骨梁は煉瓦壁に埋め込み、抜けないように緊結されており、地震時に壁同士が別々に動かないよう一体性を確保する役割も担っていた。壁を梁で繋ぎとめる方法の背景には、ジョサイア・コンドル(1852-1920年)の構造に対する慎重な姿勢があったと考えられる。彼は「第1号館」竣工の3年前に濃尾地震(1891[明治24]年)の

被災地を視察しており、耐震性を高める手法を造家学会(現 日本建築学会)で紹介していた。ここでコンドルは煉瓦造の弱点は壁と梁の接合部にあると指摘し、両者を緊結する場合と、しない場合との客観的な比較を行った上で、壁を梁で繋ぐことの有効性を論じている[1]。

「震災ニ遭ウテ家屋ノ傷ミタル多ク木造床組ノ各部ガ個々孤立ノ姿デアッタル為メナラント私ハ思ヒマス……若シ其西洋風ノ床組ガ……縦ニモ横ニモ確ト繋キ合セテ……四方ノ屋壁ト離レヌ様ニ堅固ニ取付ケテアリマシタラバ……今回沢山実例ヲ遺シタル或ル一部分ニハ軽ク当リ或ル一部分ニハ重ク当タルト云フ様ナ『ムラ』ヲ生ズル事ナカラウト考ヘマス」

以降の煉瓦造オフィスでも壁・梁の一体性を確保されているが、それはコンドルの耐震設計に対する深い洞察に端を発していたと言える。

—

「第14号館」| 煉瓦造から鉄筋コンクリート造へ

「第1号館」の竣工からおよそ20年、1912(明治45)年竣工の「第14号館」にて決定的な構造の進歩が見られる。それは鉄筋コンクリート造の登場である。従来は80cmもあった分厚い煉瓦壁が、

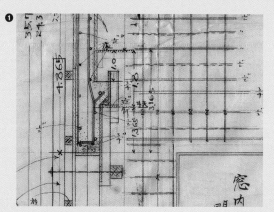

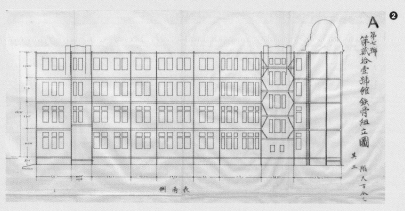

時代背景	1894(明治27)年 第1号館		1912(明治45)年 第14号館		1914(大正3)年 第21号館		1918(大正7)年 第22号館
構造材料	煉瓦造 →		鉄筋コンクリート造 →		鉄骨鉄筋コンクリート造 →		
架構形式	壁式構造 →						
					ラーメン構造 →		
時代背景	1892(明治24)年 濃尾地震	1906(明治39)年 白石直治 和田岬東京倉庫	1911(明治44)年 遠藤於菟 三井物産横浜支店		1916(大正5)年 佐藤利器 家屋耐震構造論		

—　「第1号館」から「第22号館」までの構造材料と形式の変遷。

25cmの薄いコンクリート壁に置き代わった。オフィスの執務空間は広くなり、貸床面積の割合も格段に向上した。

日本における鉄筋コンクリート造の導入は既に始まっており、白石直治(1857-1919[安政4-大正8]年)の「和田岬東京倉庫」(1906[明治39]年竣工)[2]と遠藤於菟(1866-1943[慶応2-昭和18]年)の「三井物産横浜支店」(1911[明治44]年竣工)[3]が嚆矢だろう。ただし、このふたつの前例と「第14号館」とでは相違点があることに気付く。前者は梁に生じる曲げを柱へと伝える、当時としては最新鋭のラーメン構造を採用したのに対して、「第14号館」では「第1号館」から続く壁式構造を踏襲しているのである。

「第14号館」のコンクリート壁の使用方法は、それまでの煉瓦造オフィスと酷似している。まず、下層に向かうにつれ壁厚が厚くなっている点、次に、壁厚が変化する境界部分に突起を設け、床・梁を架けている点である[4]❶。窓の大きさや外観を見ても、煉瓦造オフィスから著しい変化は見られない。

当時の鉄筋コンクリート構造の設計は建築雑誌に連載された記事などを頼りに、かなり経験的に行われていた[3]。新しいラーメン構造を採用する前に、これまで実績として積み上げてきた壁式構造を基本形として、煉瓦造が鉄筋コンクリート造へ置き換わったのだと考えられる。

–

「第21号館」｜壁を補強するラーメン構造

壁式構造として発展してきた三菱社のオフィスビルに、「ラーメン構造」の片鱗が現れるのは1914(大正3)年竣工の「第21号館」である。丸の内で最初の地上4階建てであることに加え、新たに鉄骨鉄筋コンクリート造が採用された建物としても注目される。ここでは、壁式構造がラーメン構造に移行した経緯を考察したい。

ラーメン構造では平面的な柱配置を直線上に揃え、柱を大梁で接合して門型のフレームを形成する必要がある。「第21号館」における鉄骨断面図を見ると、門型フレームが構成されているのは外壁や間仕切り壁の「壁面」であることが分かる❷。なぜ、これまで構造体だった「壁面」において、新しくラーメン構造が導入されたのだろうか。

答えは、「第21号館」の外観を従来までのオフィスと比較すれば明らかになる。窓が格段に大きくなったのである。採光の大部分を自然光に頼っていた当時、窓を広げることは執務空間を快適にするための重要な要素だった。ラーメン構造導入の背景には、外壁の耐力を向上させ、窓を広くする目的があったに違いない。

ラーメン構造が導入されても、壁を構造体として重視する設計方針は踏襲されている。それまでのオフィスと同様、外壁・間仕切り壁を極力多く、かつバランスよく配置する姿勢は変わっていない。

基本的な構造は壁式構造を踏襲し、外壁における窓の拡張にはラーメン構造で対処する。まさに「第21号館」は、壁式構造からラーメン構造への過渡期を示す建物と言えるだろう。

–

ラーメン構造の完成

大正時代に入ると構造設計の手法は急速な進歩を見せ、重力や地震力の仮定からそれぞれの部材に生じる力を計算し、適切な断面を設定できるようになった。当初は手探りだったラーメン構造も、内藤多仲(1886-1970[明治19-昭和45]年)の計算図表(1915[大正4]年)やウィルバー・M・ウィルソン(1881-1958年)のたわみ角法(1917[大正6]年)の登場で容易に計算できるようになり、実務への応用が進んだ[5]。新たに佐野利器(1880-1956[明治13-昭和31]年)は、地震の強さの尺度として「震度」を提唱し(1916[大正5]年)、地震力を踏まえた本格的な耐震設計が可能となった[6]。こうした時代背景に後押しされ、完全な柱梁フレームを持つラーメン構造として「第22号館」(1918[大正7]年竣工)が竣工するのである。

三菱社のオフィスビルは建築家コンドルの「第1号館」に始まり、壁式構造を基軸として発展していった。新しい構造形式は一朝一夕に採用されるのではなく、従来までの設計を慎重に踏襲しながら段階的に実用化されたのである。西洋流の「壁式構造」が、今では当たり前の「ラーメン構造」へと進化するまでの25年間、古図面にはきわめてドラマティックな構造の変遷が記録されている。

当時の技術者たちの絶え間ない努力と挑戦に敬意を表したい。

– **谷口洵**｜たにぐち・しゅん｜
1992年 岡山県生まれ/2015年 東北大学工学部建築学科卒業/2017年 東北大学大学院都市建築学専攻修士課程修了/2017年 三菱地所設計入社/現在、三菱地所設計 構造設計部

– **野村和宣**｜のむら・かずのり｜
1964年 東京都生まれ/1986年 東京工業大学工学部建築学科卒業/1988年 東京工業大学修士課程修了/1988年 三菱地所入社/2001年 三菱地所設計/2018年 東京工業大学大学院理工学研究科建築学専攻博士(工学)取得/現在、三菱地所設計 執行役員 建築設計三部長 兼 デザイングループ業務部長

– **註**

1 ジョサイア・コンドル「各種建物二関シ近来ノ地震ノ結果」(『建築雑誌』No.63〜65、1892[明治25]年3〜5月)

2 竹山謙三郎「我が国最初の鉄筋コンクリート造の設計と施工」(『建築技術』No.202、1968[昭和43]年6月)

3 日本科学史学会編『日本科学技術史大系 No.17 建築技術』(第一法規出版、1970[昭和45]年12月)

4 蛭田真斗 山﨑鯛介 野村和宣「丸の内貸事務所の構造にみる鉄筋コンクリート造の導入経緯」(東京工業大学卒業論文梗概集、2020[令和2]年3月)

5 村松貞次郎『日本近代建築技術史』(彰国社、1976[昭和51]年9月)

6 田治米辰雄「解説 耐震構造のあゆみ」(『コンクリート工学』13巻11号、1975[昭和50]年11月)

---

❶ 「第14号館」工事詳細図。壁厚が変化する部分に床が架けられている。

❷ 「第21号館」鉄骨組立図。外壁面に柱梁の門型フレームが形成されている。鉄骨の図面であるにもかかわらず、外壁の開口も併せて記載されている点が興味深い。

⁰¹ 第1号館

⁰¹ The First Block of Mitsubishi Co. Building

- ジョサイア・コンドル
- 1894（明治27）年竣工
- 煉瓦造・壁式構造
- 地上3階、地下1階建て

❶ 図面名なし（南立面図）

- 縮尺＝記載なし｜73%
- 記載なし
- 図面名がないが、馬場先通り側正面の立面図で、ジョサイア・コンドルが描いたと思われる。色分けは材料の違いを示しており、壁の煉瓦、基壇の花崗岩、角石・蛇腹・窓枠の安山岩、屋根スレート、銅板金、金物などが表現されている。煉瓦造は高さ方向を煉瓦の段数で設計するため、立面図には段数の横ラインのみが描かれる。左右対称の英国クイーン・アン様式で、階高が上階ほど小さい。窓回りの装飾が上階ほど細やかで、コーニスや屋根の装飾も細やかなのは、建物を高く立派に見せる手法である。

❶

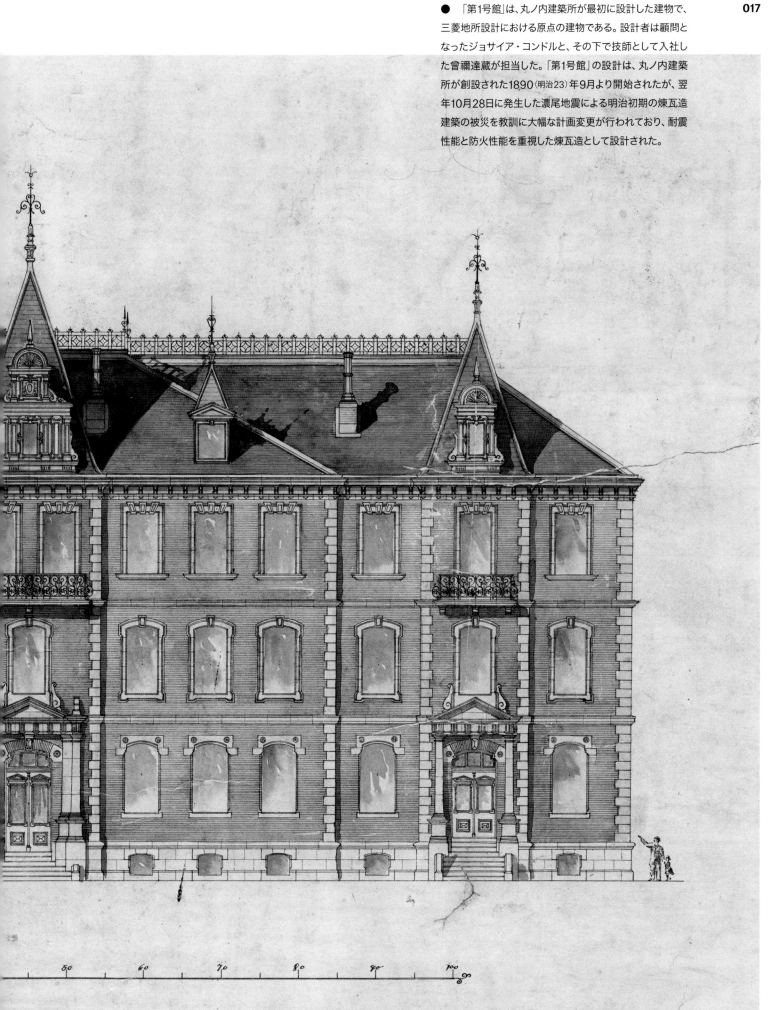

● 「第1号館」は、丸ノ内建築所が最初に設計した建物で、三菱地所設計における原点の建物である。設計者は顧問となったジョサイア・コンドルと、その下で技師として入社した曾禰達蔵が担当した。「第1号館」の設計は、丸ノ内建築所が創設された1890（明治23）年9月より開始されたが、翌年10月28日に発生した濃尾地震による明治初期の煉瓦造建築の被災を教訓に大幅な計画変更が行われており、耐震性能と防火性能を重視した煉瓦造として設計された。

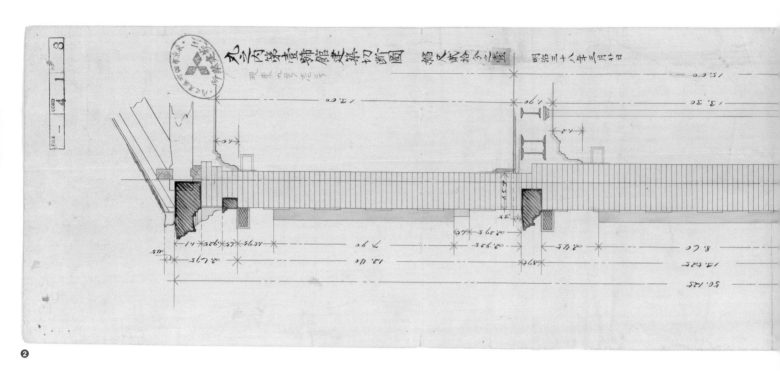

❷

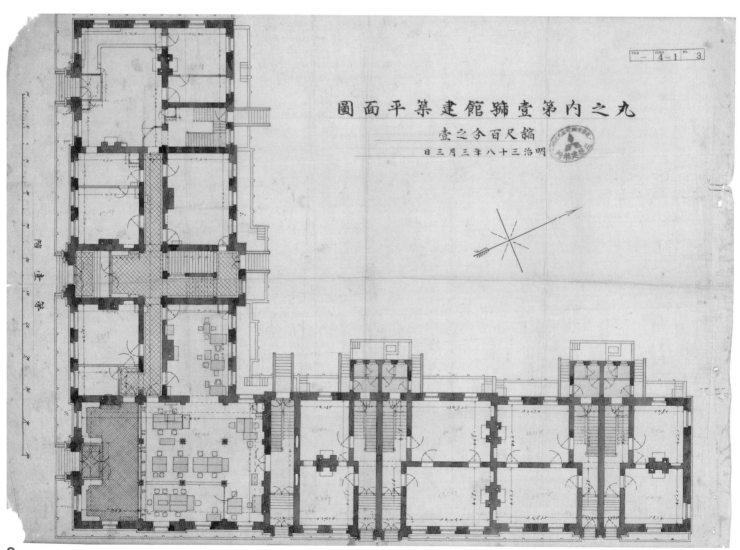

❸

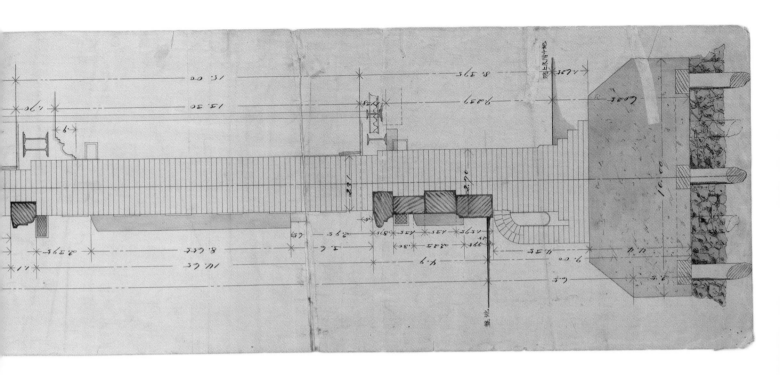

**❷　丸之内第壹號館
　建築切断図**

- 縮尺=1/20｜42%
- 1905（明治38）年3月20日
- 竣工後に作成されたもの。煉瓦段数に対して何が取り合うのか（窓枠、蛇腹石、基壇石、鉄骨梁、換気口、床デッキプレート、土間、地中二重壁、幅木、回り縁、小屋組み等）を示している。構造は煉瓦造の壁に鉄骨の梁が直接架けわたされる形式である。また、松杭、布基礎コンクリート、根積煉瓦、煉瓦壁の各階厚みが分かる。基壇石の裏面が凸凹しているのは煉瓦との付着が考慮されているからである。軒蛇腹石・胴蛇腹石の壁体内の長さが異なるのは、それぞれの石の重心を壁体内に入れることを示している。

**❸　丸之内第壹號館
　建築平面図**

- 縮尺=1/100｜30%
- 1905（明治38）年3月3日
- 同様の図面が同時期に複数の建物で残っていることから、曾禰達蔵により竣工後に対外発表用に作成されたものと考えられる。棟割長屋形式で馬場先通り側が三菱社、コーナーは銀行部営業室、大名小路側がテナント貸しとなっており、地下1〜3階までを1テナントに貸し付ける方式で、トイレがテナント区画ごとに1カ所設

けられている。室と室との間の壁の空隙の表示は暖炉の煙道（上階ほど多くなる）で、暖炉横の壁の厚みが薄くなっている箇所は開口が設けられるよう煉瓦アーチが組まれた部位である。

**❹　Mitsu Bishi Bank
Building Maru no
Uchi Tokio Key Plan
for Beams joints and
corrugated plates
for Grand Floor
第拾五号階下
鉄梁配置平面図**

- 縮尺=記載なし｜上：17%、下：45%
- 記載なし
- ジョサイア・コンドルのサインがあり、英文・フィート表記で描かれていることから、海外へ鉄骨を発注するための図面と思われる。部材ごとに種別を表記し、大梁・小梁が煉瓦壁内に差し込まれている。鉄骨梁が使用されているのは設計途中に発生した濃尾地震の影響を受け、計画変更により採用されたもので、防火床を構築すると共に、対面する煉瓦壁同士を鉄骨梁で緊結し耐震性を高める設計がなされていた。

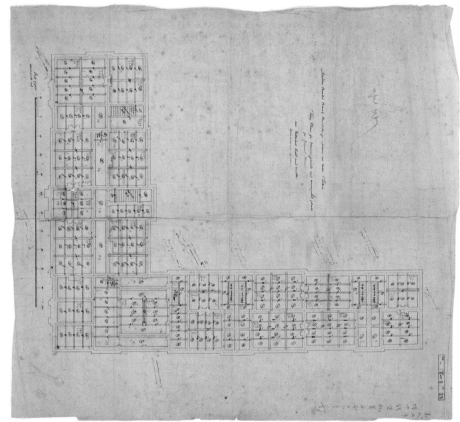

❹

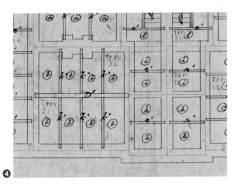

❹

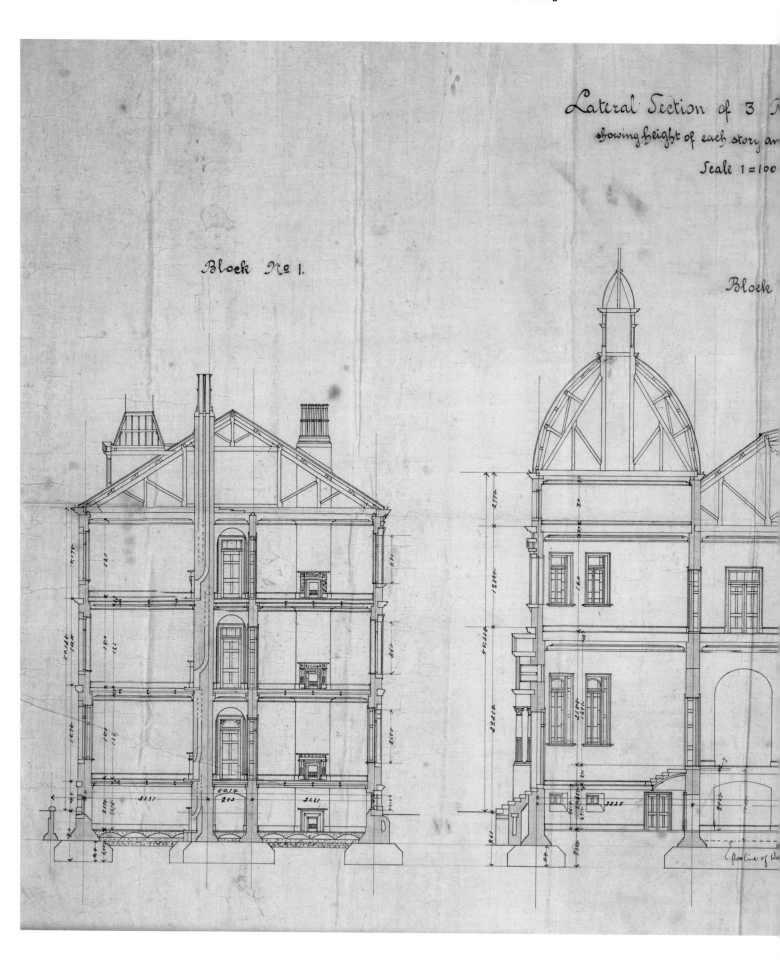

⑤

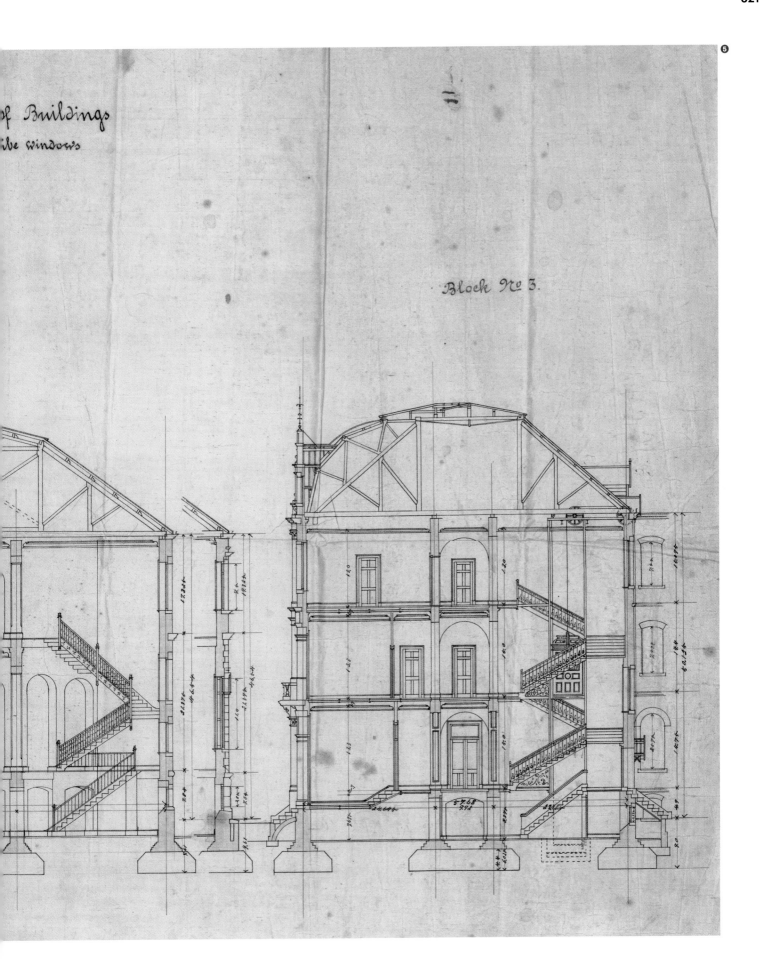

of Buildings

ive windows

Block № 3.

－　縮尺=1/100｜55%
－　記載なし
－　曾禰達蔵により竣工後に論文発表用に作成されたものと考えられる。「第1号館」、「第2号館」、「第

3号館」が並べて描かれており、それぞれを比較できる。木造小屋組み（クイーンポストトラス）やドーマー窓、煙突、地下1階に設けられた防湿床組み等の様子が分かる。

第2号館

- ジョサイア・コンドル
- 1895（明治28）年竣工
- 煉瓦造・壁式構造
- 地上2階、地下1階建て

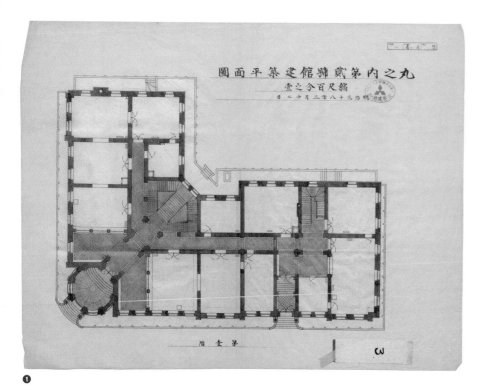

❶

❷

● 「第2号館」は、一丁倫敦の西端北側に位置する最初期の建物で、「第1号館」、「第3号館」、「商業会議所」と共に〈四軒長屋〉と呼ばれた。「第1号館」の1年後の1892（明治25）年12月着工、1895（明治28）年7月竣工、ジョサイア・コンドルと曾禰達蔵が設計を担当した。地上2階、地下1階建ての煉瓦造であるが外装は積石とセメント塗り仕上げで、コーナーに円筒状のドームを載せており、「第1号館」がクイーン・アン様式であったのに対して、「第2号館」はルネサンス様式の優美な外観であった。コーナーに玄関を構えた中廊下式の平面で、資本的にも三菱社を軸として密接な関係を持っていた明治生命・明治火災・東京海上が入居した。一時期、建築学会の事務所が置かれたこともある。

❶　**丸之内第貳號館
建築平面圖**

- 縮尺=1/100｜19%
- 1905（明治38）年3月12日
- 同様の図面が同時期に複数の建物で残っていることから、曾禰達蔵により竣工後に対外発表用に作成されたものと考えられる。「第2号館」は、交差点に玄関を設けた中廊下式のオフィスビルである。コーナー部玄関を入って左右にタイル張り床の客だまりとカウンターのある営業室が見られる。暖炉や煙突がないことから、この建物ではスチーム暖房が導入されていたと考えられる。

❷　**第貳號館建圖
南側正面**

- 縮尺=1/200｜40%
- 記載なし
- 竣工後に作成された立面図のうちの1枚で、他に西側の立面図もある。「第1号館」が馬場先通りに面して左右対称、中央に鋭い三角形の屋根を載せ、外壁は煉瓦を現しにしているのに対し、「第2号館」は円筒状のコーナーに玄関を配し円形ドームを載せ、外壁は煉瓦を現しとせず石とセメント塗りで仕上げている。つまり、「第1号館」と「第2号館」は基壇や軒高を揃えつつも、かなり異なったスタイルの建物であったことが分かる。

❸　**三菱合資會社
丸ノ内第貳号建築
基礎全圖**

- 縮尺=記載なし｜22%
- 1900（明治33）年再写

- 杭基礎回りの詳細図で、竣工後に転写されたもの。「第1号館」では見られなかった図面であるが、同建物の解体時の実測で同様の工法が用いられていたことが分かっており、当時の煉瓦造の工法を知る上で貴重な図面のひとつである。軟弱地盤に対する摩擦杭として松杭を多数打ち込んでいる。杭頭は「捨算盤」と言われる木組みで繋ぎ、その上に無筋コンクリートの布基礎が打たれ、さらにその上から煉瓦が積まれている。煉瓦壁の最下部は力を分散させるため、下部に向けて広げて積む「根積み」が施されている。

❹　**三菱合資會社
丸ノ内第貳號館建築
耐火床構造圖、
鋼鉄床組明細圖、
地中階床切断面**

- 縮尺=1/50、1/5、
1/20｜27%
- 1900（明治33）年10月再写
- 耐震や防火を考慮した煉瓦造の床組み（防火床）のつくり方が分かる詳細図で、竣工後に転写されたもの。「第1号館」では見られなかった図面であるが、解体時の実測で同様の工法が用いられていたことが分かっており、当時の煉瓦造の工法を知る上で貴重な図面のひとつである。鉄骨梁が煉瓦壁に差し込まれ梁受石の上に乗り、鉄骨が煉瓦壁から抜けないように鉄骨端部にプレートが取り付けられている。煉瓦壁は高くなると崩れる弱点があるが、対面する壁同士を鉄骨梁で緊結させ、耐震性を向上させる工夫もあったと考えられる。

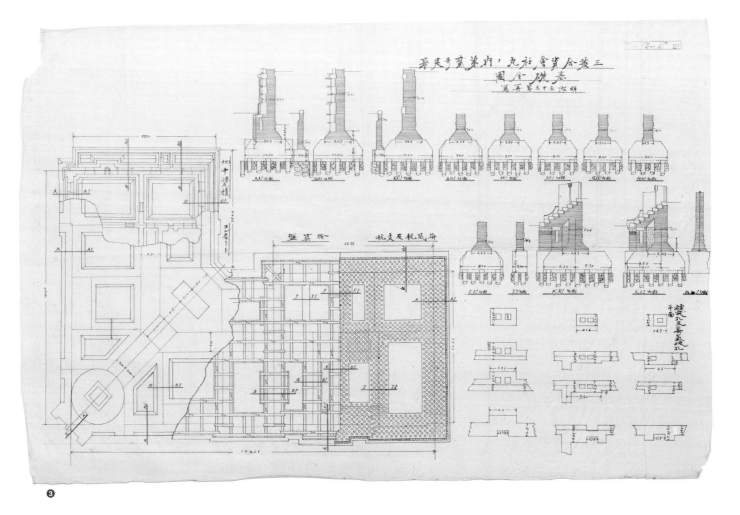

三菱合資會社ノ丸ノ内貳号建築
基礎全圖
明治三十三年再寫

❸

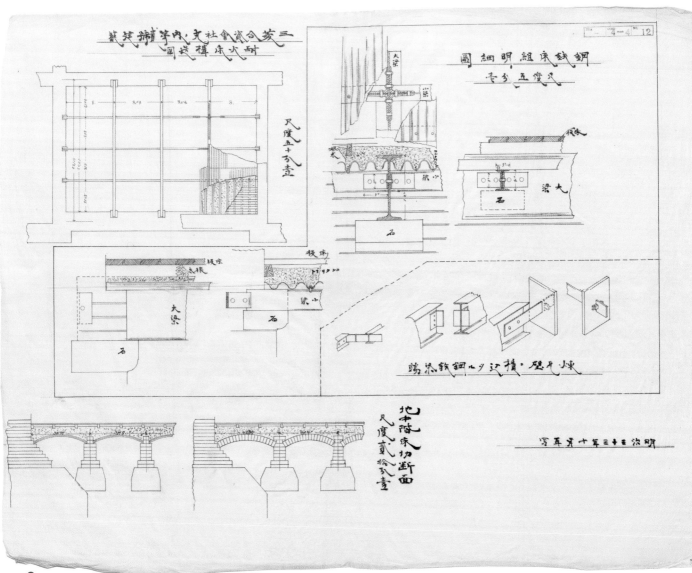

三菱合資會社貳号ノ内建築構造
耐火床構造ノ圖
尺度五十分壹

鋼鐵床組明細圖
尺度五分壹

地下階床功断面
尺度貳拾分壹

明治三十三年十月再寫

❹

Proposed Art Galleries, Maru no Uchi,Tokio
［丸ノ内美術館計画案］

- ジョサイア・コンドル
- 実現せず
- 煉瓦造・壁式構造
- 地上2階建て

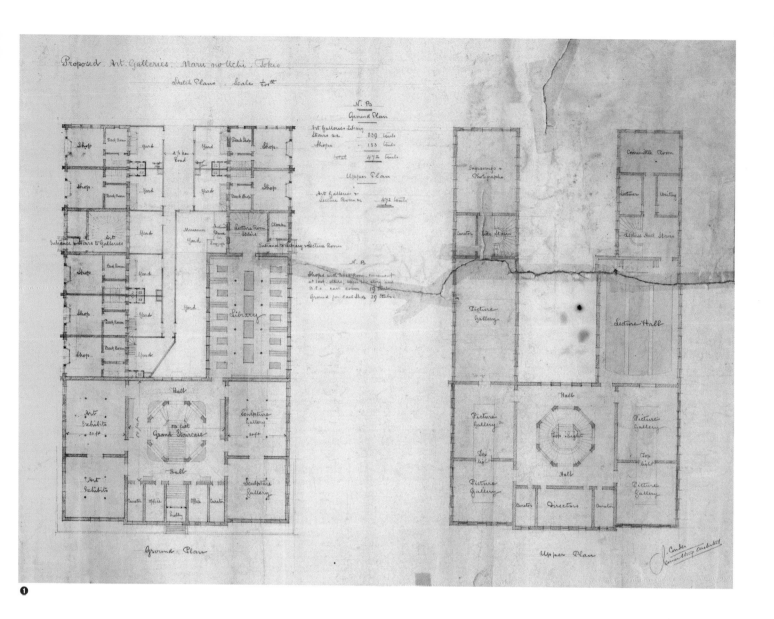

❶

---

❶ 明治期の丸の内開発の構想は、単にビジネスだけを目的とする街づくりではなく、文化の要素も考慮されていた。具体的には、美術館、劇場、商店街のほかアパートメントハウスも計画していた。図面にジョサイア・コンドルのサインが記されている美術館計画案によれば、この建物は、美術品の展覧と売買を目的としたもので、日本画・西洋画のギャラリー、売り物の絵画を陳列するギャラリー、図書館、レクチャーホールの設置が求められていた。このほか、『コンドル博士遺作集』(コンドル博士記念表彰会、1931［昭和6］年)には劇場計画案も見ることができるが、いずれも実現していない。

❶ **Proposed Art. Galleries, Maru no Uchi,Tokio Sketch Plans**
（平面図）

- 縮尺=1/200｜37%
- 記載なし
- 計画案は、平面図（1階・2階）1枚のみで英語表記、ジョサイア・コンドルのサインがある。想定されていた場所は不明だが、正面から見て奥行が深い敷地で、両側面が道路に面している。用途としては美術館と美術品を売る店舗（7区画）の2種類で、ゾーンが色分けされている。正面は美術館の構えをしているが、両側面1階に店舗を並べているところが都市型の美術館らしい。

- 曾禰達蔵
- 1896(明治29)年竣工
- 煉瓦造・壁式構造
- 地上3階、地下1階建て

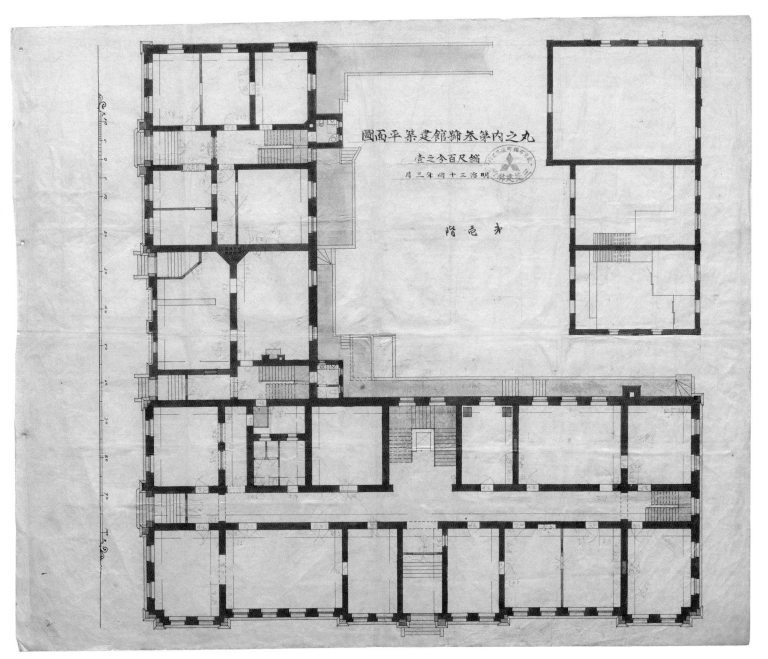

❶

● 「第3号館」は1893(明治26)年6月に着工し、1896(明治29)年4月に竣工した。煉瓦造、地下室付き3階建て、延床面積1,460坪(約4,800m²)で、位置的には馬場先通りを挟んで「第1号館」と向かい合い、構造上もファサードデザイン上も「第1号館」と非常によく似ている。ジョサイア・コンドルが顧問として在籍している時期ではあるが、ジョサイア・コンドルの作品履歴を示した「コンドル博士作物一覧表」(『建築雑誌』1920[大正9]年6月号)には「第1号館」、「第2号館」しか挙げられていないことから、曾禰達蔵の設計であったと思われる。平面形も「第1号館」同様、馬場先通りに面しては中廊下式の大区画とし、大名小路に面しては棟割の小区画としているものの、当初より日本郵船会社が1社単独で入居した。エレベータや水道など近代的な設備がこの「第3号館」より導入された。

❶　丸之内第参號館
　　建築平面圖　第壱階

- 縮尺=1/100│33%
- 1901(明治34)年3月
- 竣工後に描かれたもの。「第1号館」の正面に位置するため、馬場先通り側の平面構成が「第1号館」と似ており、中廊下式となっている。一方、大名小路側は棟割長屋形式。馬場先通り側の中央階段に表記されている四角い印は地階から3階までを接続するエレベータで、イギリスのグッドオーチス製。日本で最初期の導入例のひとつと言われている。

官から民へ、
ジョサイア・コンドルの足跡

［コラム］
- **ジョサイア・コンドルと三菱**

［著者］
- **河東義之** | 建築史家

ジョサイア・コンドル | 1852–1920年（画像提供：三菱地所）
（画像：『丸の内百年のあゆみ　三菱地所社史』（三菱地所、1993［平成5］
年3月）より転載）

コンドルの来日

　明治初期、新政府の課題は、近代国家としての体裁を整える
ための本格的な西洋建築の実現と、それを可能にする日本人建築
家の養成であった。その役目を担ったのが、「日本建築界の父」と
呼ばれた英国人建築家ジョサイア・コンドルである。

　コンドルが日本政府の招聘に応じて来日したのは、1877（明治
10）年1月であった。期限は5年間、本務は工部大学校造家学科（建
築学）教師で、工部省営繕局の顧問建築家を兼務した。弱冠24歳
のコンドルが抜擢されたのは、名門として知られたロンドン大学やサ
ウスケンジントン美術学校で建築を学び、高名なロジャー・スミス
（1830–1903年）やウィリアム・バージェス（1827–1881年）の建築事務所
で実務に携わった経歴と、何よりも前年に彼が英国王立建築家協
会主催の設計競技で権威あるソーン賞を受賞したことによるもので
あろう。

-

コンドルの建築教育

　工部大学校は、設立当初（1873［明治6］年開校、当時は工学寮）から
実技を重視した技術教育を目指しており、コンドルの教育も、西洋
建築の知識だけでなく設計技術の修得と現場監理の習熟に重点
を置いたものであった。営繕局顧問を兼任していたコンドルは、工
部省から依頼を受けた建物の製図や現場監督にも学生たちを積
極的に参加させている。彼が構造や材料にはきわめて厳格であっ
たにもかかわらず、様式や意匠に関しては比較的寛大であったの
も、また、仕様書や積算書の重要性をことさら強調したのも、同様
の配慮の表れであろう。

　コンドルは雇用期限を延長して1884（明治17）年6月まで工部
大学校造家学科の専任教師を務めたが、その間、足掛け8年にわ
たって合計19人の日本人建築家を世に送り出している。初期の卒
業生としては、辰野金吾（第1期卒業生、1854–1919［嘉永7–大正8］年）や
片山東熊（同、1854–1917［嘉永7–大正6］年）、曾禰達蔵（同、1852–1937［嘉
永5–昭和12］年）、藤本寿吉（第2期卒業生、1855–1890［安政2–明治23］年）
等が知られる。

-

お雇い外国人建築家・コンドル

　コンドルが来日早々に手掛けた建物としては、「訓盲院」（1879
［明治12］年竣工）、「開拓史物産売捌所」（1881［明治14］年竣工）、「上野
博物館」（1881［明治14］年竣工）が挙げられる。次いで、文明開化の象
徴とされた「鹿鳴館」（1883［明治16］年竣工）や、皇族殿邸の規範とも
なった「有栖川宮邸」（1884［明治17］年竣工）と「北白川宮邸」（同年竣工）
などを完成させ、その間、雇用期限を延長して皇居造営事業にも
参画している。1884（明治17）年からは太政官（その後、内閣直属の臨時
建築局）雇いとして中央官庁集中計画に携わった。ただ、コンドルが
設計した「洋式宮殿（山里正殿）」は建設が中止され、中央官庁集中
計画も結果的には未完成に終わっている。

　コンドルが正式に官界を退いたのは1890（明治23）年であった
が、既に1888（明治21）年、京橋区西紺屋町の官舎に設計事務所を
開設していた。お雇い建築家としての役割が終了することを察して
のことであったと思われるが、帰国せずに日本で建築活動を続けて
いく決意を固めたのは、来日以来、コンドルが続けてきた日本の文
化・芸術の研究と実践が彼のライフワークであったためでもあろう。

コンドルと丸の内オフィス街

　民間に下ったコンドルが最初に手掛けたのは、丸の内オフィス
街建設の第一歩となる「第1号館」（1894［明治27］年竣工）であった。
1890（明治23）年3月、丸の内一帯の陸軍省用地の払い下げを受け
た三菱社は、直ちに同社支配人の荘田平五郎（1847–1922［弘化4–大
正11］年）を起用してオフィス街建設の準備に取り掛った。まず、コン
ドルを顧問建築家として迎え、彼の推薦によって工部大学校第1
期生の曾禰達蔵を入社させている。コンドルが選ばれたのは、そ
れまでの官界での実績に加えて、荘田が英国式のオフィス街を目
指していたことと、前年に竣工した三菱社社長岩﨑彌之助（1851–
1908［嘉永4–明治41］年）の「岩﨑家深川別邸洋館」（1889［明治22］年竣工）
の実績があったからであろう。「岩﨑家深川別邸洋館」の建設に際
しては、やはり工部大学校第2期生の藤本寿吉が三菱社に入社し
て現場監督を務めたが、竣工直前の1889（明治22）年10月に病気
のため退社している[1]。

　曾禰の入社後、三菱社内には工事を担当する丸ノ内建築所（後
の地所部工務課、現在の三菱地所設計）が設置され、計画に先立って建設
予定地の地質調査（ボーリング調査）が実施された。その結果、丸の内
一帯は「近代の高層建築には至て不向きの地層なること」[2]が確認
されている。そのことを踏まえて、コンドルによる「第1号館」の設計が

開始されたと考えられるが、さらに着工直前の1891(明治24)年10月に濃尾地震[3]が発生したことから、より強固な構造への設計変更が行われている[4]。コンドルがいち早く濃尾地震の被害状況を調査して煉瓦造建築の耐震補強を提案したことはよく知られているが[5]、この時の調査は岩﨑彌之助からの依頼でもあったとされる[6]。

1894(明治27)年12月に竣工した「第1号館」は、英国クイーン・アン様式の華麗なオフィスビルであると共に、コンドルが来日以来蓄積してきた基礎構法や耐震構法の実績と濃尾地震の教訓を集大成した耐震煉瓦造建築として、その後の丸の内オフィス街の規範となった。翌1895(明治28)年に竣工した「第2号館」もまたコンドルの設計で、いずれも現場監督は曾禰達蔵が丸ノ内建築所を率いて担当した。その間、実現はしなかったものの、コンドルによってオフィス街に計画された劇場と美術館の設計も行われていたことが知られる。

—

邸宅建築家コンドル

コンドルはその後も精力的な建築活動を続け、一時期、横浜に事務所を移して居留地の建築も手掛けている。しかし1904(明治37)年に麻布三河台町に自邸兼事務所を建設した頃から、彼の作品は富豪たちの邸宅建築が中心となった。元来、コンドルが最も得意としたのは、華麗で気品あふれる上流階級の邸宅建築であったが、そのきっかけとなったのは、岩﨑家との関わりである。コンドルがいつ頃まで三菱社の顧問を務めたかは不明であるが、先に挙げた「岩﨑家深川別邸」や現存する「岩﨑家茅町本邸」(1896[明治29]年頃竣工)をはじめ、岩﨑家の洋館はほとんどがコンドルに依頼されており、同家と姻戚関係にあった「松方正義邸」(本邸および別邸、1905[明治38]年竣工)や「加藤高明邸」(1911[明治44]年竣工)の洋館も同様であった。なお、これらの邸宅に関しては、設計図が三菱地所にのみ現存していることから、コンドルの下で当時の丸ノ内建築所が図面の作成や設計監理に携わった可能性が強い。

このほか、コンドルの下には三菱社関連企業の経営者をはじめ、岩﨑家以外の富豪たちからも邸宅や倶楽部の注文が相次いでいる。現存する「綱町三井倶楽部」(1913[大正2]年竣工)、「島津家袖ヶ浦本邸」(1917[大正6]年竣工)、「古河家西ヶ原本邸」(同年竣工)などはいずれも晩年の代表作である。

コンドルの邸宅作品は常に日本人建築家の追随を許さぬ質を示していたが、設計に関してはきわめて柔軟であり、常に施主の意向を重視し、決して自らの提案を押し付けることはなかった。建築家として最も重視したのが施主との信頼関係であったことは、これらの邸宅の多くが、設計だけでなく施工(工事)も含めてコンドルに依頼されていたことからもうかがえる[7]。コンドルはまさにわが国における邸宅建築の第一人者でもあった。

なお、コンドルが逝去したのは1920(大正9)年6月21日であった。告別式は聖アンデレ教会(飯倉教会)で行われ、11日前に先立たくめ夫人と共に護国寺墓地に埋葬された。

河東義之|かわひがし・よしゆき|1943年 愛媛県生まれ/1967年 東京工業大学理工学部建築学科卒業/1967年 同大学助手/1976年 国立小山工業高等専門学校助教授/1989年 同高等専門学校教授/1999年 千葉工業大学教授、国立小山工業高等専門学校名誉教授/現在、国立小山工業高等専門学校名誉教授　工学博士。

— **註**

1 藤本寿吉は、1880(明治13)年5月に工部大学校造家学科を卒業し、工部省営繕局、宮内省内匠寮を経て1886(明治19)年10月に三菱社に入社し、1889(明治22)年10月に退社、1890(明治23)年7月に逝去している。「故藤本壽吉氏小傳」(『建築雑誌』51号、1891[明治24]年3月)

2 宿利重一『荘田平五郎』(対胸舎、1932[昭和7]年)

3 1891(明治24)年10月8日に発生した岐阜県本巣市を震源地とする直下型地震。後の推定でマグニチュード8.0、最大震度7と推定されている。

4 河東義之『ジョサイア・コンドル建築図面集 II』(中央公論美術出版、1981[昭和56]年)

5 ジョサイア・コンドル「各種建物ニ関シ近来ノ地震ノ結果」(1892[明治25]年1月27日の造家学会での講演)(『建築雑誌』63〜65号、1892[明治25]年3〜5月)

6 原徳三「コンドルをめぐる人々」(『「鹿鳴館の建築家 ジョサイア・コンドル展」図録』東日本鉄道文化財団、1997[平成9]年)

7 例えば、島津家本邸に関しては「建築師契約」と題する契約書案が現存しており、それによると、建築師ジョサイア・コンドルの役割は「設計及建設ノ實行」と記され、その具体的な内容として、詳細図・仕様書・見積書の作成、材料および工事の契約、工事監督者の指揮、施工の監督、材料および工事請負人や諸職人への支払い、工事完成後の受取書および決算書の提出、等が列記されている。

第4号館

The 4th Block of Mitsubishi Co. Building

- 曾禰達蔵
- 1904（明治37）年竣工
- 煉瓦造・壁式構造
- 地上3階、地下1階建て

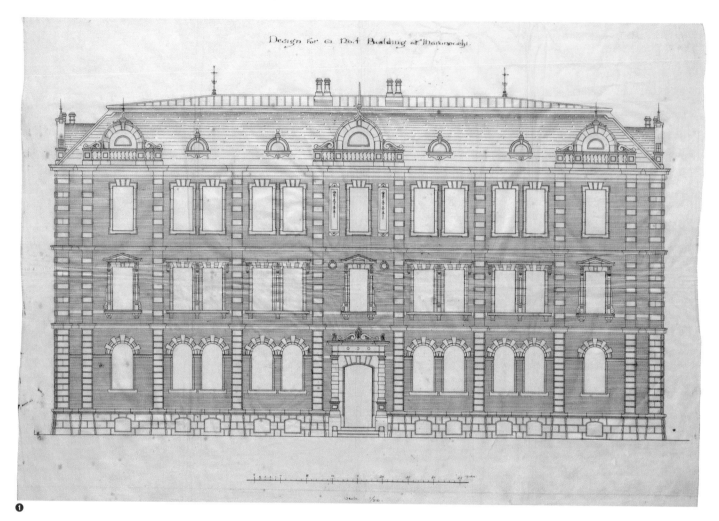

❶

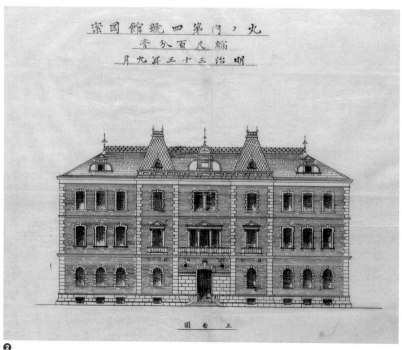

❷

● 「第4号館」は「第3号館」竣工から約5年後の、1901（明治34）年7月2日に着工した。馬場先通りに面し、「第1号館」の隣に位置している。曾禰達蔵は1890（明治23）年に三菱社に「建築士」として入社し、ジョサイア・コンドルの下で現場主任や設計を担当していたが、「第4号館」では単独で建築技師として設計に当たった。1904（明治37）年9月に竣工。ファサードは隣接する「第1号館」や対面する「第3号館」で採用されたクイーン・アン様式のデザインが踏襲されている。

　また、実施案に比べ約2倍の規模の計画案平面図やデザインの異なる立面図が存在している。これらは当初の検討図と思われるが、最終的に縮小されデザインも変えられた現実的な計画となったことがうかがえる。

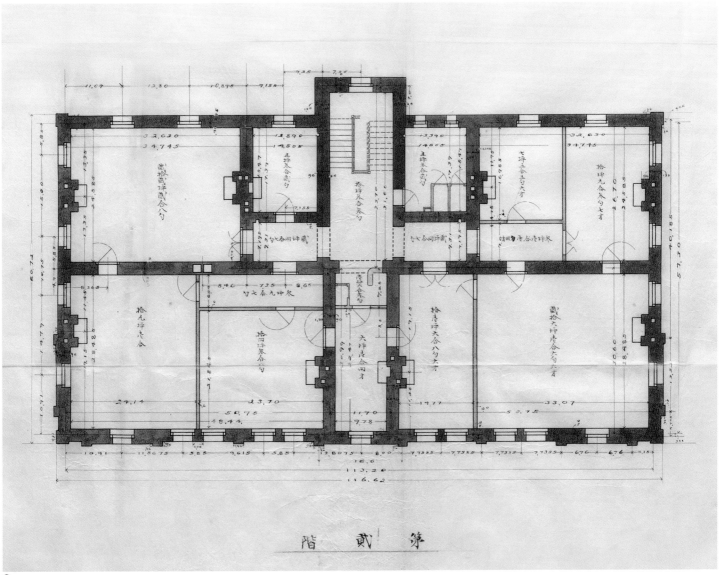

第 貳 階

❸

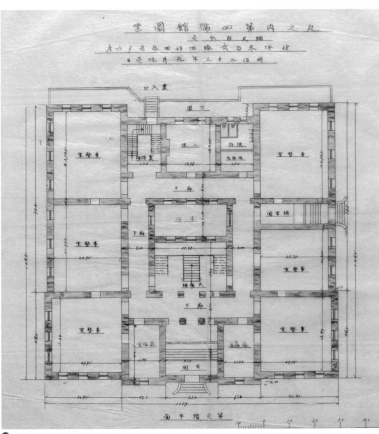

❹

❶ **Design For a No.4 Building at Marunouchi**
（南立面図）
- 縮尺=1/50｜24%
- 記載なし
- 馬場先通り側の立面図である。中央の出入口を軸としたシンメトリーのファサード。「第1号館」と窓の形状が異なり、1層は円形アーチ、2層は長方形となっている。また、屋根の尖塔状のドーマー窓が丸く優しい形状となっている。

❷ **丸ノ内第四號館図案 正面図 第七號**
（南立面図）
- 縮尺=1/100｜23%
- 1900（明治33）年9月
- 平面形状の異なる初期段階の平面図（検討図）とセットで残されている馬場先通り側の立面図である。出入口のデザイン、屋根のドーマー窓の形状が「第1号館」に似た尖塔状となっている。

❸ **丸之内第四號館**
（馬場先通り　番）
平面圖　第壹階
- 縮尺=1/100｜48%
- 1905（明治38）年10月8日
- 構造躯体が塗りつぶされた1階平面図。入居テナントが古河鉱業1社だったため「第1号館」のような棟割長屋形式ではなく、出入口が馬場先通り側1カ所となったと推測される。

❹ **丸之内第四號館圖案 第壹階平面　第貳号**
- 縮尺=1/100｜23%
- 1900（明治33）年9月
- 実施案の平面形状と異なる初期の平面図で計画案と考えられる。正方形（ロの字）のプランで、実現した実施案の約2倍の規模となっている。

06 第5号館

06 The 5th Block of Mitsubishi Co. Building

- 曾禰達蔵
- 1905(明治38)年竣工
- 煉瓦造・壁式構造
- 地上3階、地下1階建て

❶

❷

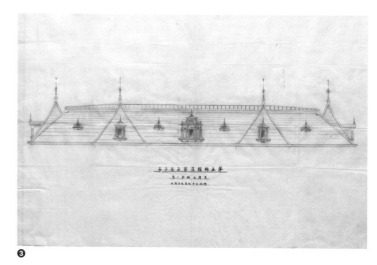

❸

❶ 丸之内第五號館 正面建晶
- 縮尺=1/50｜24%
- 記載なし
- 実施案の立面図である。ファサードデザインは基本的に「第1号館」を踏襲しているが、同時期に建設された「第4号館」とは窓や屋根形状に違いが見られ、通りに面したデザインへの考察の跡が感じられる。

❷ 丸之内第五號館 正面建圖
- 縮尺=1/50｜12%
- 1902（明治35）年6月7日
- 初期案の立面図。実施案と比較すると、屋根に暖炉用の煙突が突き出ているのが見て取れる。

❸ 第五號館 屋根正面立晶
- 縮尺=1/50｜12%
- 1904（明治37）年7月9日
- 屋根のみの立面図で、検討に用いられた図面と思われる。初期案にあった煙突がなくなりすっきりしたデザインとなっている。屋根のデザインは最終的に本案が採用されており、他にも屋根裏面の検討図が残されている。

❹ 丸之内第五號館 （馬場先通り六番） 平面圖　第壹階
- 縮尺=1/100｜46%
- 1905（明治38）年9月19日
- 構造躯体が塗りつぶされた1階平面図。「第4号館」と同様、棟割長屋形式ではなく、出入口が1カ所の平面形状となっている。

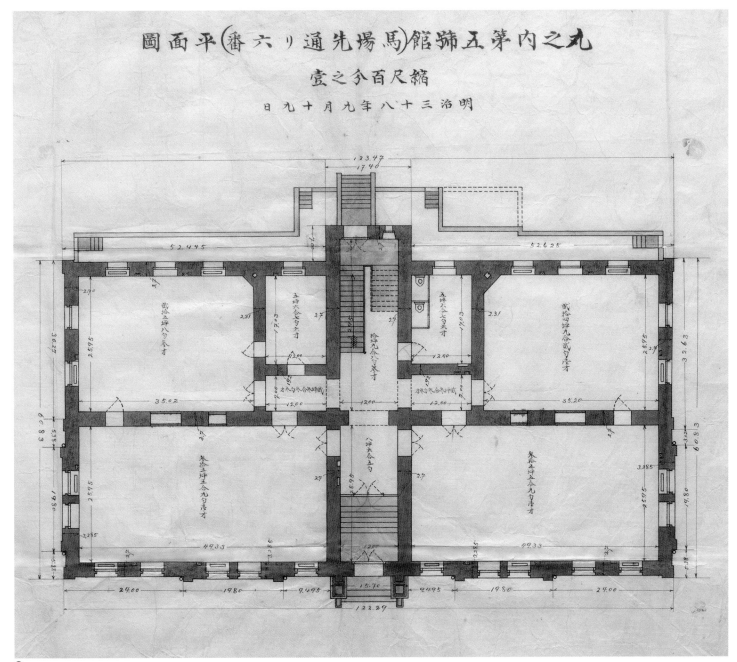

❹

● 「第5号館」は「第4号館」とほぼ同時期に着工したことになっているが、実は正確な着工日が分かっていない。竣工は1905（明治38）年7月。平面は、「第1号館」のような棟割長屋形式ではなく、「第4号館」と同様に出入口が1カ所の平面となっている。これは、セールフレザー社への1棟貸しであったことがその理由と思われる。

また、正面建図（立面図）が初期案と実施案の2枚、その他に屋根のみの立面図もあり、検討の過程で屋根のデザインが変更されたことが分かる。

07 第6・7号館

07 The 6-7th Block of Mitsubishi Co. Building

- 曾禰達蔵
- 1904(明治37)年竣工
- 煉瓦造・壁式構造
- 地上2階、地下1階建て

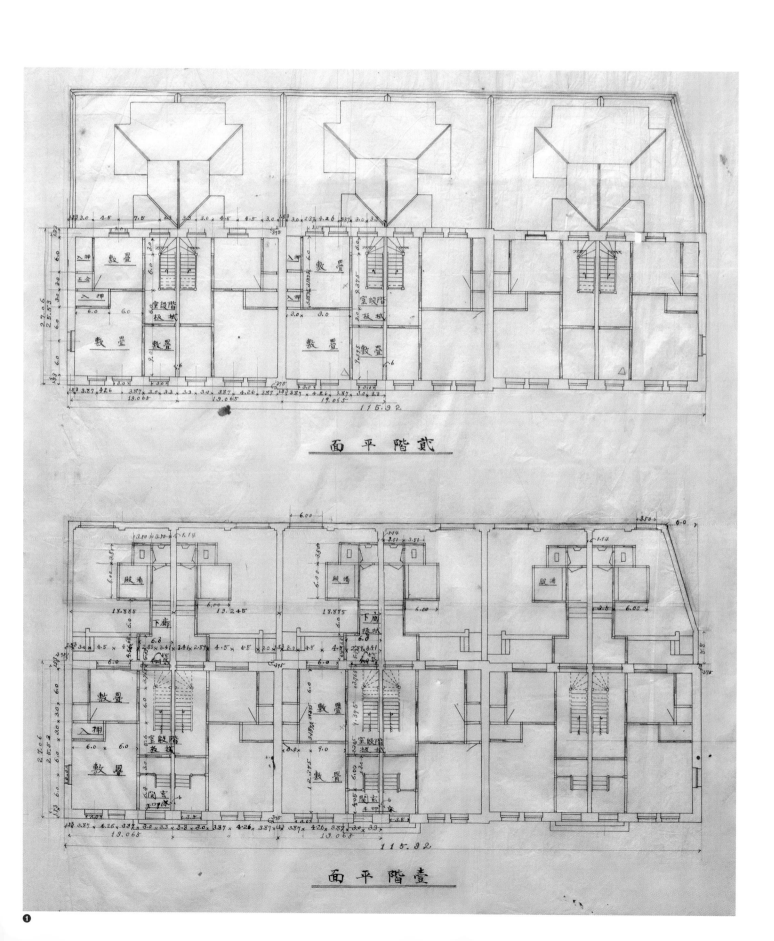

貳階平面

壹階平面

❶ 第六及第七號館
両館平面圖
- 縮尺=1/100｜51%
- 記載なし
- 地中階、地上1〜2階の平面が描かれている。部屋名として玄関、畳敷、押入、湯殿の記載があり、賃貸住宅兼用事務所であると言える。（図面は、地上1、2階を抜粋している。）

❷ 第六、七號館
北端七間公道切断図、
第六、七號館
南端七間公道切断図
- 縮尺=1/20｜23%
- 1904（明治37）年5月16日
- 仲通りの断面図であり、北端、南端の2面が描かれている。仲通りの幅員の7間はこの時定められた。当時から下水道が整備されたことが分かる。

❸ 第六号館杭配置之図
平面
- 縮尺=1/50｜
  上：13%、下：52%
- 記載なし
- 杭の配置図であるが、本数や杭打ちの順序が記されている。また、「自明治36年8月17日至全8月29日　右期間中執業日数12日」とあり、工事期間を知ることができる。

できる。また、建物下の地盤状況を確認するため、他の杭よりも先んじて設置される「試験杭」が建物の中央部に2カ所に記載されている。試験杭を先行して行う工事方法は、100年以上経過した現代でも一般的である。

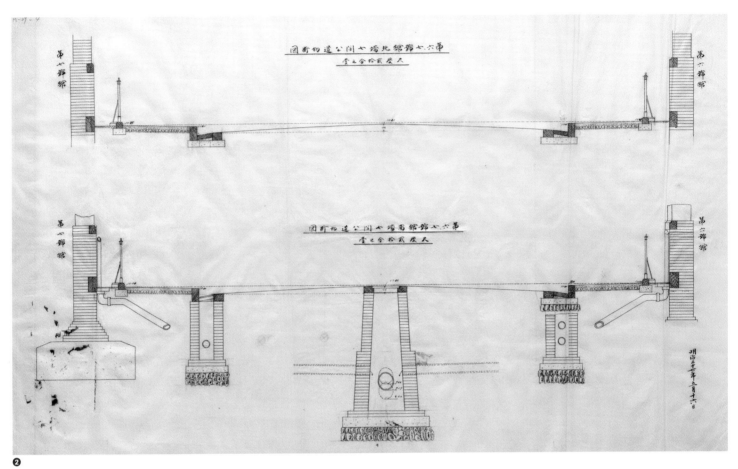

❷

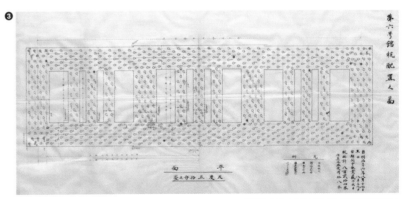

❸

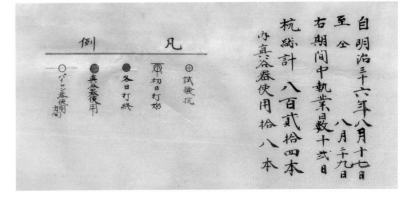

● この「第6・7号館」は「第4・5号館」とほぼ同時期に着工し、仲通りに面して向かい合わせで建設された。事務所建築ではなく、棟割長屋形式（6軒）の賃貸住宅兼用事務所となっているのが特徴である。平面形状は仲通りを挟んで対称形となっており、煉瓦造で地上2階建て。1904（明治37）年7月に竣工した。実際は住居としての利用は少なかったようで、日露戦争（1904〜1905［明治37〜38］年）後に事務所仕様に改修された。

また、その他の図面として仲通りの断面図が残されている。ここで幅員7間（約13m）という仲通りの基本寸法が定められ、これは1959（昭和34）年の「丸ノ内総合改造計画」で21mに拡幅されるまで変わることがなかった。曾禰達蔵は1906（明治39）年10月、定年により三菱社を退社した。

丸の内で、ひたむきに
創り続けた建築家

［コラム］
初代技師長 曾禰達蔵

［著者］
平井ゆか｜内田祥哉建築研究室

曾禰達蔵｜そね・たつぞう｜1852-1937（嘉永5-昭和12）年
（画像：『丸の内百年のあゆみ　三菱地所社史』（三菱地所、1993［平成5］
年3月）より転載）

三菱が丸の内に、日本初のオフィス街区創設へと大きく動き出した1890（明治23）年に入社し、初代技師長に就任した曾禰達蔵。幕末から昭和まで激動の時代を生き抜き、日本人初の建築家のひとりとして、85年の生涯を閉じるまで現役であり続けた曾禰の人生を辿り、人となりを探る。

武士から建築家へ

黒船来航の前年、1852（嘉永5）年11月24日、江戸唐津藩邸に生まれる。父は江戸詰めの唐津藩士で祐筆を務めた。10歳で藩主の後継ぎ小笠原長行（1822-1891［文政5-明治24］年）公の小姓となり可愛がられた。少年時代の曾禰は、大名屋敷が並ぶ丸の内を主君に従い歩いていた。平和な時代は長く続かず、1868（慶応4）年に戊辰戦争が起きると、旧幕府軍として戦う主君の甥、小笠原胖之助（1852-1868［嘉永5-明治元］年）公に従い戦場に身を置くが、北へと敗走する旧幕府軍から離れ帰藩するよう、公命を受け曾禰はひとり生き延びる。

生まれながらに定められていた武士としての一生が、明治維新によって突然白紙になり、16歳にして世界が一変する。

曾禰は唐津の地で、新しい生き方を探し始める。その手がかりが1871（明治4）年に唐津藩の興した洋学校、耐恒寮だった。英語の教師に招かれたのは、後の内閣総理大臣高橋是清（1854-1936［嘉永7-昭和11］年）、まだ17歳だった。唐津で生まれ育った辰野金吾（1854-1919［嘉永7-大正8］年）も共に学んだ。藩の事情で1年余りで閉校されるが、ここで曾禰は生涯の師と友に出会い、新しい人生へ大きな一歩を踏み出す。

東京に戻った高橋を頼り上京し、手に職をと曾禰が選んだ道は工学寮、後の工部大学校造家学科（現 東京大学建築学科）だった。1873（明治6）年第1回入学試験に受かり官費生として入寮。政府の招きで来日した英国人建築家ジョサイア・コンドル（1852-1920年）に西洋の建築教育を受ける。曾禰はここでも師匠に恵まれ、生涯親交を深める。1879（明治12）年一回生として辰野と共に卒業し、日本人で最初の建築家となった。

志を胸に邁進した三菱時代

卒業後は工部大学校助教授をはじめ工部省や海軍省等で働くも、学んだ力を十分発揮する機会に恵まれず、38歳で意を決して呉鎮守府建築部長を辞職し、三菱社の建築顧問に就いた恩師コンドルの推薦により、1890（明治23）年9月建築士として三菱社に入社する。

曾禰は、陸軍省から払い下げられた、丸の内の8万余坪の土地の都市計画と建築計画を任される。丸の内には、皇居の正面に近代オフィス街を建設し、東京の美観と新興日本の文明を内外に知らしめようという、当時の社長岩崎彌之助（1851-1908［嘉永4-明治41］年）と管事荘田平五郎（1847-1922［弘化4-大正11］年）の想いがあった。そのため耐火、衛生、都市の美観を考慮した非木造洋風建築に限定し、高さも揃え、恒久的な都市計画をもって建設が進められた。荘田やコンドルと共に、曾禰はその実現に向けて邁進していく。

着任当時、丸の内には正確な地図すらなかったため、初仕事は実測から始まった。まだ一般的でなかったボーリングによる地質調査も実施し、明らかになった軟弱地盤の対策に苦心していく。それらを元に必要な私道の増設や建物の配置、道路や下水はどうすべきかなど、あらゆることを検討し、整備が進められた。

「第1号館」（1894［明治27］年竣工）の竣工間際にかなりの地震があり、現場監督で足場に登っていた曾禰は、万一建物が崩れたらその瓦礫の中に身を投じる覚悟をしたという。武士を思わせる発想だが、強い責任感と、新しい街の最初の建築への並々ならぬ覚悟が伝わってくる。

曾禰は丸の内の「第1-7号館」の建設に携わるが、個々の建物より街並みを意識し、デザインに統一感を持たせた。コンドルと共に建てた「第1・2号館」（第2号館：1895［明治28］年竣工）の間に「第4・5号館」（第4号館：1904［明治37］年竣工、第5号館：1905［明治38］年竣工）を建て、馬場先通りの一丁倫敦（ロンドン）と言われた街並みをつくり、「第6・7号館」（第6・7号館：1904［明治37］年竣工）を三菱社の新設した私道、仲通りに面して初めて建設した。「第3号館」（1896［明治29］年竣工）まで建てた頃、貸事務所の需要が伸び悩んだため「第6・7号館」は賃貸住宅兼用事務所として建てられたが、日露戦争の好景気で需要が増加し、すぐにすべて事務所仕様に改造された。

1901（明治34）年岩崎久彌社長（1865-1955［慶応元-昭和30］年）に随行し米国経由で倫敦へ視察に出張した際、曾禰はブロードウェイの道に横たわって舗装のつくりを調べたという。当時、丸の内の道路に砂利や板石敷きを試すも見栄えがよくなく、舗装方法が懸案事項だった。入社して10年以上経っても、丸の内を日本を代表するオフィス街へとの曾禰の志は衰えることがなかった。

地図づくりから始まった新しいオフィス街の創造は、国内に例がなく、初めてのことばかりで困難だったが、技術好きで探究心が強い曾禰は全力で打ち込んだ。三菱社という優れた経営陣が舵

取りする企業に身を置いたからこそ、志を胸に建築に没頭でき、さらに、海外の最新技術の情報や新建材を得るのにも恵まれた環境は、曾禰にとって幸いだった。

在職中、「三菱銀行神戸支店」(1897[明治30]年竣工)や「三菱合資会社三菱造船所占勝閣」(1904[明治37]年竣工)など丸の内以外の三菱関係の建物も設計している。中でも「占勝閣」は最も曾禰らしさが現れた作品と言える。

在野でも最初期の建築家の使命を果たす

一方、官職を辞めて民間で働きながら、最初期の建築家の使命のように公の務めも並行して果たしていた。1893(明治26)年震災予防調査会委員を内閣から仰せつかり、1894(明治27)年秋田山形地方、1896(明治29)年秋田岩手地方等、震災調査で各地に出張し、その報告を発表、大学で後進の指導も行い、創立から関わる造家学会(現 日本建築学会)の各種委員も担い、度々講演も行った。

1893(明治26)年には、日本の代表として初めてシカゴ万国博覧会と万国建築家大会に出席するためアメリカへも出張している。この渡米には三菱社の建築技師としての視察と、建築学会の代表として同大会へ出席、コンドルの代理として同大会で論文を朗読、帝国大学工科大学(現 東京大学)講師として米国における鉄骨構造の調査等の使命があった。

1899(明治32)年3月には建築界への貢献が認められ、工学博士の学位を授かる。その後も1903(明治36)年日本建築学会副会長を務める傍ら、建築語彙編纂委員会会長を委嘱され1918(大正7)年まで語彙編纂に尽力する。同年臨時議院建築局顧問になり意匠設計審査員として熱心に審査にあたり、1906(明治39)年学会において東京市建築条例起稿委員会会長を委嘱され、1913(大正2)年5月まで条例の起稿に尽力した。

定年後に戦前最大の設計事務所を主宰

1906(明治39)年10月三菱合資会社を定年退職し、同社建築顧問に就き、自身の建築事務所を開くが、1908(明治41)年1月には中條精一郎(1868-1936[慶応4-昭和11]年)と協同で建築事務所を丸の内に開設する。自ら携わった仲通りの地下1階、地上2階建て煉瓦造、「第7号館」の一戸だった。

曾禰中條建築事務所は、主宰者の個性を前面には出さず、三菱のような組織設計事務所で、優秀な建築家を複数抱え、彼らの力を活かしながら事務所の作品として常に高い品質を保持した。海外の最新技術もいち早く取り入れつつ慎重に実験を繰り返し、日本に適している確証が得られると作品に活かしていった。構造に若き日の内田祥三(1885-1972[明治18-昭和47]年、後の東京帝国大学総長)の力を借りて建てた日本初の7階建て高層ビル「東京海上ビルディング」(1918[大正7]年竣工)や、「日本郵船ビルディング」(1937[昭和12]年竣工)といった丸の内の行幸通りの代表作をはじめ、29年間に約230もの作品を手掛けた。戦前最大と言われる事務所に発展したのは、中條というパートナーに恵まれたことと、三菱での経験と実

績、そこで得られた縁と信用があったからこそと言えるだろう。

曾禰達蔵の人となり

曾禰中條建築事務所の最初期の代表作、1912(明治45)年竣工「慶應義塾創立五十年記念図書館」(重要文化財)の設計依頼を受けたのは、曾禰が単独で事務所を開設した頃だった。同校の評議員会議長を務めた荘田の推薦もあり、人格を高く評価され設計者に選ばれた。当時塾長は在学生に、設計者決定の知らせと共に、建築に限らず人の仕事は携わる人間の精神が映し出されるものだから修養を心がけよ、と訓話したという。

また、1928(昭和3)年に、顧問を勤める明治生命から新社屋の設計依頼を受けた曾禰は、指名コンペを提案し、後進の建築家8組を推薦した。岡田信一郎(1883-1932[明治16-昭和7]年)案が選ばれたが、着工後信一郎が急逝し、引き継いだ弟捷五郎(1894-1976[明治27-昭和51]年)を支えるべく、曾禰も現場に足繁く通ったという。設計に関して意見する時には「僕はこう思うが君はどうだね」と説き、まるで慈父のようだったと、後に捷五郎は追想している。

事務所の30周年を目前にした1937(昭和12)年12月、温厚で無類の読書好きだった曾禰らしく、枕元に積み上げた本から病院へ持参する数冊を自ら選び、「眼鏡を取ってくれ」という言葉を残してこの世を去った。

三菱地所に残る貴重な古図面

三菱地所は創業当時からの図面を大量によく残している。メンテナンスのためだけではなく、検討案なども含め記録として保存している。これは曾禰時代からの習慣かもしれない。時を経てこの古図面は歴史研究の貴重な資料になった。誰よりもこの資料を研究したいのは、歴史家になりたかったとよく口にした曾禰自身だろう。

三菱地所設計の古図面研究会に参加し、三菱社の図面の中に、曾禰中條建築事務所でも愛用していた「達蔵」印を発見した。小さなひとつの印鑑に、激動の時代を生き抜きながら、変わらず真面目に、穏やかに、不器用なほど何事にも一所懸命生きた曾禰らしさを感じた。

平井ゆか｜ひらい・ゆか｜1968年 東京都生まれ/1992年 明治大学工学部建築学科卒業/1994年 明治大学大学院工学研究科建築学専攻博士前期課程修了/1994年- 内田祥哉建築研究室所員。
共著に、『一丁倫敦と丸ノ内スタイル』求龍堂2009年、『日本近代建築家列伝』鹿島出版会2017年。

参考文献
1 『丸の内百年のあゆみ 三菱地所社史』(三菱地所、1993[平成5]年3月)
2 『新建築1992年4月別冊 日本現代建築家シリーズ15 三菱地所』(新建築社、1992[平成4]年)
3 『曾禰達蔵中條精一郎建築事務所作品集』(中条建築事務所、1939[昭和14]年5月15日)
4 『岩崎弥之助傳 下 岩崎家傳記四』(東京大学出版会、1971[昭和46]年)

第8・9(東寄甲乙、西寄甲乙)・10・11号館

- 保岡勝也
- 1907(明治40)年竣工
- 第8・9(東寄甲乙、西寄甲乙号館)・10・11号館：煉瓦造
- 地上2階、地下1階建て

❶ 第八九拾拾壱號館
壱階平面圖

- 縮尺=1/100｜40%
- 1905(明治38)年12月4日
- 平面は「第6・7号館」と同じく賃貸住宅兼用事務所を想定した棟割長屋形式であり、各戸専用の便所が併設されている。仲通りを挟んだ各建物は、ほぼ同じ平面形状であり、統一性のある通りの景観が意識されたと考えられる。

● 「第8・9(東寄甲乙、西寄甲乙)・10・11号館」は、保岡勝也が技師長となって間もない頃に設計され、同時期に竣工した建物である。曾禰達蔵による「第6・7号館」に続く賃貸住宅兼用事務所として、仲通りの両側に対称に計画された。「第8号館」には本格的なフランス料理店である中央亭(中央停車場=後の東京駅に因んだ名称)が開業した。

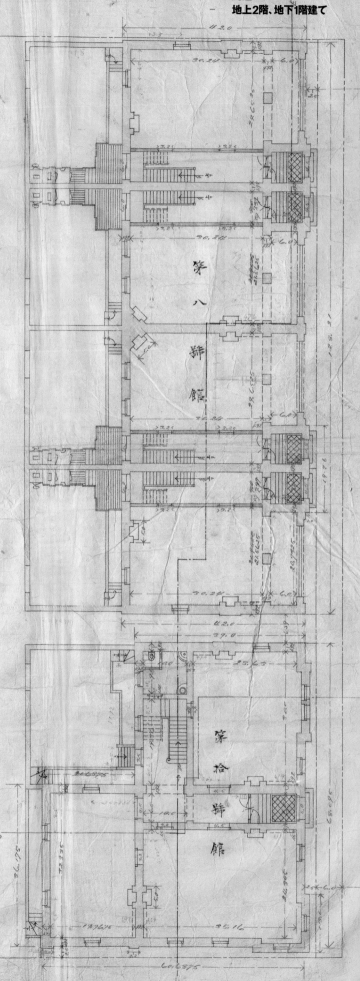

第八號館平面坪
第九號館甲又ノ乙
東寄平面坪
西寄平面坪
第拾號館平面坪
第拾壱號館平面坪

明治三十八年十二月卅日

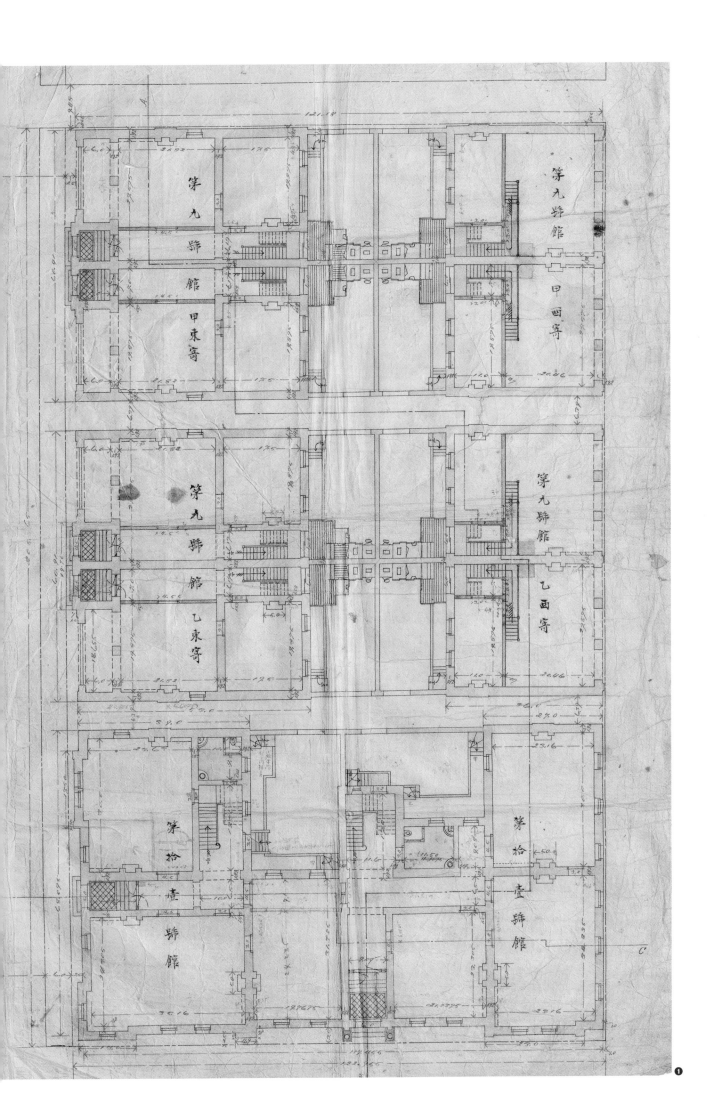

第九歸館 甲西寄

第九歸館 甲東寄

第九歸館 乙東寄

第九歸館 乙西寄

第拾壹歸館

第拾壹歸館

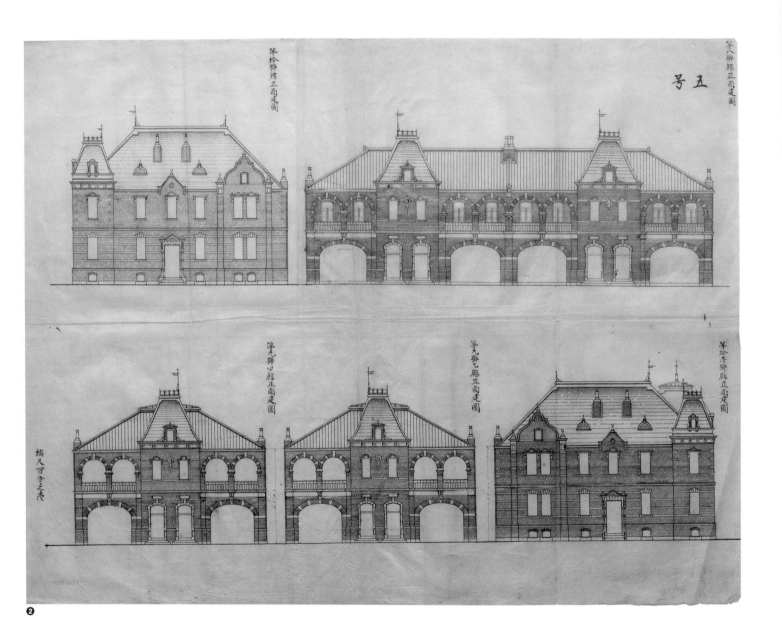

❷

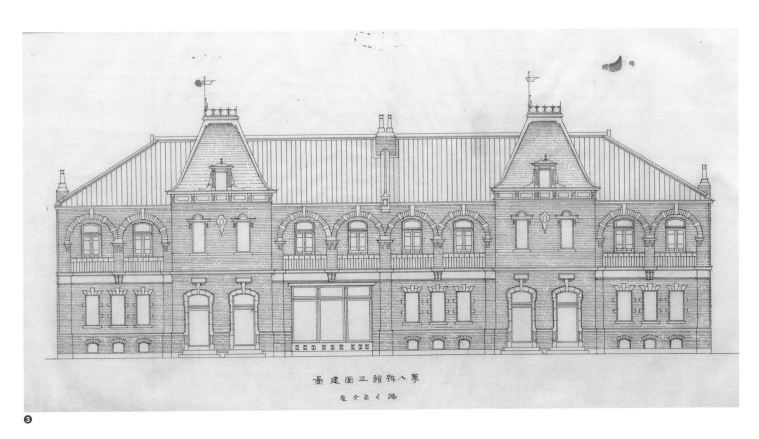

第八弥館正面建図

縮尺百分之壱

③

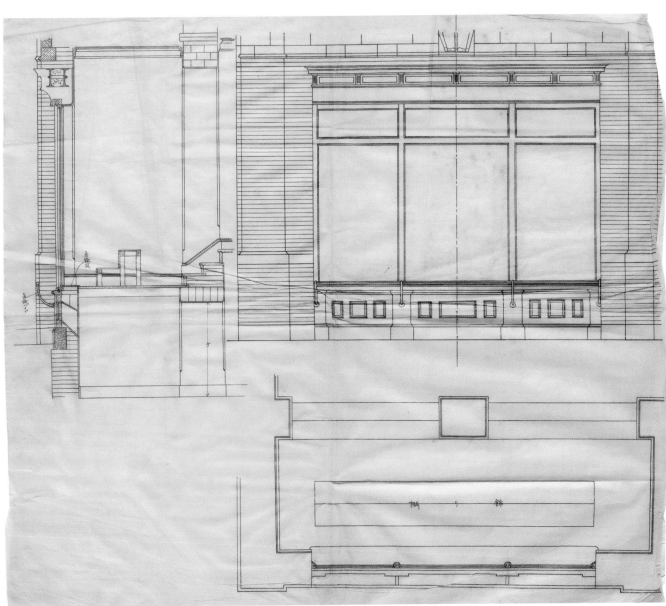

④

09 第12・13号館

09 The 12-13th Block of Mitsubishi Co. Building

- 保岡勝也
- 第12号館：1910（明治43）年竣工、
第13号館：1911（明治44）年竣工
- 煉瓦造
- 地上3階、地下1階建て

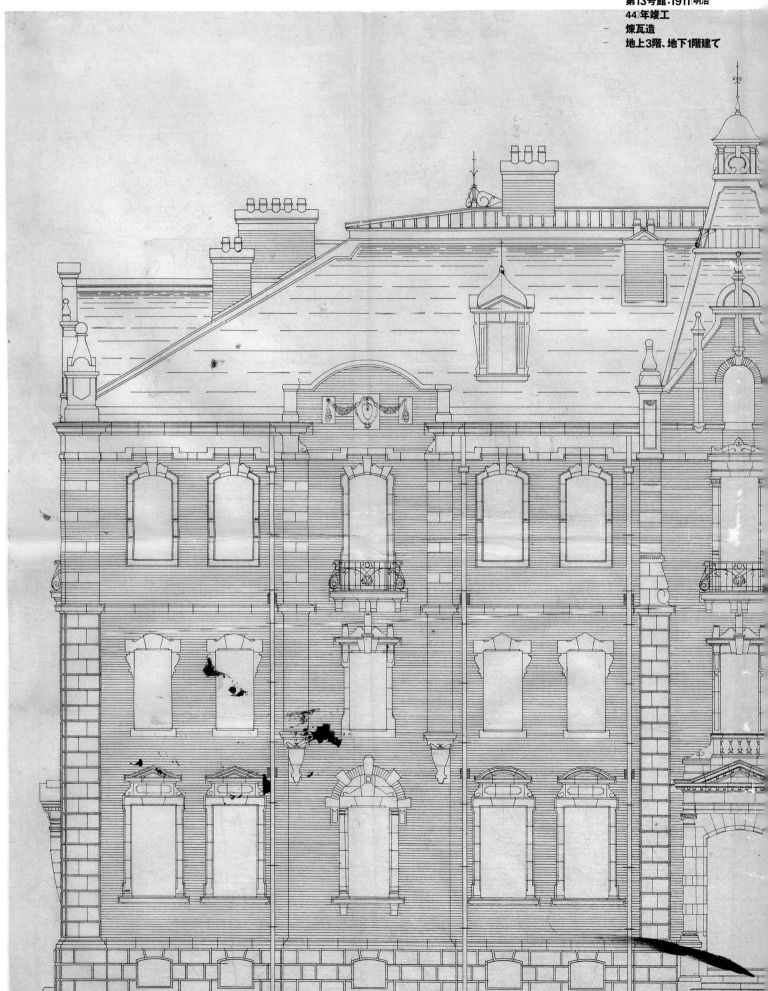

❶ 第拾参號館
表北側建圖

– 縮尺=1/50｜50.5%

– 1909（明治42）年10月10日

– 図面名称に表北側と記され
ているように、馬場先通り側を正
面として設計された。先行して建
てられた「第1号館」他と軒蛇腹等
の高さを揃えるなど、通りの景観
の統一性を意識した設計である。

● 「第12・13号館」は明治最後の煉瓦造の貸事務所として建設された。これらにより一丁倫敦（ロンドン）と呼ばれた馬場先通りの街並みが完成した。設計は、保岡勝也以外に、「第12号館」では本野精吾と内田祥三が参加、「第13号館」では内田と福田重義が加わった。現場監督は「第12・13号館」共に、小寺金治と三浦錬二が担当した。

平面および立面共に丸の内における煉瓦造の貸事務所建築の集大成とも言えるが、壁が厚いため貸し床面積が小さくなるという課題を残すことになる。

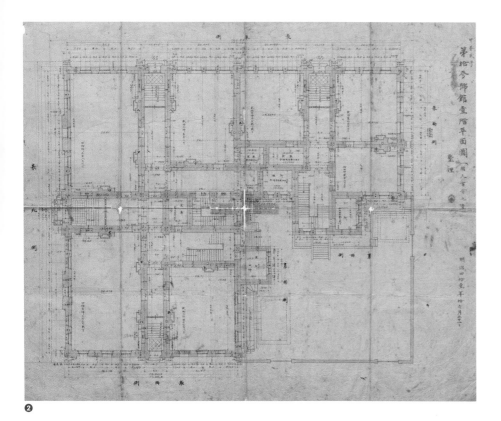

❷

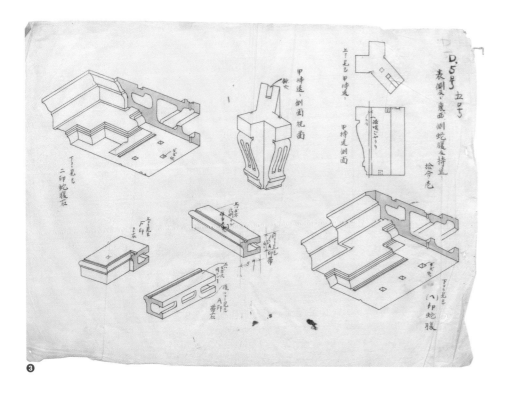

❸

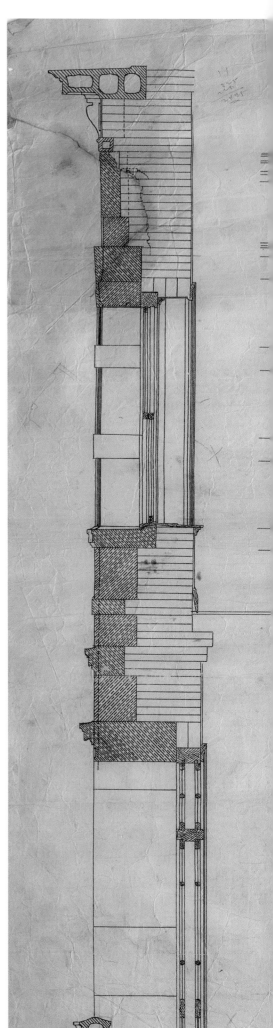

❹

| ❷ | 第拾参號館壱階平面圖 | ❸ | 表側及ビ東西側蛇腹及持送 | ❹ | 第拾貳號館表西側入口詳細圖 |

❷　第拾参號館壱階平面圖

- 縮尺=1/100｜21%
- 1908（明治41）年11月21日
- 平面は棟割長屋形式であるが、同時代の「第4・5号館」と比べると貸事務室の面積が大きく、便所器具数も多い。エントランスは仲通り側にも計画されており、後に竣工する「第14・15・18・19号館」のエントランスと連続することになる。

❸　表側及ビ東西側蛇腹及持送

- 縮尺=1/10｜33%
- 記載なし
- 日本におけるテラコッタを使った最初期の図面である。蛇腹および持送りの複雑な形状はアイソメトリック図で図示されており、「上バダボ穴明ケル」など施工に必要な注釈が記されている。

❹　第拾貳號館表西側入口詳細圖

- 縮尺=1/20｜60%
- 1907（明治40）年10月6日
- 外壁は主に煉瓦と石材を組み合わせた構成である。しかし、蛇腹および持送り部には、石材ではなくテラコッタの断面形状が図示されている。外壁最上部の役物をテラコッタにすることで軽量化を図った設計と考えられる。

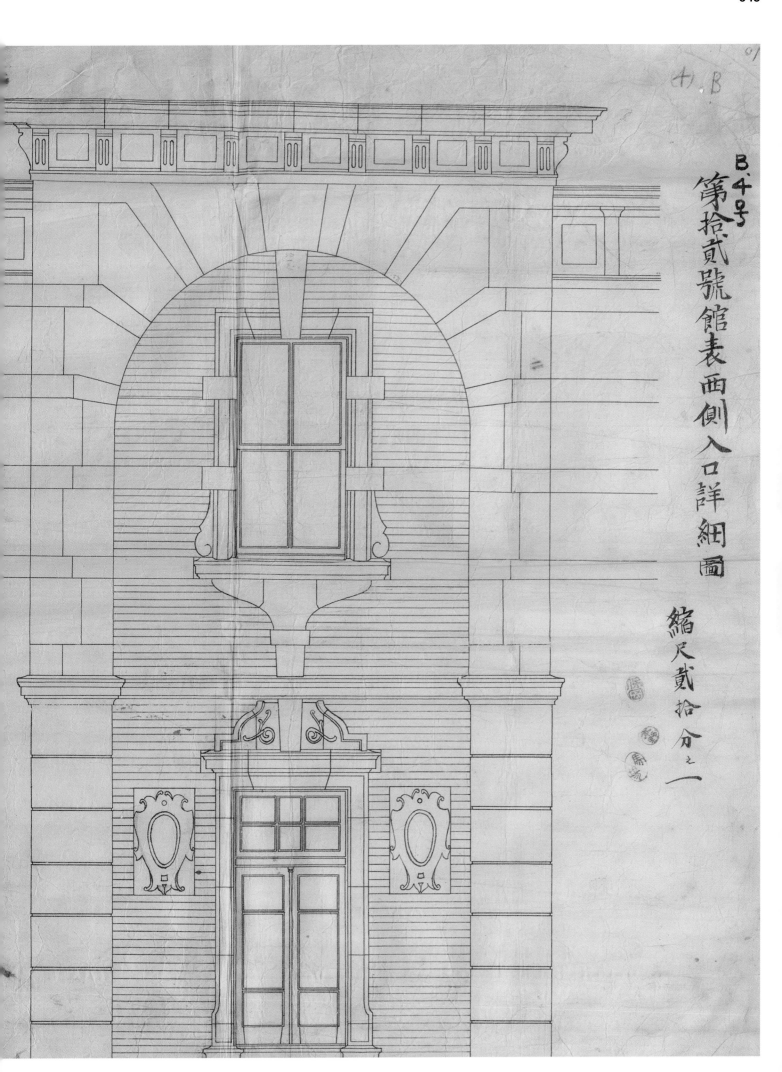

10 第14・15・16・17号館

10 The 14-17th Block of Mitsubishi Co. Building

- 保岡勝也
- 1912（明治45）年竣工
- 鉄筋コンクリート造・壁式構造
- 地上3階建て

❶

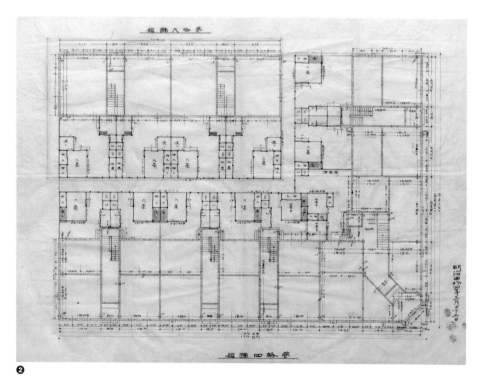

❷

● 「第14・15・16・17号館」はいずれも1912（元号改正前の明治45）年に竣工した、丸の内における鉄筋コンクリート造の嚆矢であり、すべて手錬りで半樽を担ぎ上げながらコンクリート打設が行われた。平面および立面は、仲通りを挟んだ「第14・16号館」と「第15・17号館」がそれぞれ同じである。馬場先通りから南側の仲通り沿道と同様、北側も統一性のある景観を強調した設計が行われた。

構造壁が煉瓦であった「第1号館」から「第13号館」に対し、「第14号館」からは鉄筋コンクリートや鉄骨鉄筋コンクリートが登場する。「第14・15号館」では鉄筋コンクリート壁が煉瓦壁に代わったものの、その使用方法は以下の2点において従来の煉瓦壁に酷似している。第1に壁厚が下の層ほど厚くなっていく点、第2に壁に突起を設けて、大梁を支えている点である。

梁と壁は別々に配筋・打設されており、構造的に「剛」な接合となっていない。これは従来までの鉄骨梁と煉瓦壁の関係と同様である。梁は壁に荷重を伝えるだけで、地震力はあくまで壁によって抵抗する「壁式構造」の設計思想である。

❶ 第拾四號館建晶
（南側）
- 縮尺=不明｜44%
- 記載なし
- 立面は他の煉瓦造の作品と比べると装飾が少ない。エントランスが計画された建物コーナー部は隅切り形状、両端には付柱、上部は屋根とすることにより、交差点に対して正面性を強調した立面としている。

❷ 第拾四號館 第拾六號館 壱階平面圖
- 縮尺=記載なし｜20%
- 1911（明治44）年3月25日
- 平面は賃貸住宅兼用事務所を想定した棟割長屋形式であり、各戸専用の便所が併設されている。図示された壁厚に着目すると、煉瓦造に比べ約3分の1の厚さまで薄くなり、従来よりも貸事務室の面積が大きくなったことが分かる。

❸ 第拾四及拾五號館 鋼筋混凝土工事 詳細図
- 縮尺=1/20｜29%
- 1911（明治44）年4月13日
- 外側壁切断図の壁は従来の煉瓦造と同様、壁厚は最下階の方が上階よりも厚く、大梁受けの突起が図示されている。鉄筋は「'」で示されたインチ表記である。

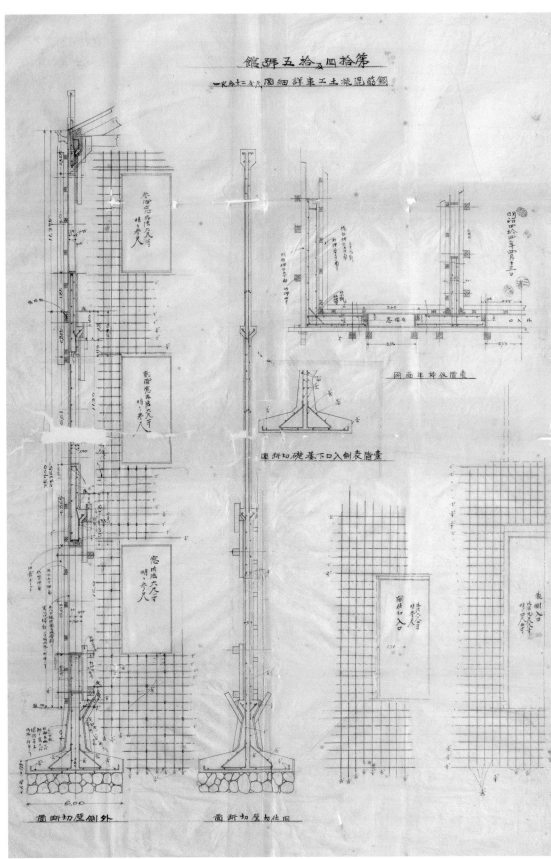

❸

¹¹ 第18・19・20号館 ¹¹ The 18-20th Block of Mitsubishi Co. Building

- 保岡勝也
- 1912（大正元）年竣工
- 鉄筋コンクリート造・壁式構造
- 地上3階建て

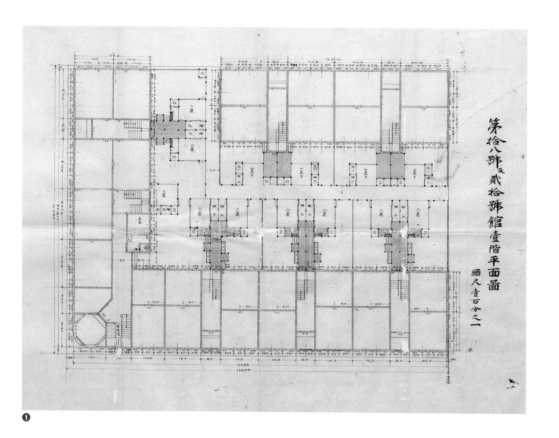

❶

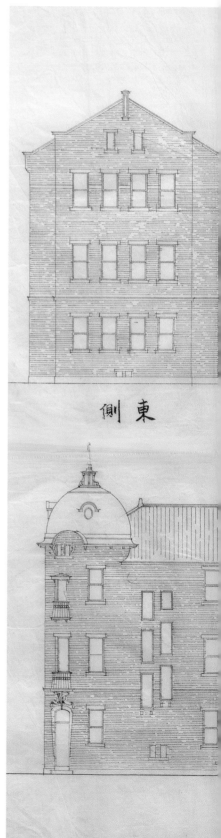

● 「第18・19・20号館」はいずれも1912（元号改正後の大正元）年に竣工した鉄筋コンクリート造の建物である。「第18・19号館」は平面も立面も同じであり、仲通りを挟んで対称に建てられた。煉瓦タイルの割付を見ると「第14・15・16・17号館」と同様、楣の斜め張り部等に煉瓦造の煉瓦割付を意識した設計であることが分かる。「第14・15号館」の建物コーナー部の塔状の立面と合わせて、交差点に対して正面性のある通りの景観を形成した。

❶ 第拾八號及
　貳拾號館壹階平面晑

- 縮尺=1/100｜21%
- 記載なし
- 平面は「第14・15号館」と同様、賃貸住宅兼用事務所を想定した棟割長屋形式であり、各戸専用の便所が併設されている。一方、建物コーナー部は丸みを帯びた形状であり、「第14・15号館」の隅切り形状と付柱の平面とは異なる。

❷ 第拾八號及
　貳拾號館建圖

- 縮尺=1/100｜52%
- 記載なし
- 立面は「第14・15号館」と同様、装飾が少ない。建物コーナー部の屋根はドーム形状であり「第14・15号館」と異なるが、交差点に対して正面性を強調する立面は共通である。

側北

側西

第拾八號及貳拾號館建圖

縮尺壹百分之一

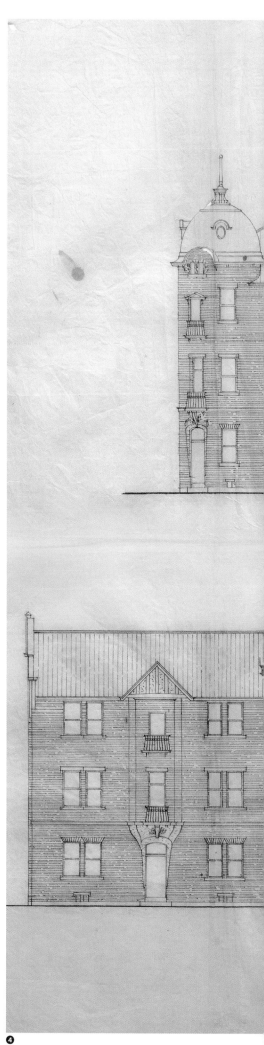

❸

第拾九號館壹階平面圖
縮尺百分之一

❸ 第拾九號館
壹階平面圖

- 縮尺=1/100｜21%
- 記載なし
- 平面は「第18号館」と同様、賃貸住宅兼用事務所を想定した棟割長屋形式であり、各戸専用の便所が併設されている。北側の平面は「第18号館」と比べると1スパン短いが、これは隣接する「帝国劇場」の敷地形状が関係している。

❹ 第拾九號建圖

- 縮尺=不明｜52%
- 記載なし
- 立面には千鳥状に配置された開口部が図示されている。平面と照合すると階段室の窓であることが分かる。「第18号館」も同様、通りに面した階段室回りは自然採光を意識した立面としている。

❹

第拾九號館建圖

12 第21号館

12 The 21st Block of Mitsubishi Co. Building

- 保岡勝也
- 1914(大正3)年竣工
- 鉄骨鉄筋コンクリート造・壁式構造とラーメン構造の併用
- 地上4階建て

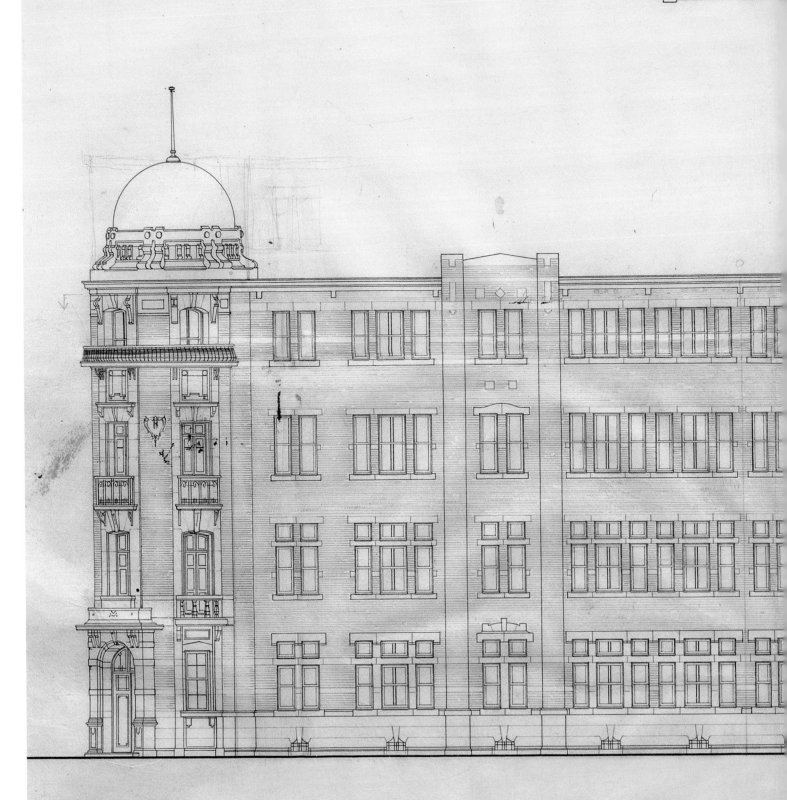

❶ 第貳拾壱號館　東側

- 縮尺＝記載なし｜80%
- 記載なし
- メインエントランスのある南東角は屋根をドーム形状とし、垂直性が強調された立面である。一方、大名小路側の窓回りは石材が水平に連続しており、コーナー部の垂直性との対比関係が見られる。「第2号館」から始まる建物コーナー部を塔状とした立面は、変遷しながら「第14・15・18・19号館」、そして「第21号館」に継承された。

● 「第21号館」は基本設計までを保岡が担当した。「第8号館」から「第20号館」までに試みられたさまざまな思想や技術を継承しながらも、平面は従来の棟割長屋形式ではなく中庭を配した共用廊下形式（各テナントがエントランスや便所などを共用）、構造は鉄骨鉄筋コンクリート造（床はコンクリートスラブ）である。施工中に使われたコンクリートミキサーは、当時工事係であった横山鹿吉が外国雑誌等の資料を基に設計、完成させたものである。当時は、東洋一の貸事務所と言われた最新建築であった。

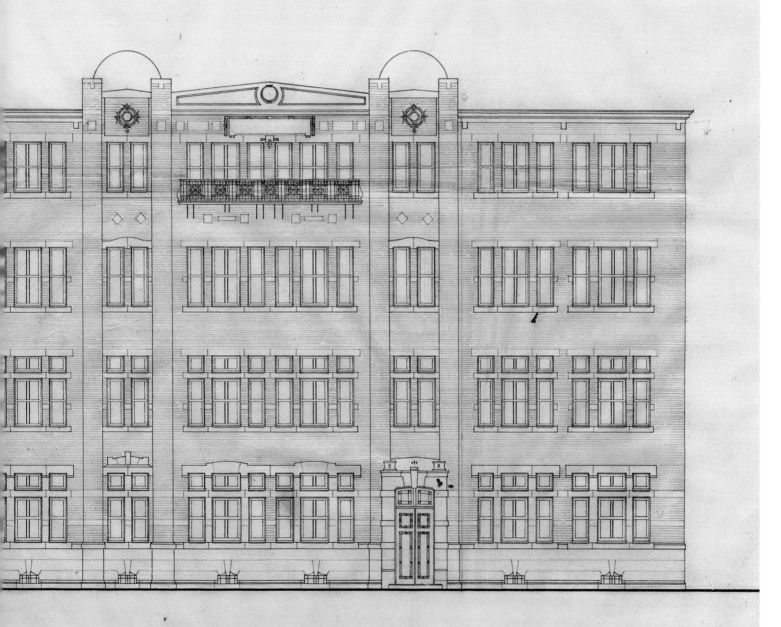

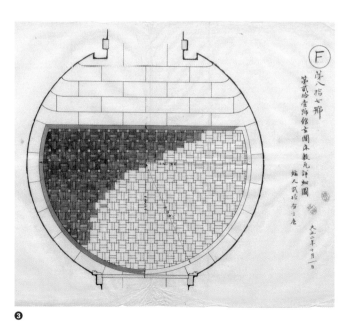

❷

❸

❷ 第貳拾壹號館新築圖 第壱階平面圖

- 縮尺=1/100｜26%
- 1913（大正2）年6月21日
- 平面には円柱形状かつ周辺壁面と分節されたメインエントランスが、仲通りではなく大名小路側の交差点に面して図示されている。これは、1914（大正3）年の「東京駅」の開業後に大名小路が主要道路になることを予測した上での設計と考えられる。「第21号館」からは外壁のコンクリートに鉄骨大梁が現れる。鉄骨を入れることで外壁の耐力が向上したためだろう、従来の外壁に比べ、窓の割合が格段に大きくなっている。室内の採光の多くを自然光に頼っていた当時、窓面積を大きくすることは、オフィスの性能を向上させる重要なポイントだったと考えられる。また、「第21号館」の平面図では従来までの煉瓦やコンクリートの「壁」に混ざって、初めて鉄骨を用いた「柱」らしき形状が現れている。

❸ 第貳拾壹號館 玄関床敷瓦詳細圖

- 縮尺=1/20｜27%
- 1913（大正2）年10月1日
- 竣工前の図面。当時は斬新なアメリカ式共用廊下形式のメインエントランスである。さらに、奥に続く八角形の吹き抜けのエレベータホールの前室も兼ねており、着工後も意匠性の高い内装デザインが求められたと考えられる。

❹ 第貳拾壹號館 東側詳細圖

- 縮尺=1/20｜28%
- 1913（大正2）年5月16日
- 主な外装材である化粧煉瓦や石は、中央に図示された段数を表す目盛に合わせて、鉄骨鉄筋コンクリート造の壁面に割り付けられている。窓回りの寸法には幅1.7尺、高さ1.2尺等と図示されており、煉瓦造の窓のプロポーションと比べると明らかに細長い。これは、煉瓦造と

の構造形式の違いによるものと考えられる。大梁と壁が別々の構造だった旧米からの設計と異なり、「第21号館」からは大梁と壁（あるいは柱）を一体とすることを意図した断面図が描かれている。別の図面では、大梁の鉄筋を柱に定着する方法を記した詳細図も残されており、明らかに柱・大梁を一体の構造として外力に抵抗するラーメン構造の原型が現れている。ただし、すべての大梁と柱が一体となっているとは限らず、柱が同一直線上に並ばない構面もあることから、完全なラーメン構造ではなく、発展途上の段階と見るべきではないだろうか。

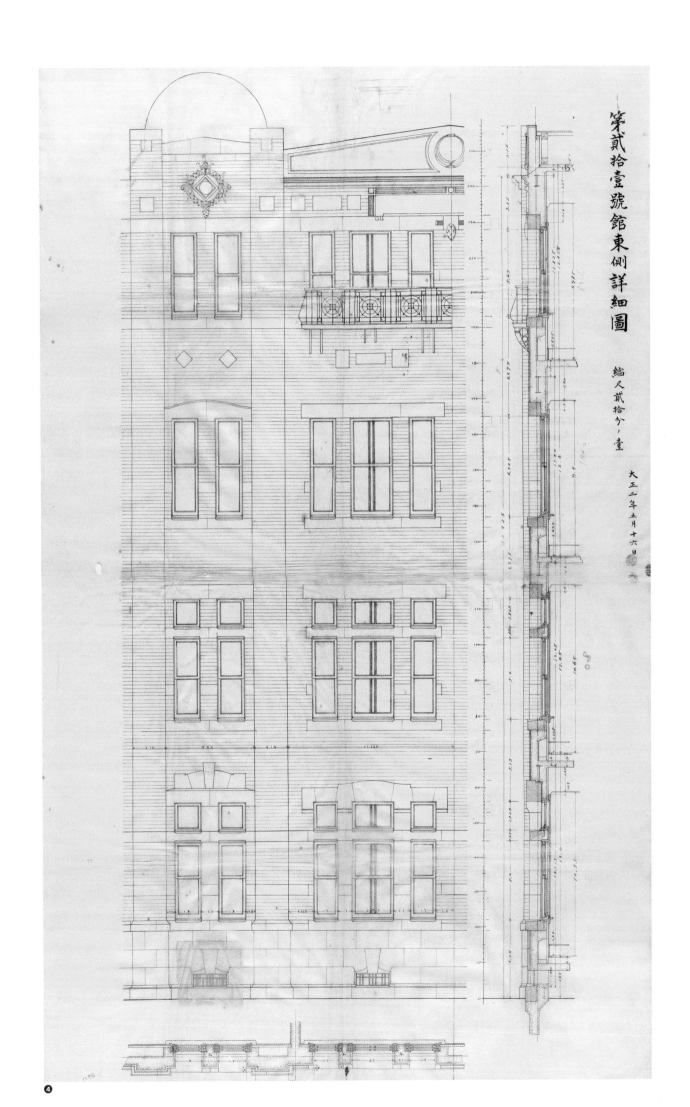

第貳拾壹號館東側詳細圖

縮尺貳拾分ノ壹

大正二年五月十六日

都市づくりから婦女子の領分に
飛び込んだ建築家

[コラム]
2代目技師長 保岡勝也

[著者]
内田青蔵｜建築史家

保岡勝也｜やすおか・かつや｜1877-1942（明治10-昭和17）年
（画像：『丸の内百年のあゆみ　三菱地所社史』（三菱地所、1993［平成5］
年3月）より転載）

はじめに

　保岡勝也は、自らの求めた人生を素直に貫いた人と言える。著名な建築家の辰野金吾（1854-1919［嘉永7-大正8］年）が50歳を境に権威ある東京帝国大学教授の身分を捨てて市井の建築家となったように、保岡も35歳を境に三菱合資会社の2代目技師長という輝かしい肩書きを捨てた。辰野の場合は、自己を抑えて国家に尽くした建築家から自己を解き放した建築家への変貌と言えるが、一方の保岡は、日本の最初のオフィス街づくりから、主婦を対象とした中小規模住宅の設計を担うという建築家の新領分を切り開こうと邁進する姿が見える。

三菱への入社

　1877（明治10）年に東京で生まれた保岡は、1900（明治33）年に東京帝国大学工科大学建築学科を卒業した。卒業設計のテーマは「Design for a National Bank」。当時の「日本銀行」（1896［明治29］年竣工）は、辰野金吾の設計で竣工したばかりの余韻が残っていた時期であった。保岡のデザインは、古典主義に則ったもので、辰野の日本銀行ときわめて類似している。そのため、日本銀行をテーマにしたのは、辰野への挑戦というよりも憧れによるものだったようだ[1]。

　大学卒業後の1900（明治33）年8月、保岡は三菱合資会社に技士として入社した。入社の動機は不明だが、曾禰達蔵（1852-1937［嘉永5-昭和12］年）の退社後に技師長に就任しており、入社時から曾禰が自らの後継者を辰野に依頼していたのかもしれない。

　入社後は、曾禰設計の「三菱銀行神戸支店」（1897［明治30］年竣工）が竣工間際であった神戸建築事務所に配属された。その後、丸ノ内建築事務所に移り、「第4号館」（1904［明治37］年竣工）と「第5号館」（1905［明治38］年竣工）の設計に関わり、また、「大隈重信伯爵邸洋館部」と「早稲田大学附属図書館」（いずれも1902［明治35］年竣工）の設計を行った。

　一方、仕事の傍ら保岡は、上司の岡本春道の長女と結婚している[2]。岡本は「岩崎茅町邸」の和館（1896［明治29］年竣工）の設計者で、日本の伝統建築に精通した技師でもあり、保岡は結婚を通して伝統建築とも深く関わる機会を得たのである。

技師長時代の業績

　入社2年後の1902（明治35）年11月、保岡は突然、大学院進学を理由に退社した。研究テーマは劇場に関するものだったようで、大学院時代には『建築雑誌』に数多くの論文を寄稿している[3]。また、保岡は最年少の評議員として1904（明治37）年度の建築学会新役員に名を連ねた。その才能は若くして高く評価されていたことがうかがえる。

　大学院を終えると、再び保岡は技師として戻った。そして、1906（明治39）年10月には曾禰が退社して建築顧問に退いたため、保岡が2代目技師長となった。保岡の技師長時代の業績は既によく知られ、①赤煉瓦時代の丸の内を完成させた、②クイーン・アン様式の仲通りをつくった、③鉄筋コンクリート造を展開した、の3点に集約される[4]。

　保岡の引き継いだ当時の丸の内を見てみると、「第1号館」（1894［明治27］年竣工）から「第7号館」（1904［明治37］年竣工）までが完成していた。馬場先通りに建てられた「第1号館」から「第5号館」（1905［明治38］年竣工）や、仲通りを挟んで建てられた「第6・7号館」（1904［明治37］年竣工）など、一丁倫敦（ロンドン）の街並みを見せていた。保岡は1912（明治45）年に退社したため、在籍期間はきわめて短かったが、一気加勢に「第8号館」（1904［明治37］年竣工）から「第20号館」（1912［明治45］年竣工）までの13棟を完成させ、「第21号館」（1914［大正3］年竣工）の基本設計も行っている[5]。仲通りには「第8号館」から「第15号館」（1912［明治45］年竣工）、「第18号館」（1912［明治45］年竣工）、「第20号館」の10棟が建てられ、街並みを形成した。特に注目されるのは、赤煉瓦に白い石を組み合わせた辰野式の原型であるクイーン・アン様式によるファサードを左右対称に配置して景観を完成させたことである。

　また、「第14号館」（1912［明治45］年竣工）以降は煉瓦造をやめ、鉄筋コンクリート造へと一気に建築を進化させた。すなわち、『建築雑誌』1911（明治44）年7月号誌上の「第12・13号館」（第12号館：1910［明治43］年竣工、第13号館：1911［明治44］年竣工）の解説の中で「鉄筋コンクリートを使用すると壁厚を減じ得る」ため「営業上好都合」と、その理由を述べている[6]。これだけを見ると経済性優先による導入と解釈されてしまうが、保岡は、当時の建築界でも鉄筋コンクリート造に詳しいひとりだったのである。

保岡の鉄筋コンクリート造に関する寄稿

　保岡は、鉄筋コンクリート造の工法等に関するいくつかの論考を『建築雑誌』に寄せている。最初は1905（明治38）年8月号の「混

凝土壁の表面仕上げに関する片々」で、コンクリート造の流行は「疑いなきを信ずる」として仕上げの方法を紹介しつつも、最終的には海外の文献に従うのではなく、実験を基に独自の方法を探るべきだと述べている。また、同年12月号の『Builder's Journal』掲載の記事を紹介した「白耳義に於ける鉄筋混凝土」では、鉄筋コンクリート造の利点として、①工費が安い、②耐火性、③耐久性、④自在な形状製作、⑤迅速な施工、などの諸点を掲げ、また、配筋の方法と共に施工で最も重要な点として仮枠の構造を紹介している。保岡の論考は、海外の文献を通して学んだものだが、鉄筋コンクリート造の可能性を予見していたのである。

「第21号館」に見る新しい平面計画

この鉄筋コンクリート造の導入と共に、保岡が手掛けた作品の中で最も注目されるのが最後に設計を終え、1914（大正3）年6月完成した「第21号館」である。その理由は、それまでの建物がそれぞれ専用の入口を持つ棟割形式であるのに対し、エレベータの配置などには問題があったものの、「第21号館」は共通の入口とエレベータを用いるフロア貸しビルの形式を取り入れたものだったからである[7]。こうした新しい平面計画は鉄筋コンクリート造に関する知見と同様に海外の文献や「米人は機械力を以て手軽く大建築を仕上げる手際は敬服の外無」と述べている1908（明治41）年の欧米出張[8]などに負うところが大きかったと思われる。

そしてまた、中庭型の平面計画も新たな特徴だと言える。採光・通風には中庭型がふさわしいが、床面積的には中庭は無駄である。この初めての中庭型平面の導入は、居住性を意識した保岡ならではの試みでもあったように思われるのである[9]。

結びにかえて……“生活”を扱う住宅作家へ

保岡は、1912（明治45）年5月、病気を理由に三菱合資会社を退社した。そして、退社と共に三菱在籍中に手掛けた作品集『新築竣工家屋類纂』（須原屋書店、1912［明治45］年）を発行している。そこでは、その後の姿勢を予見させるかのように住宅建築や和風の茶亭などを紹介していた。

1913（大正2）年、銀座に保岡勝也事務所を開設した。そして、1915（大正4）年には婦人文庫刊行会から中流層の主婦向けの住宅啓蒙書である『理想の住宅』を刊行し、住宅作家としての道を切り開き始めた。

ただ、こうした中小の住宅づくりという新領分へと進むのだが、ここでひとつの疑念が浮かぶ。保岡の退社が人付き合いの苦手な気難しい人であることが理由だったため、個人事務所を開かざるを得なかったと言われていることである[10]。はたしてそうだったのか？　気難しい性格の人が主婦相手の設計ができるのかという素朴な疑問が浮かぶ。独立後の保岡の施主との対応の記録を見ていると、自らのイメージを立体的な彩色画として描いて見せたり、依頼された建築のファサードを数種用意し、施主に選ばせるという事例が散見される[11]。それは施主の好みを最優先する方法で、決

して自らの主張を押し付けるようなことはしていない。おそらく、保岡は施主の顔の見えない街づくりや貸しビルの設計より、顔の見える施主を相手にすることに建築家のもうひとつの姿を見たのではあるまいか。いずれにせよ、建築家の自己表現としてだけではなく、生活に思いを馳せ、施主の豊かな日常生活の場を提示することも使命と思う建築家が出現したのである。仕事内容は、三菱時代のものとはまったく次元の異なるものだったが、三菱の仕事から触発され自らの使命と生き方を見つけたのだと思う。ひとつの道を全うするのもよし、また、道を変更して進むのもよし。建築家の役割は、無限にあることを保岡は教えてくれている。

内田青蔵 ｜うちだ・せいぞう ｜1953年 秋田県生まれ／1975年 神奈川大学工学部建築学科卒業／1983年 東京工業大学大学院博士課程単位取得満期退学／1985–95年 東京工業大学工学部附属工業高等学校教諭／1995–2006年 文化女子大学助教授、教授／2006–09年 埼玉大学助教授、教授。2009年–現在 神奈川大学教授。専門は、近代日本建築史 工学博士。著書に『あめりか屋商品住宅』（1987年）、『日本の近代住宅』（1992年）、『同潤会に学べ』（2004年）、『新版図説近代日本住宅史』（共著2008年）等。

註

1　『工学博士　辰野金吾伝』付録pp.24-25（辰野葛西事務所、1926［大正15］年）。保岡は辰野の1周忌のあいさつの中で、在学中に辰野を「おやじ」と呼び、卒業後も辰野の事務所で手伝いをしていたことを回顧している。

2　北沢造園 北沢周平氏作成資料「保岡勝也」参照。保岡の長男は1902（明治35）年生まれであり、その前には結婚していたものと思われる。

3　劇場研究の成果として「本邦劇場舞台改良の進路」（『建築雑誌』204号　1903［明治36］年12月号）、「泰西劇場の火災年表」（1798年以降）（『建築雑誌』206号　1904［明治37］年2月号）等がある。一方、住宅の室内装飾に関しては「住家の室内装飾に就て（一）」（『建築雑誌』209号　1904［明治37］年5月号）以下、連載が224号の1905（明治38）年8月号まで12回続く。

4　藤森照信「丸の内をつくった建築家たち―むかし・いま―」『新建築1992年4月別冊日本現代建築家シリーズ15三菱地所』p228（新建築社、1992［平成4］年）。

5　同上。p225。

6　『建築雑誌』1911（明治44）年7月号。

7　註4参照。pp.229-231。

8　「消息」（『建築雑誌』No.258 1908［明治41］年6月号）。保岡が出張中に曾禰に宛てた書簡が紹介されている。

9　保岡は『建築雑誌』で、「室内の採光について」（No.195号）、「室内の採光及び換気（一）」（No.226）などを積極的に発表している。

10　藤森照信『昭和住宅物語』p66（新建築社、1990［平成2］年）。ここでは、山下寿郎の聞き取りとして保岡について「大変に難しいお人柄の人で、結局、上とも下とも合わなくて辞職されました」と紹介している。

11　1936（昭和11）年竣工の川越に現存する「旧山吉デパート」の設計時には、ファサードとして6種のファサードを用意している。

13 台湾銀行東京支店

13 Bank of Taiwan, Tokyo Branch

- 桜井小太郎
- 1916(大正5)年竣工
- 鉄骨鉄筋コンクリート造・ラーメン構造
- 地上4階建て

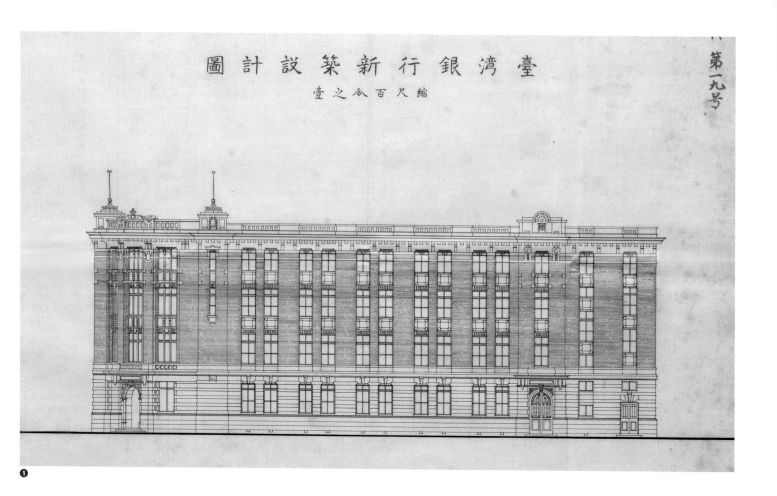

❶

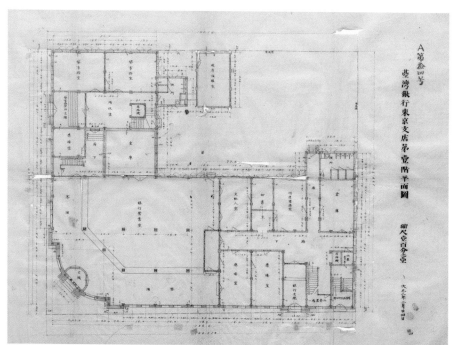

❷

● 1913(大正2)年3月26日、桜井小太郎は三菱合資会社地所部に建築顧問として入社、翌年2月7日付けで三菱合資会社技師となった。(技師長に就任するのは1918[大正7]年8月だが、それまでも実質技師長としての役割を担っていたと思われる。)「台湾銀行東京支店」は三菱合資会社以外の建物で地所部が設計した初期建物のひとつ。上下階で銀行とテナントが同居しており、縦動線を分離してセキュリティを高めながらも、銀行の将来の増床に対応できるなど、さまざまな設計上の工夫が見られる。鉄筋コンクリート造ながら、赤煉瓦建築を思わせる赤い煉瓦タイルによる外装が採用された。

❶ 臺湾銀行新築設計圖 北側建圖

- 縮尺=1/100｜32%
- 記載なし
- 丸の内で初めて鉄骨鉄筋コンクリート造が採用された建物である。大名小路と呉服橋通り（現永代通り）の交差する角地に建設され、交差点に面するコーナー部には、銀行営業室の正面玄関、そして印象的な塔が設けられた。ファサードは三層構成の古典的な様式である。

❷ 臺湾銀行東京支店 第壹階平面圖

- 縮尺=1/100｜18%
- 1914（大正3）年2月24日
- 当初、3～4階と1～2階の2室を貸事務所に充てる見込みで玄関・広間・階段・エレベータをそれぞれ独立させて設計していた。しかし、銀行業務の拡張により3階の9室を除くすべてのフロアが銀行用となった。

❸ 臺灣銀行東京支店 規矩斗及詳細立圖

- 縮尺=1/20｜23%
- 1914（大正3）年3月17日
- 外観の様式は、三層構成の古典様式である。断面の左に示されたゲージは化粧煉瓦（今で言うタイル）の段数を表記したものである。煉瓦造を設計する時は煉瓦の段数で高さ方向の法則を決めるが、構造が変わっても外観は煉瓦造の考え方で設計している。スパンドレル部分はコンクリート下地に擬石仕上げ、コーニスは落下危険性を考慮し金属板を採用。また、尺寸で記載された寸法の中に、鉄骨梁のせいだけが24inch（約60cm）と記載されており、鉄骨材の規格が欧米に準拠していたことが読み取れる。

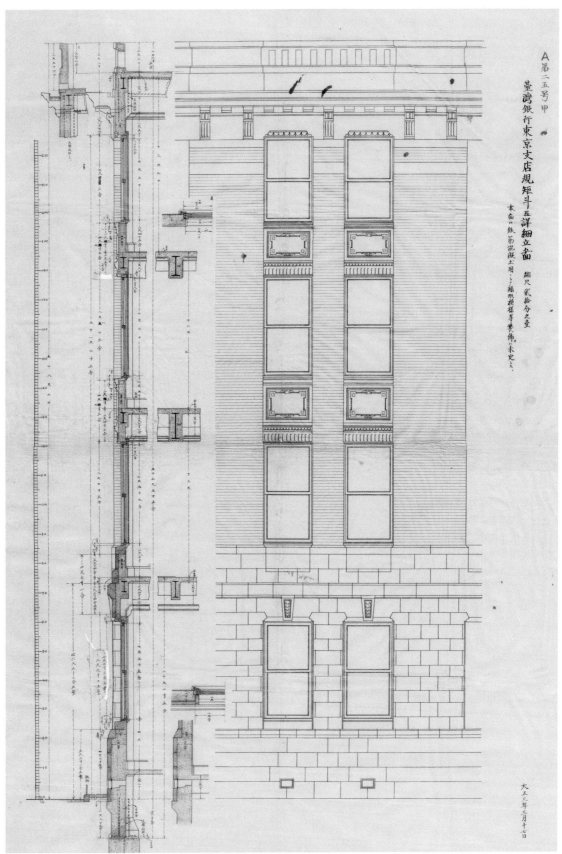

❸

帝国鉄道協会会館

The Imperial Railway Association Building

- 桜井小太郎
- 1916(大正5)年竣工
- 鉄骨鉄筋コンクリート造・ラーメン構造
- 地上4階建て

● 「台湾銀行東京支店」と同様、三菱合資会社以外の建物で三菱合資会社地所部が設計した初期建物のひとつ。帝国鉄道協会はそれまで京橋区日吉町に事務所を構えていたが、これが手狭になったため1913(大正2)年5月開催の評議員会において会館建築を決議、荘田平五郎が同協会の理事をしていた縁で、三菱合資会社所有地を借地し新築することとなった。なお、後年において藤村朗の設計で、1階に球技室と談話室、2階に2層吹き抜けの大会議室が増築された。

❶ 帝國鐵道協會新築設計圖 正面立図／側面立図

- 縮尺=1/100 | 32%
- 記載なし
- 三層構成の立面である。窓回りの意匠は、丸の内に建築された煉瓦造時代の建築と同様に、各階において異なっている。ただし、側面部のサッシは窓枠意匠がなく簡素化され、上げ下げ窓(一部欄間滑り出し窓付き)にて統一されている。また、側面立図には、水平の点線が表記されており、フロアレベルを表現している。大名小路に面する面には、約1.5フロア分の階高の高い空間があったことを示している。

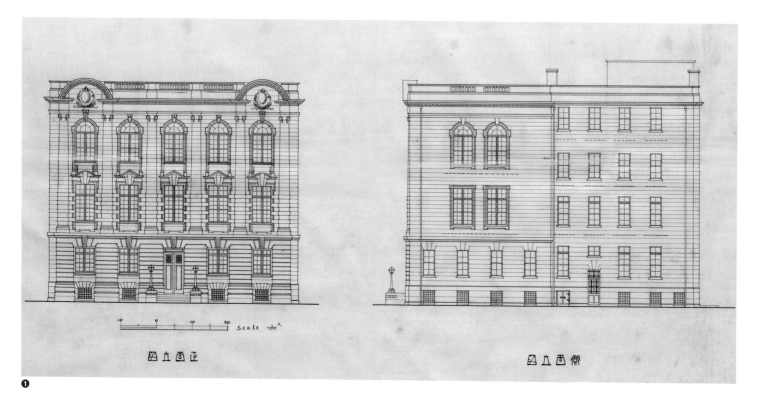

❶

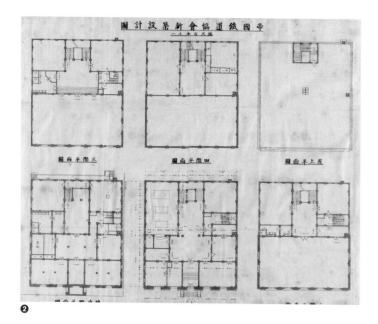

❷

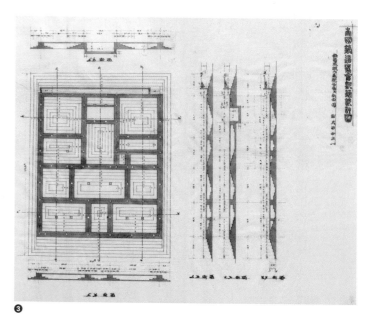

❸

❷ 帝國鐵道協會新築
　設計圖　地中、一、二、
　三、四、屋上平面圖

- 縮尺=1/100｜12%
- 記載なし
- 来客者は大名小路側から階段を上って、正面に大階段のあるホールに入る構成となっている。大名小路側の2階以上には大部屋を配し、3階においてはスキップフロア形式となっている。4階階段ホール上部にはトップライトを配している。

❸ 帝國鐵道協會新築
　設計圖　鉄筋混凝土
　基礎平面及断面圖

- 縮尺=1/100｜16%
- 記載なし
- 伏図および断面図から、荷重を分散して基礎に伝えるために煉瓦造の根積みに似た方法を鉄筋コンクリート造で採用していることが分かる。基礎形式が木杭であるものの分散させる方法を取ったのは、この土地は日比谷入り江の埋め立て地であり、軟弱地盤であることを認識した上での対応と考えられる。なお、階段部分にピットが形成されていることから、階段の中央にはエレベータを設けていたと考えられる。

❹ 帝國鐵道協會新築
　設計圖　鉄筋混凝土
　基礎平面及断面圖

- 縮尺=1/20｜21%
- 1914（大正3）年6月16日
- 煉瓦の段数で設計していることが分かる。矩計図は、現在と同じように床レベルと開口部との関係、外装の出寸法などの記載がなされているが、煉瓦造時代の建築図と共通した作図方法として、躯体と仕上げの種別を分けて着色する方法が取られ、外装の石の部分と躯体を着色している。外装の石は、2階以上でダボや引き金物などが記載されているが、1階においては、金物の記載がなく石積みとなっている。

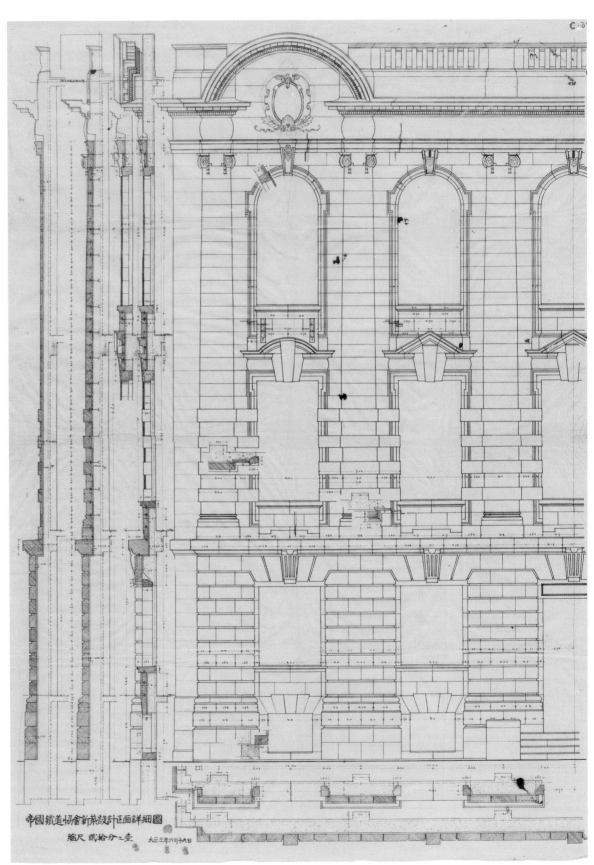

❹

15 第22号館
[三菱社仮本社]

The 22nd Block of
Mitsubishi Co. Building
"Temporary Head Office
of Mitsubishi Co."

- 桜井小太郎
- 1918(大正7)年竣工
- 鉄骨鉄筋コンクリート
造・ラーメン構造
- 地上4階建て

❶ 三菱合資會社仮本社
　新築設計圖
　東側建圖

- 縮尺=1/100 | 66%
- 1916(大正5)年3月18日
- セセッション様式が採用さ
れている。三層構成で、基壇部は
ルネサンス風の凹凸のある組積仕
上げ、中層部は貼付瓦(タイル貼
り)、頂部は人造石塗りとタイルの
組み合わせとなっている。

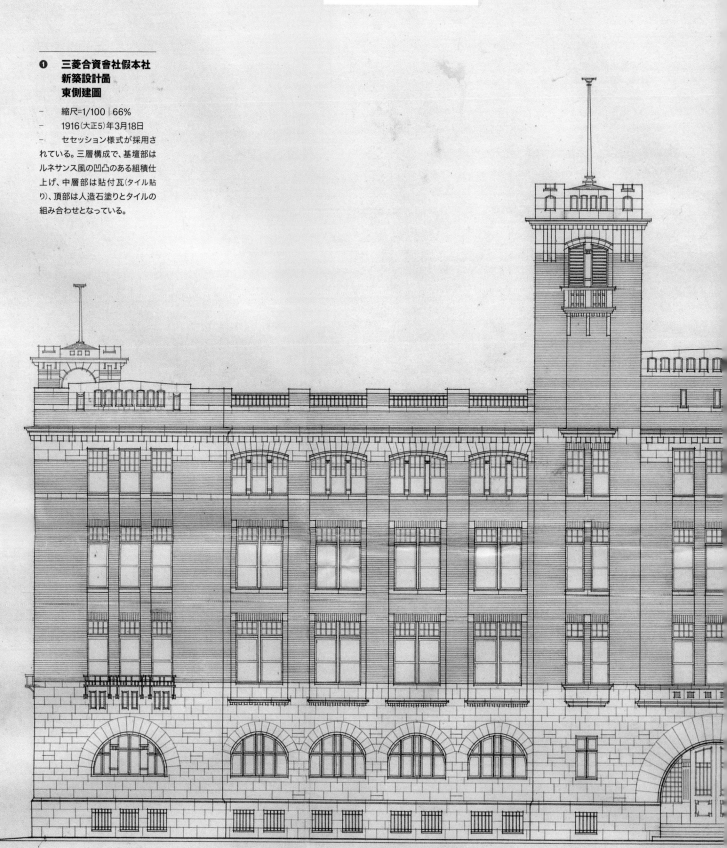

❶

● 三菱合資会社は本社の計画にあたり、設計コンペを実施した。1911（明治44）年10月、主要新聞紙上に本社新築設計懸賞募集の件を公表した。在日外国人建築家にも応募を呼びかけようと、ジャパンタイムズ等の英字新聞にも募集が掲載された。これは当時民間企業の主催による初の建築設計懸賞競技として話題を集めた。審査委員長に片山東熊、審査委員に建築家としてジョサイア・コンドル、曾禰達蔵、三菱側から副社長・岩崎小彌太、管事・南部球吾、内事部長・荘清次郎、地所部長・桐島像一を置いた。1912（明治45）年3月末日までに、応募者54人、応募図案58点が寄せられ、予選競技で6案が残り、決選競技の末、1等木子幸三郎、2等池田稔、3等内田祥三と決まった。し

かし、事情は明らかになっていないが当選作が陽の目を見ることはなかった。懸賞競技を行ったにもかかわらず当選案の実行を避けたために、この「第22号館」は仮本社と呼ばれたのだろう。1914（大正3）年5月27日の社長・岩崎久彌への伺いにより1916（大正5）年10月中落成の予定で建築計画が社内的に承認されたが、1914（大正3）年の第一次世界大戦の勃発により着工は延期され、工事着手は1915（大正4）年11月13日、竣工は1918（大正7）年4月にずれ込んだ。三菱合資会社の事務所床の需要が逼迫していたためか、竣工後からわずか半年で増築工事を開始した。この増築部分は地階付き6階建てで、旧館の延床面積の2倍以上の規模であった。

建築地盤基準線

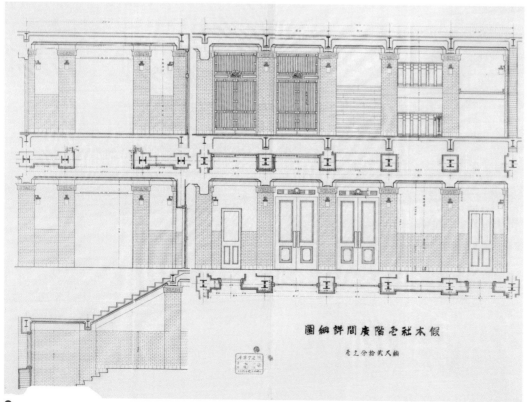

❷

❸

**❷ 三菱合資會社假本社
新築設計圖
壹階平面圖**

− 縮尺＝1/100｜26%
− 1916（大正5）年2月16日
− 三菱合資会社の各部の部
屋割が分かる。1階は主に地所部、
2階は社長（岩崎久彌）室と副社長
（小彌太）室、庶務部、3階は営業部、
鉱山部、炭鉱部、4階は造船部で
ある。社長室、副社長室にはそれ
ぞれ専用の便所が用意されてい
る。壁を主体構造としていた「第
21号館」までと異なり、「第22号館」
では堂々たる柱が平面に現れてい
る。また、柱の配置も大梁を構造
として有効に発揮させることを意
識した、規則的な配置である。地
震力を壁で負担する壁式構造か
ら、柱と大梁を剛に接合して抵抗
するラーメン構造への進化が読み
取れる。

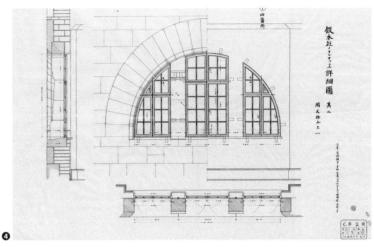

❹

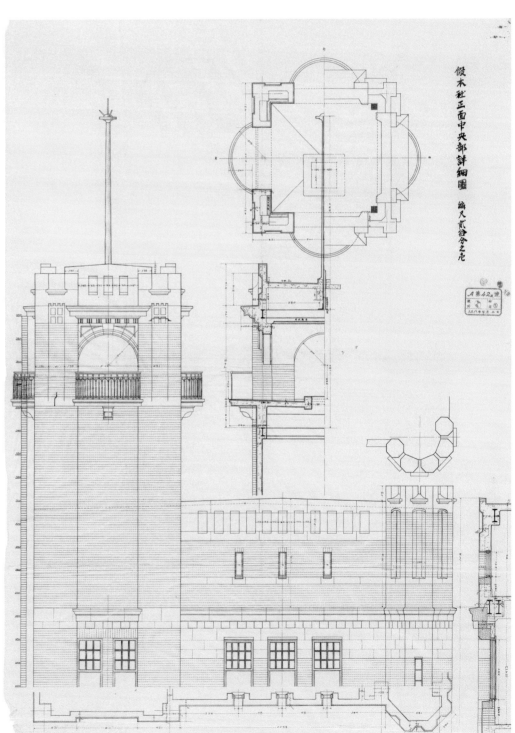

假本社ノメタルサツシ詳細圖 其二

圖尺拾分之一

假本社正面中央部詳細圖 縮尺貳拾分之壱

❸ 假本社壱階廣間詳細圖

- 縮尺=1/20｜14%
- 1917（大正6）年7月14日
- 1階広間の展開図。本社にふ
さわしい重厚感のある内装デザイ
ンが採用されている。

❹ 假本社メタルサッシ
詳細圖其二

- 縮尺=1/10｜13%
- 1916（大正5）年6月9日
- 「第22号館」で特筆すべきは、
丸の内で初めてスチールサッシが
使用（地階と1階の窓にのみ採用された）
されたことであり、田島壱号式を扱
う巣鴨製作所（日本のサッシの始祖と
される）に注文された。

❺ 假本社正面中央部
詳細圖

- 縮尺=1/20｜18%
- 1917（大正6）年7月5日
- 建物のランドマークである塔
部の詳細図。図面左端には煉瓦の
段数が図示されており、煉瓦造の
設計思想が継承されている。

❺

16 第23号館［中央亭］

16 The 23rd Block of Mitsubishi Co. Building "Chuotei"

- 桜井小太郎
- 1915（大正4）年竣工
- 鉄筋コンクリート造・ラーメン構造
- 地上4階建て

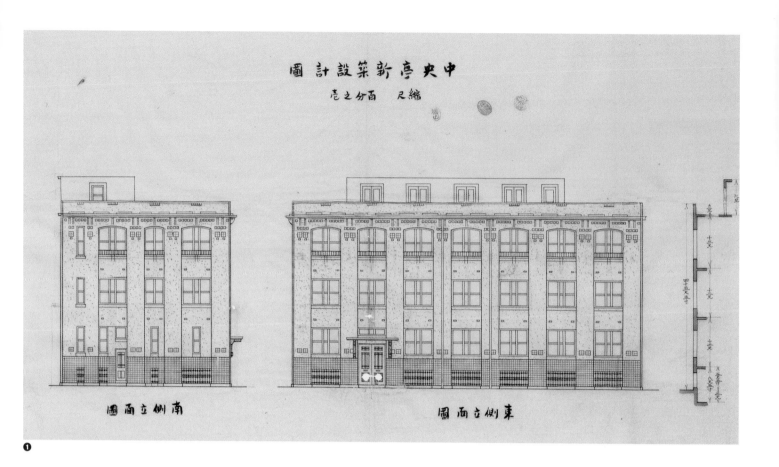

❶

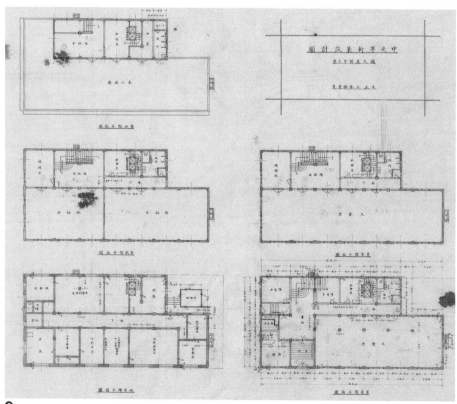

❷

● 本格的なフランス料理店である中央亭がそれまで入居していた「第8号館」の設備などが古くなったため、最新設備を持つ独立建物として新築された。丸の内で初めて建てられたセセッション様式の建築であり、丸の内で最初に蒸気暖房を設備した建物でもあった。玄関や階段の詳細図からはディテールへのこだわりが感じられ、小さい規模ながら見応えのある図面が残されている。

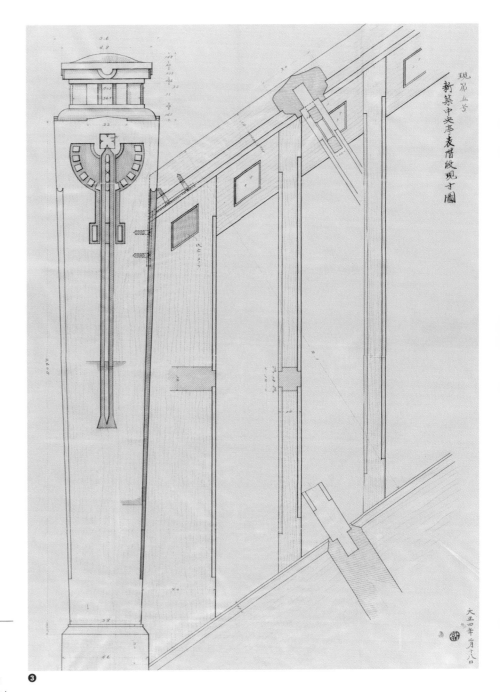

新築中央亭表階段現寸圖

大正四年二月十八日

❸

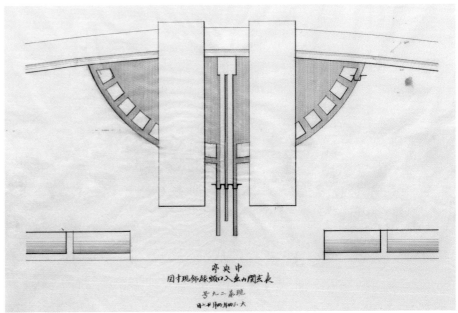

中央亭
表玄関内出入口額縁飾現寸図

現第二九号

大正四年四月廿七日

❹

❶ 中央亭新築設計圖
東側立面圖／
南側立面圖

－ 縮尺=1/100｜36%
－ 1914（大正3）年6月
－ 東仲通りに面して建設され
た。基壇部はタイル、中層部は表
面をタガネで叩いて凸凹に仕上げ
たコンクリートをベースに、タイル
をポイントとして装飾している。

❷ 中央亭新築設計圖
（各階平面図）

－ 縮尺=1/100｜19%
－ 1914（大正3）年11月
－ 料理室や大食堂、談話室だ
けでなく、理髪店のスペースも設
計されている。

❸ 新築中央亭表階段
現寸圖

－ 縮尺=1/1｜17%
－ 1915（大正4）年2月18日
－ 建物内の階段についても、
セセッション様式のデザインが徹
底されている。飾りの凹凸やその
陰影、ダボの位置まで丁寧に表現
されている。

❹ 中央亭表玄関内
出入口額縁飾現寸図

－ 縮尺=1/1｜21%
－ 1915（大正4）年4月27日
－ 表玄関の出入口の額縁飾り
であり、これまでの丸の内にはな
かった「モダン」なデザインが見ら
れる。

¹⁷ 第24・25・26号館

¹⁷ The 24-26th Block of Mitsubishi Co. Building

- 桜井小太郎
- 1917（大正6）年竣工
- 鉄筋コンクリート造・ラーメン構造
- 地上3階、地下1階建て

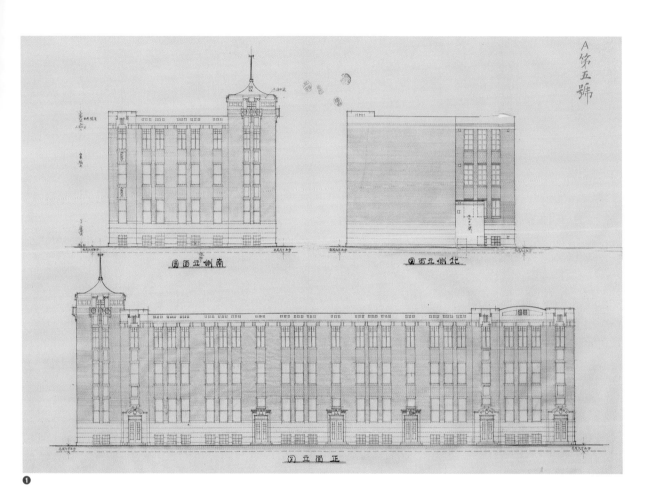

❶

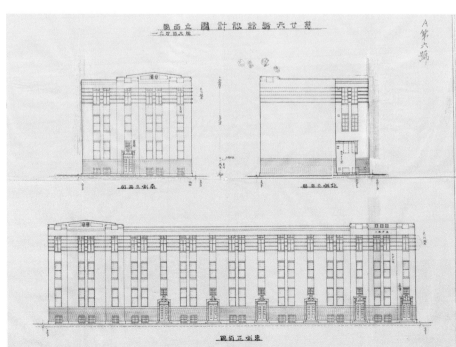

❷

● 「第21号館」や「第22号館」でアメリカ式事務所建築の平面計画が導入されたが、続く「第24・25・26号館」では、地下1階から地上3階までの〈4階4コマ〉を1単位としてひとつの入口を設ける棟割長屋形式が再び採用された。まだまだ、玄関やホール、廊下などを共有するアメリカ式の新形式を嫌がる借り手も多かったのだろうと思われる。
3棟に関する図面は116枚残されているが、面白いことに3棟別々の建物にもかかわらず、ひとつの図面に3棟まとめて設計がなされている。3棟もしくは2棟に共通する図面も多々登場する。
　事務所建築の平面計画の変化の流れに逆行して建設された3棟であったが、そのまま棟割長屋形式で使い続けられることはなかった。藤村朗が技師長であった1935（昭和10）年に藤村朗の設計で「第24号館」の改造工事が行われており、棟割長屋形式を取りやめる改造がなされた。

❶ 第廿四號館設計圖 正面立圖、 北/南側立面圖

‒ 縮尺=1/100｜27%

‒ 記載なし

‒ 「第24号館」の立面図だが、平面的に対称である「第25号館」の立面図も兼ねている。三層構成で、基壇部は人造石塗り、中層部は白色タイル貼り仕上げ、頂部は人造石と白色タイルを組み合わせている。

❷ 第廿六號館設計圖 立面圖

‒ 縮尺=1/100｜20%

‒ 記載なし

‒ 仲通りに面する「第24・25号館」と比べると、東仲通りに面する「第26号館」は外観上の仕様を落とす工夫が見られる。ランドマークとなる装飾塔は付けず、三層構成の基壇部はタイル貼り、中層部はモルタル塗りと質素に仕上げている。

❸ 第貳拾四號館平面圖 Plan of Building No.24

（パースのみ掲載）

‒ 縮尺=記載なし｜67%

‒ 記載なし

‒ 3棟をひとまとめにして描かれたパース。ファサードは「第24・25号館」は仲通りを軸に塔も含めまったくの対称形で、「第26号館」は塔こそないものの「第25号館」と連続したファサードであると言える。

❹ 第貳拾四五六號館 敷地之圖

‒ 縮尺=1/200｜13%

‒ 記載なし

‒ 3棟をひとまとめにした配置図。3棟セットで建設されたことが分かる。平面形状は「第24・25号館」がまったくの対称形であり、「第26号館」は「第24号館」より棟割の数がひとつ多くなっているだけで、酷似している。

❺ 第貳拾四號館平面圖

‒ 縮尺=1/100｜19%

‒ 1916（大正5）年2月9日

‒ 地下1階から地上3階までを1単位としてひとつの入口を設ける棟割長屋形式の平面形状となっている。藤村朗によれば、アメリカにおける初期のアパートメント形式と同じ平面であり、大正初期ではまだこのような形式が求められたという。

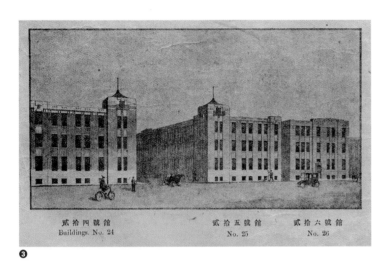

貳拾四號館 貳拾五號館 貳拾六號館
Buildings. No. 24 No. 25 No. 26

❸

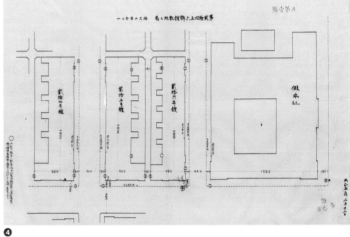

❹

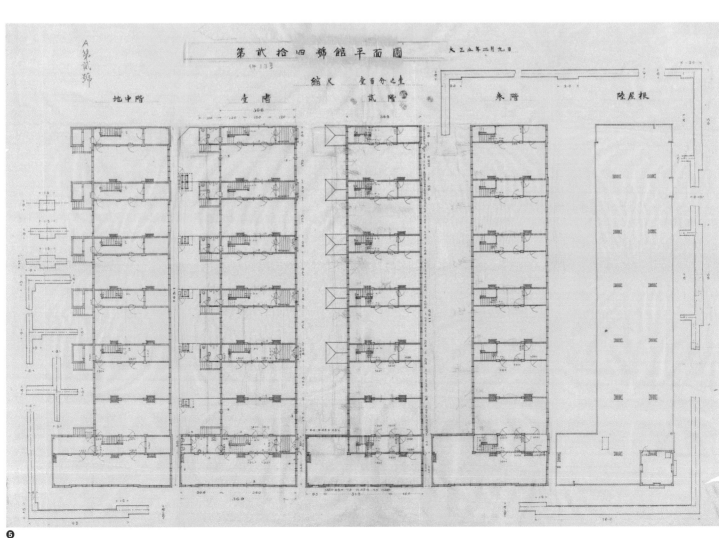

❺

18 第4号館付属屋

18 The Annex of The 4th Block of Mitsubishi Co. Building

- 桜井小太郎
- 1917(大正6)年竣工
- 鉄筋コンクリート造・ラーメン構造
- 地上3階建て

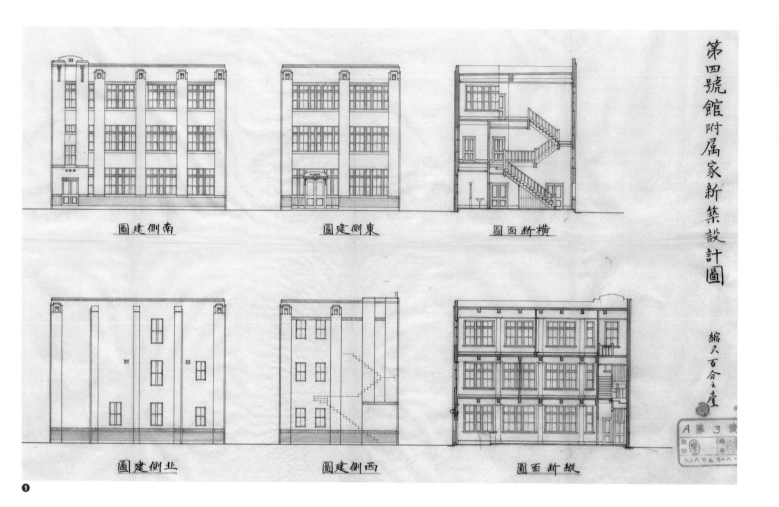

第四號館附属家新築設計圖

縮尺百分之壹

A第3號

圖建側南　圖建側東　圖面断横

圖建側北　圖建側西　圖面断縱

❶

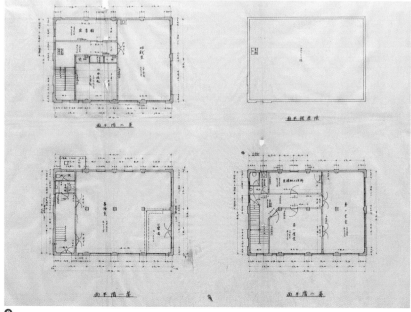

陸屋根平面圖

二階平面圖

一階平面圖　三階平面圖

❷

● 「第4号館」に入居していた古河鉱業の付属屋として建てられた。本館と渡り廊下で接続している。その後、1935(昭和10)年に「仲10号館9号」と連結改修工事が行われ、アメリカン倶楽部(現 東京アメリカンクラブ)に貸し付けられた。連結改修工事図面として1934(昭和9)年の藤村朗による「アメリカン倶楽部」という設計図が残されている。

❶　第四號館附属家　新築設計圖　断面圖、建圖
- 縮尺=1/100｜32%
- 1917(大正6)年3月26日
- 装飾的な要素は少なくシンプルなファサードであるが、他の建物と比較して、大きな開口部が設けられている。

❷　第四號館　附属家平面圖
- 縮尺=1/100｜22%
- 1917(大正6)年3月20日
- 『丸の内百年のあゆみ：三菱地所社史』(三菱地所、1993[平成5]年)によれば1階は自動車車庫、2、3階は書庫として使用されたと記載があるが、設計図面からは1階は事務室、2階は食堂、3階は球戯室・図書室・日本座敷として設計されたことが分かる。

- 桜井小太郎
- 1917(大正6)年竣工
- 鉄筋コンクリート造・ラーメン構造
- 地上3階建て

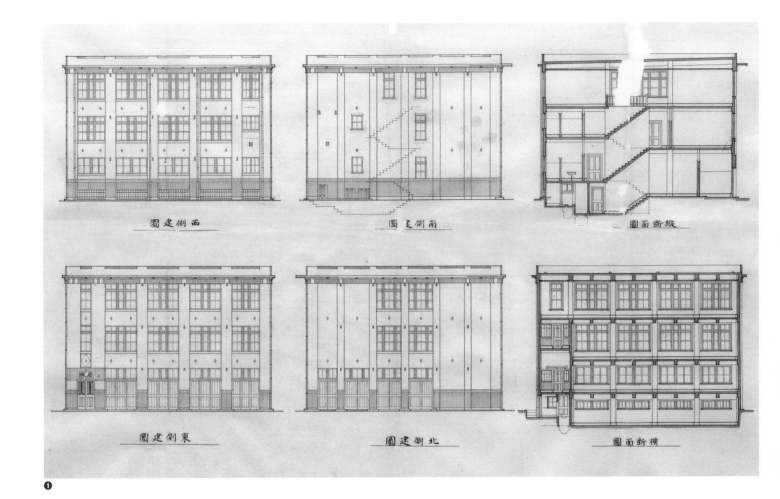

圖建側西　　　圖建側南　　　圖面断縦

圖建側東　　　圖建側北　　　圖面断横

❶

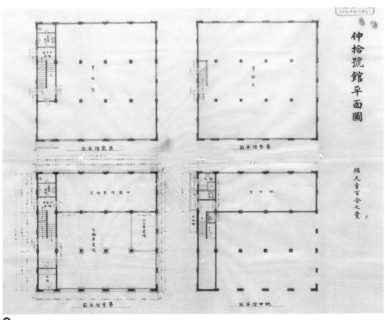

仲拾號館平面圖

圖面平階貳苐　　　圖面平階参苐

縮尺壹百分之壹

圖面平階壹苐　　　圖面平階中地

❷

● 「第4号館付属屋」や「第23号館(中央亭)」の間に建てられ、日本電報通信社(現 電通)が1933(昭和8)年まで入居した。2、3階は事務所で、1階が駐車場として設計された。日本において輸入される自動車数が伸びるのは、1923(大正12)年の関東大震災以降であると言われているが、震災前にもかかわらず丸の内ではいち早く自動車の駐車への対応を始めていたことが窺える。

❶　**仲拾號館設計圖**
　　(建圖及断面圖)
- 縮尺=1/100｜32%
- 1918(大正7)年4月20日
- スキップフロア形式の断面となっている。ファサードは三層構成が基本となってはいるが、セセション様式のデザインが採用されている。菱形がデザインモチーフとなった装飾が施されている。

❷　**仲拾號館平面圖**
- 縮尺=1/100｜19%
- 1918(大正7)年4月13日
- 1階が駐車場、2、3階が事務所となっている。駐車場は自動車置場と人力車置場に分けられている。

20 第27号館

20 The 27th Block of Mitsubishi Co. Building

- 桜井小太郎
- 1919(大正8)年竣工
- 鉄筋コンクリート造・ラーメン構造
- 地上4階建て

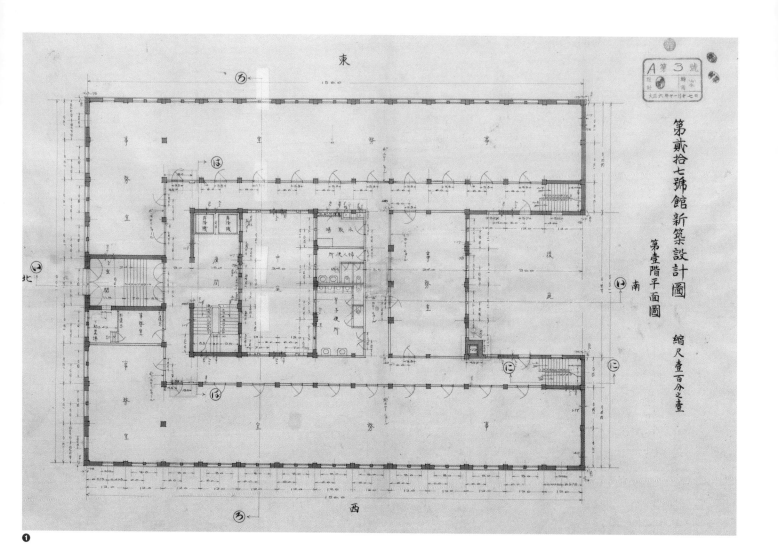

❶

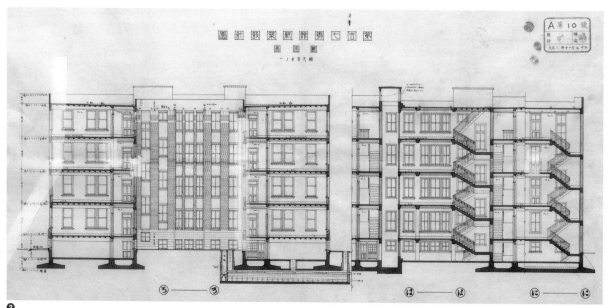

❷

❶ **第貳拾七號館新築 設計圖 第壹階平面圖**

- 縮尺=1/100｜29%
- 1917（大正6）年11月7日
- 平面中央部に、階段やエレベータ、便所、水取場といった共有スペースを集中させ、その廊下を挟んだ周囲に事務所スペースを配置しており、現在で言うところのコア・システムの平面計画となっていることが分かる。柱スパンは12尺（約3.6m）と細かく刻んでいる。

❷ **第廿七號館新築設計圖 断面圖**

- 縮尺=1/100｜23%
- 1917（大正6）年11月30日
- 断面図からもシンプルで合理的な事務所の設計思想が感じられる。地下には排水施設の記載がある。

❸ **第廿七號館新築設計圖 北側建圖／南側建圖**

- 縮尺=1/100｜42%
- 1917（大正6）年12月3日
- 正面入口は仲通り側ではなく、北側に設けられており、現在と比べ、道路のヒエラルキーが異なっている。

❹ **正面入口庇装飾金物（ブロンズ）**

- 縮尺=原寸｜16%
- 1918（大正7）年12月2日
- セセッション様式、マッキントッシュ風の飾り物・ネジ・鋳物、石の仕上げのデザインが非常に精緻で手が込んでいる。

❸

● 現在では一般的なエレベータや階段、トイレ、給湯などの設備関係が設けられた共有部を中央に配した平面プランである「コア・システム」を丸の内で初めて導入した建物。コア・システムの導入としては、1912（明治45）年の「三井貸ビル」、1927（昭和2）年の「大阪建物東京ビル第一号館」（渡辺節設計）などが知られる。

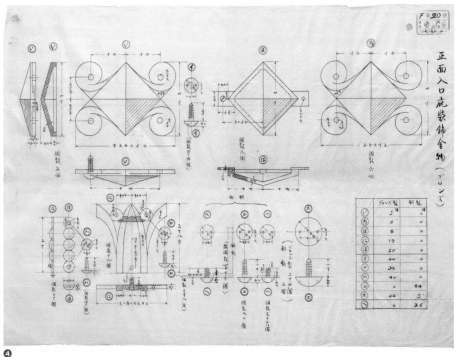

❹

²¹ 仲2号館

²¹ The Center Second Building

- 桜井小太郎
- 1919(大正8)年竣工
- 鉄筋コンクリート造・ラーメン構造
- 地上5階建て

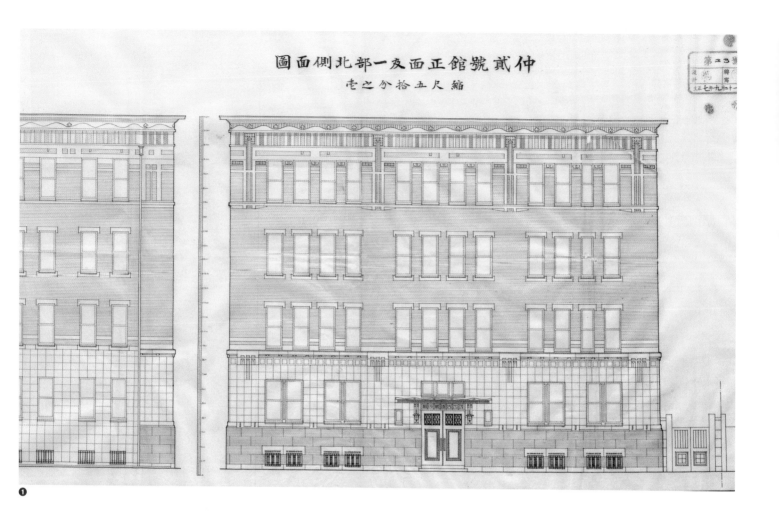

❶

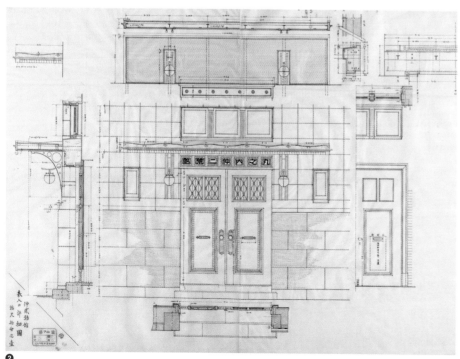

❷

● 桜井小太郎の下、川元良一により設計された建物。外観は赤色化粧煉瓦(タイル)貼り仕上げであることから、まだこの時期にも赤煉瓦色をした建物が丸の内に建設されていたことが分かる。

❶ 仲貳號館正面及一部北側面圖

- 縮尺=1/50 | 28%
- 1918(大正7)年9月21日
- 外観はセセッション様式で三層構成。基壇部は人造石塗り、中層部は赤色タイル貼り、頂部は人造石塗りである。頂部や玄関庇には波線状の装飾が見られる。

❷ 仲貳號館表入口詳細圖

- 縮尺=1/10 | 12%
- 1919(大正8)年3月24日
- 玄関には建物名称が飾られ、波線状の庇が美しい。

❸ 仲貳號館正面蛇腹詳細図

- 縮尺=1/10 | 16%
- 1919(大正8)年3月11日
- 頂部の軒蛇腹(コーニス)の装飾の詳細が精緻に描かれている。

❹ 仲貳號館新築設計圖平面圖

- 縮尺=1/100 | 22%
- 1919(大正8)年3月11日
- 仲通りに面して玄関を設け、隣接する建物側に共有部を配した偏心コアタイプの平面。他の階の平面図と見比べると、柱、壁柱共に上階にいくにつれて、細く、薄くなっていくことが分かる。

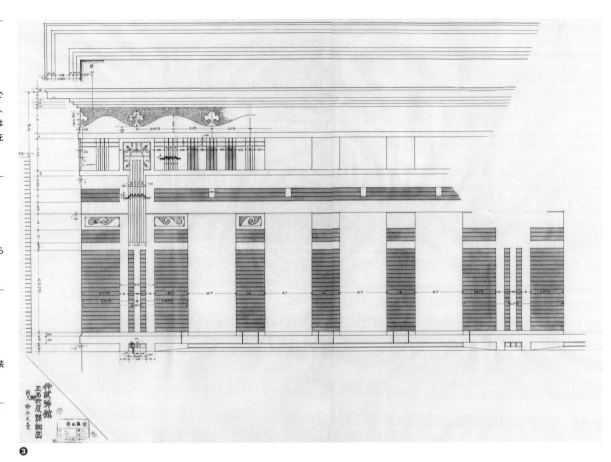

❸

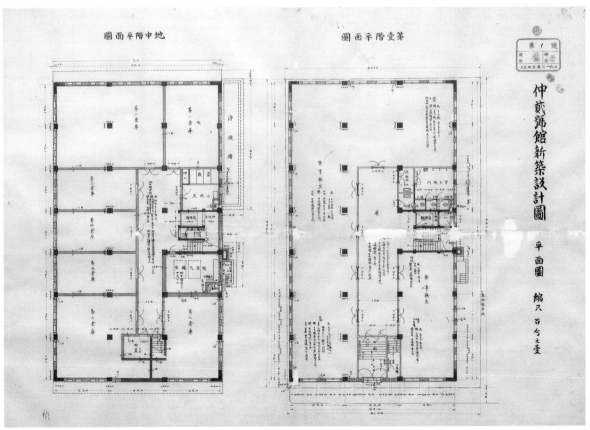

❹

22 東京タクシー自動車株式会社車庫

22 The Garage of Tokyo Taxi Automobile Co.

- 桜井小太郎
- 1918(大正7)年竣工
- 鉄筋コンクリート造・ラーメン構造
- 地上4階建て

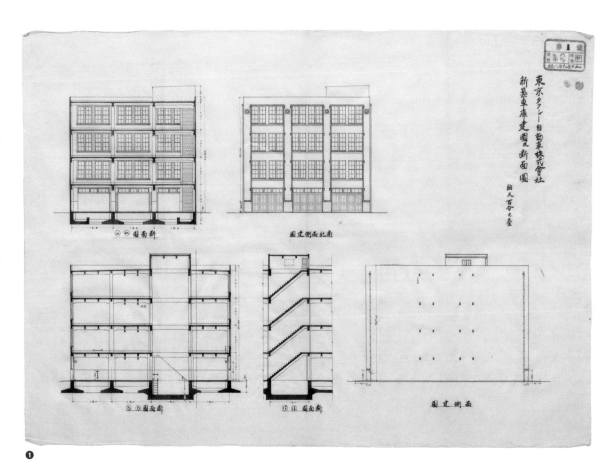

❶

❶ **東京タクシー自動車株式会社新築車庫建圖及断面圖**

- 縮尺=1/100 | 20%
- 1919(大正8)年9月15日
- 外観は、装飾はなくシンプルであるが、大きな開口部が特徴的である。

❷ **東京タクシー自動車株式會社車庫新築設計圖各階平面圖**

- 縮尺=1/100 | 16%
- 1919(大正8)年8月30日
- 上階へ車両を駐車する際には、車両用の昇降機を使って持ち上げていたことが分かる。

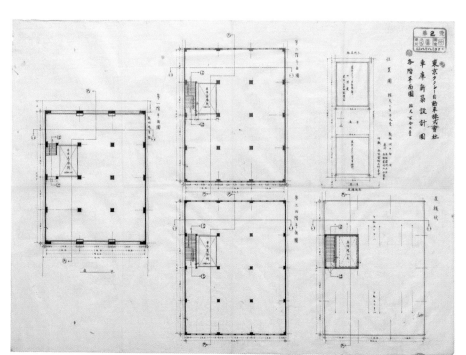

❷

● 東京タクシー自動車株式会社の貸事務所の中庭を挟んだ隣に4階建ての「東京タクシー自動車株式会社車庫」が設計された。当時の自動車はT型フォードであった。日本におけるタクシーの発展は、関東大震災(1923[大正12]年)で東京の街が壊滅状態になった時、唯一稼働でき庶民も利用できる交通機関として発達したと言われているが、震災前から既に丸の内にはタクシー会社が進出していた。当時、第一次世界大戦(1914〜1918[大正3〜7]年)による好景気を受け、タクシー事業も本格的にスタートした時期である。

– 桜井小太郎
– 1918（大正7）年竣工
– 鉄筋コンクリート造・
　ラーメン構造
– 地上4階、地下1階建て

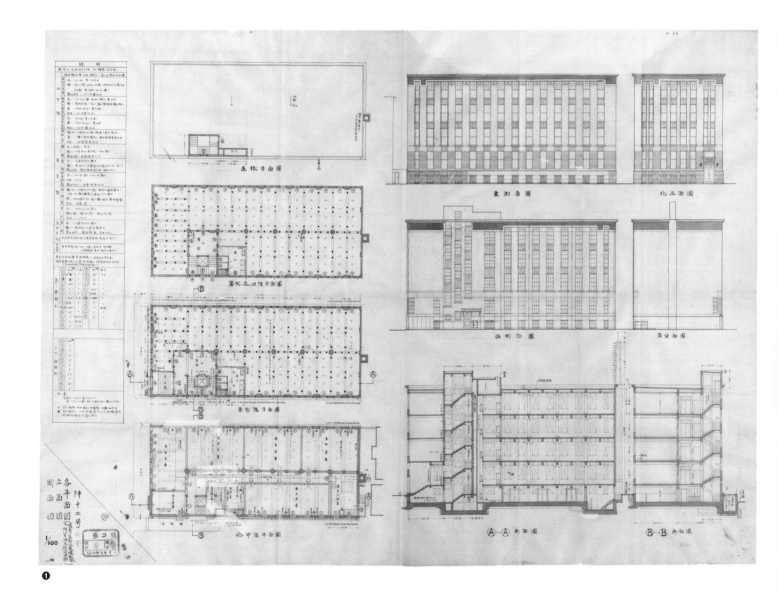

❶

● 図面捺印から桜井小太郎技師長の下で川元良一が意匠設計、山下寿郎が構造設計を担当していたことが分かる。竣工前の1920（大正9）年7月10日から1922（大正11）年12月17日まで、地階から地上3階まで三菱合資会社地所部の事務所が置かれた。4階は「丸ノ内ビルヂング」等を施工することになるフラー建築会社の事務所に充てられた。

❶ 仲十二号六号
　各平面図　立面図
　断面図

– 縮尺=1/100｜18%
– 1919（大正8）年7月10日
– ファサードは古典様式で見られる三層構成であるが、縦長の窓が等間隔で並び、装飾は少なく幾何学的なファサードとなっている。地上4階、地下1階建ての鉄筋コンクリート造で、平面は短手が2スパン、外周に壁柱、中央に丸柱が並ぶとてもシンプルな形態である。

24 三菱合資会社
銀行部

24 The Head Office of
Mitsubishi Bank

- 桜井小太郎
- 1922（大正11）年竣工
- 鉄骨鉄筋コンクリート造・ラーメン構造
- 地上4階建て

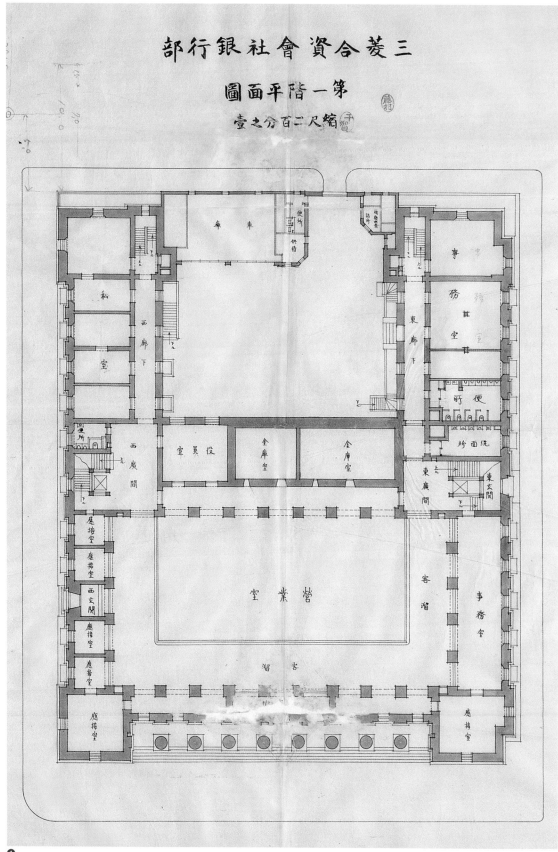

❶ 三菱合資會社銀行部 第一階平面圖
- 縮尺=1/200｜45%
- 記載なし
- 馬場先通り側を正面として、オーダーが並び、そこを通り抜けると営業室の大空間に至る。

❷ 三菱合資會社銀行部 新築設計図
- 縮尺=1/200｜57%
- 記載なし
- 外装は石を用いた古典様式。

❸ VERONA RED MARBLE FLOOR, MITSUBISHI BANK BLD., TOKIO, JAPAN
（ヴェローナ産赤大理石 床割付平面図）
- 縮尺=1/2"=1'-0"（1/24、詳細図は原寸）｜10%
- 1919（大正8）年5月14日
- 客だまりにはイタリアのヴェローナ産の大理石が敷き詰められた。石は11 7/8inch（約30cm）角だと分かる。

❹ 三菱合資會社銀行部 鐵柱詳細圖 其之壹
- 縮尺=1/20｜12%
- 1916（大正5）年9月22日
- 鉄骨柱には3階付近にジョイントが設けられ、地上から31.2尺（約10m）を1組として制作されたことが分かる。鉄骨を工場から運搬、搬入できる限界の長さが約10mだったとすると、このサイズは100年前と現在とでさほど変わっていない。

● 桜井小太郎の下、藤村朗が計画を担当し、1914（大正3）年11月に串田万蔵銀行部長に工事概算書を提出した。藤村は翌年6月に横山鹿吉と共にアメリカに派遣され136日をかけて、ニューヨーク、ボストン、シカゴを回り、銀行建築を視察した。1916（大正5）年5月に着工したが、工事中に第一次世界大戦（1914〜1918［大正3〜7］年）による資材高騰のため工事は一時中断された。工期は5年10カ月、工費380万円を投じて建築された。

鉄骨鉄筋コンクリート造の地上4階建てだが、銀行建築として信用（＝格式）を示すため、外装は石を用いた古典様式としている。わが国で古典様式の銀行建築が登場するのは大正に入ってからで、1913（大正2）年の「村井銀行」（吉武長一設計）や1916（大正5）年に完成した「三井銀行神戸支店」（長野宇平治設計）あたりを皮切りとし、「三菱合資会社銀行部」の後も、1929（昭和4）年の「三井銀行」（リビングストン社設計）、1934（昭和9）年の「明治生命館」（岡田信一郎設計）等、銀行や保険会社の定番スタイルとなっていく。

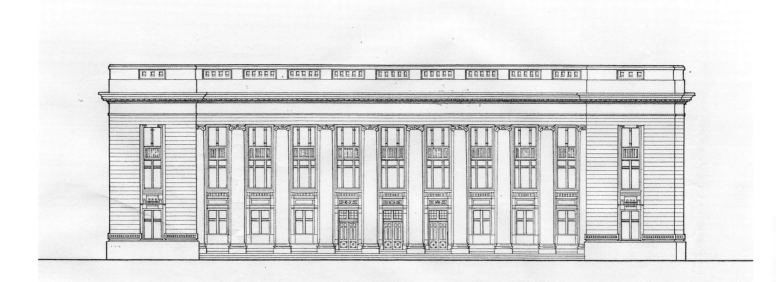

❷

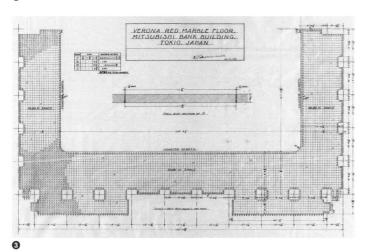

❸

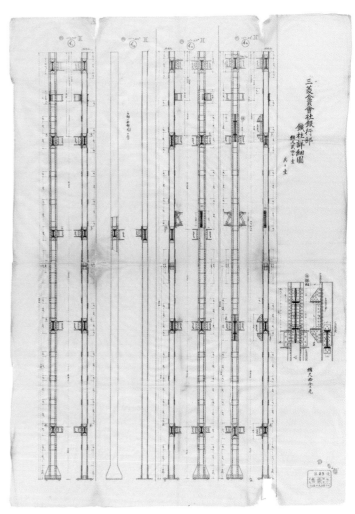

❹

²⁵ 横浜正金銀行
東京支店

²⁵ Yokohama Specie Bank,
Tokyo Branch

- 桜井小太郎
- 1922(大正11)年竣工
- 鉄筋コンクリート造・
  ラーメン構造
- 地上4階建て

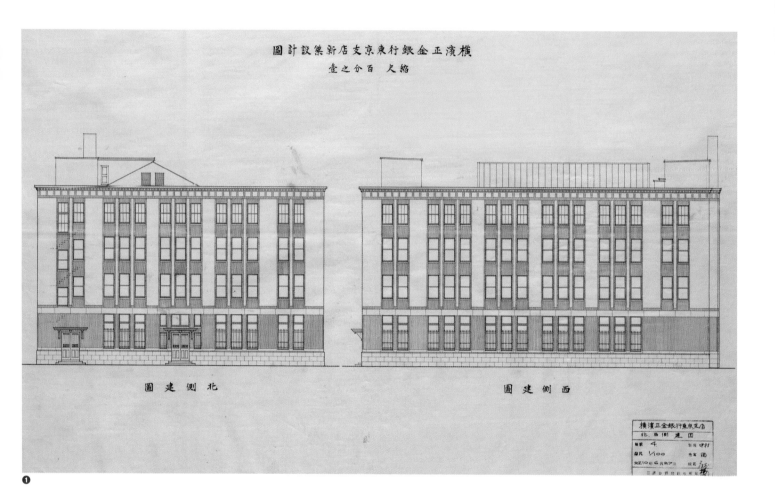

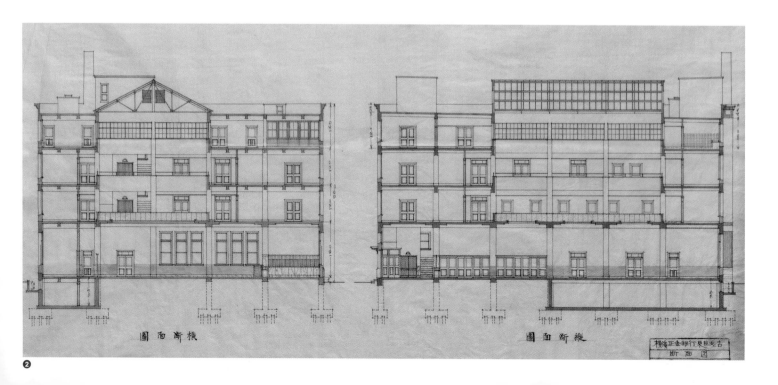

**❶ 横濱正金銀行
東京支店新築設計図
北/西側建図**

－ 縮尺=1/100｜27%
－ 1921（大正10）年6月27日
－ 同時期に設計された「三菱
合資会社銀行部」に代表されるよ
うに、当時の銀行建築は信用（＝格
式）を示すための古典的なファサー
ドが主流であったが、シンプルなセ
セッション様式のデザインが採用
された。

**❷ 横濱正金銀行
東京支店断面図**

－ 縮尺=1/100｜27%
－ 1921（大正10）年6月27日、
1922（大正11）年9月15日訂正
建物中央が天井まで吹き抜
けており、ガラス天井から1階の営業
室へ光を採っていたことが分かる。

**❸ 横濱正金銀行
東京支店　平面図
其之壹**

－ 縮尺=1/100｜16%
－ 1921（大正10）年6月27日
－ 「丸ノ内ビルヂング」では工
事中の2回の地震により、外壁の
煉瓦、間仕切り壁のホローブロッ
クが崩れ落ち惨たんたる状態と
なったことが知られているが、図面
を見ると「横浜正金銀行東京支
店」も同様の壁のつくりをしている
ことが分かるため、「丸ノ内ビルヂ
ング」同様の被災状況があったの
ではないかと思われる。営業室の
来客スペースには、鉄筋コンクリー
ト造の丸柱が配されていた。

**❹ （補強）鉄筋混凝土
迫持詳細図**

－ 縮尺=1/100｜11%
－ 1923（大正12）年11月12日
－ 角柱に変更された1階営業
室の来客スペースの柱間には、新
築図面にはなかった「アーチ」が施
された。丸柱の空間から、角柱が
連なる連続アーチ空間への読み
替えが、銀行としての格式を保ち
つつ強度を高めるという要請への
解だったのではないだろうか。

**❺ （補強）一階鉄筋
混凝土柱詳細図**

－ 縮尺=1/20｜18%
－ 1923（大正12）年11月12日
－ 補強工事では、煉瓦の外壁
とホローブロックの間仕切り壁を取
り去り、鉄筋コンクリート柱の表面
をはつって柱も壁も一体的に鉄筋
コンクリートで打ち足されたことが
読み取れる。平面図に見られる1階
営業室の丸柱は、ひと回り太い角柱
に変更されたことも読み取れる。

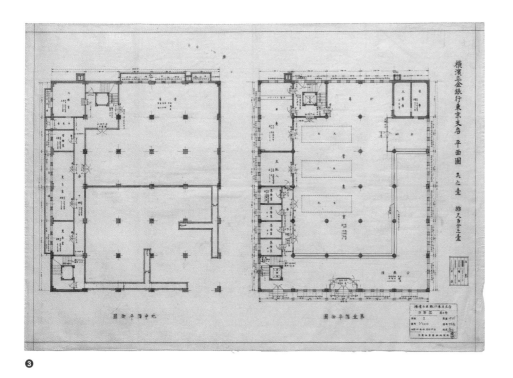

❸

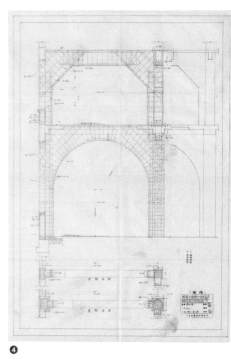

❹

● 「台湾銀行東京支店」、「帝国鉄道協会会館」と同様、
三菱合資会社以外の建築主による建物で地所部が設計し
たもののひとつである。「横浜正金銀行東京支店」は現在の
「丸の内永楽ビル」のある永代通りと仲通りの角地に1922
（大正11）年9月1日に竣工した。「横浜正金銀行東京支店」に
関する設計図面は、桜井小太郎技師長の下、藤村朗が担当
として1921（大正10）年に設計した「新築工事図面」59枚と
その翌年に設計した「附属家新築工事図面」18枚、そして
桜井退社後の1923（大正12）年、藤村朗技師長の下、川元
良一が担当として設計した「改修補強工事図面」8枚が残
されている。「横浜正金銀行東京支店」は2度大きな地震で
被災した。1度目は1922（大正11）年4月26日に東京地方を
襲った浦賀沖地震で、竣工を4カ月後に控えた工事中で
あった。そして2度目は竣工のちょうど1年後、1923（大正
12）年9月1日に起こった関東大震災である。改修補強工事
図面は関東大震災のわずか2カ月後に描かれており、残さ
れた図面からは震災直後の耐震改修工事の考え方が克明
に読み取れる。

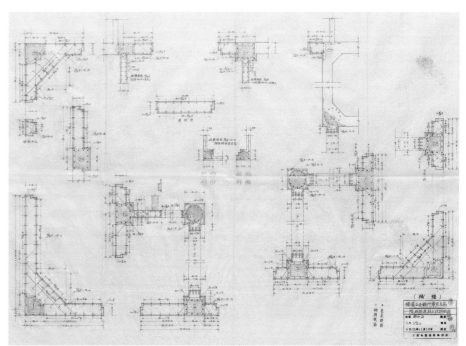

❺

— 桜井小太郎
— 1923（大正12）年竣工
— 鉄骨造（カーテン
　ウォール工法）・ラーメ
　ン構造
— 地上8階、地下1階建て

❶ MARUNOUCHI BUILDING. TOKYO. PLAZA FACADE.（東立面図）

— 縮尺＝1/8"＝1'-0".（1/96）｜39%
— 記載なし
— 計画案の東側立面図で、タイトルにある「PLAZA」は東京駅前広場側を指していると考えられる。当初の外壁は、1階は石造、2階から8階まではオレンジがかったクリーム色のタイル貼りで、8階の一部には人造石のレリーフや

オーダーが付いていた。中央部のエントランスの2階までくり貫かれた3連アーチが特徴的で、その直上3階窓部には鋳鉄製のバルコニーが配されている。ちなみに、フラー社へ交付する図面のため、図面タイトルは英語表記、縮尺は「SCALE IN FEET」、つまりヤード・ポンド法で表記されている。「'」はフィート、「"」はインチの略表記で、1フィート＝12インチである。よって、1/8"＝1'-0".とは「図面上の1/8インチを実寸の1フィートと見立てる」という意味で、縮尺は1/96となる。

MARUNOUCH

PL

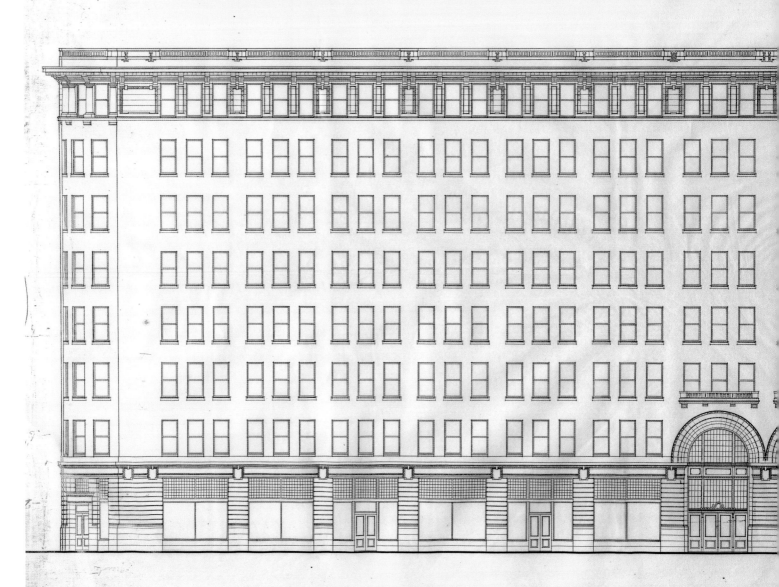

SCALE

● アメリカ式事務所建築のスタイルを取る「日本郵船ビル」や「東京海上ビル」と共に一丁紐育と呼ばれ、戦前の丸の内を語る上で欠かすことのできない建築である。その規模、事務所建築のコンセプト、システム化された施工など、どれを取っても先進的である。建築工期短縮が最優先され、鉄骨造（外壁は煉瓦積みカーテンウォール工法）が採用された。米国のフラー社が当時の最新鋭のシステム化、機械化された方法で工事を行い、31カ月という驚異的な工期で完成した。しかし、工期中に1922（大正11）年の浦賀沖地震と1923（大正12）年の関東大震災の2回の地震を受け、その都度補強工事を行うことになる。とりわけ関東大震災の被害は深刻

で、外壁の柱や壁に著しい破壊が生じ、床にも亀裂が走ったため、全面的な改修を余儀なくされた。

桜井小太郎が技師長として携わった「丸ノ内ビルヂング」に関する設計図面は、「計画案」11枚、「新築工事図面」198枚、1922（大正11）年5月7月にかけて描かれた「大正11年震災新築復旧工事図面」14枚が残されている。そして、桜井小太郎退社後の関東大震災の復旧改造工事に関しては、藤村朗を技師長とし、川元良一が担当者として1923（大正12）年11月から1925（大正14）年4月までに描かれた「関東大震災復旧改造工事（丸B改造）図面」83枚が残されている。

NG, TOKYO.
DE.

⅛" = 1'-0"

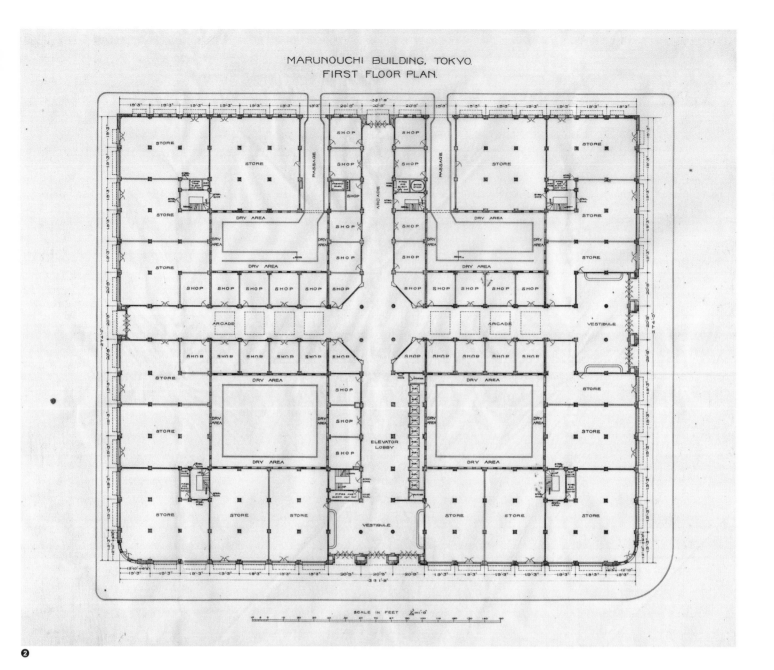

❷

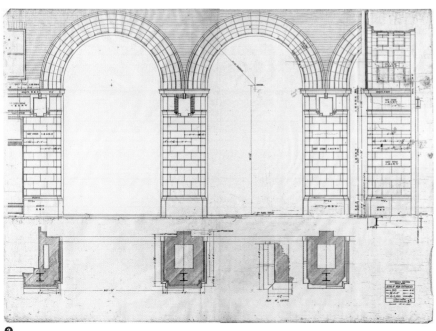

❸

❷ MARUNOUCHI BUILDING, TOKYO. FIRST FLOOR PLAN.
（1階平面図）

- 縮尺=1/16"=1'-0"（1/192） ｜ 27%
- 記載なし
- 平面はシンプルでシンメトリーな構成。1階には当時は珍しかった十字のショッピングアーケードが設けられ、店舗が配置されている。また、エレベータが1カ所に集められている。

❸ DETAIL OF MAIN ENTRANCES
（正面玄関詳細図）

- 縮尺=3/4"=1'-0"（1/16） ｜ 10%
- 1921（大正10）年3月15日
- 中央部のエントランスの3連アーチの詳細図である。出入口の裏表の立面図、矩計図が描かれている。矩計図の上部に「BRICK ARCH」の記載があることから、三連アーチは煉瓦のアーチで形づくられていることが分かる。柱部分は基壇の幅木が本石（花崗石）で柱表面は擬石仕上げとなっている。柱型は中央に空洞が見られ、煉瓦積で構成されていることが分かる。

**❹ MARUNOUCHI
BUILDING,
TOKYO. DETAIL.**
〈立面詳細図・矩計図〉

- 縮尺=1/2"=1'-0"(1/24)｜
25%
- 記載なし
- 煉瓦の段数で設計している
ことが分かる。

MARUNOUCHI BUILDING, TOKYO

DETAIL. SCALE 1/2"=1'-0"

❹

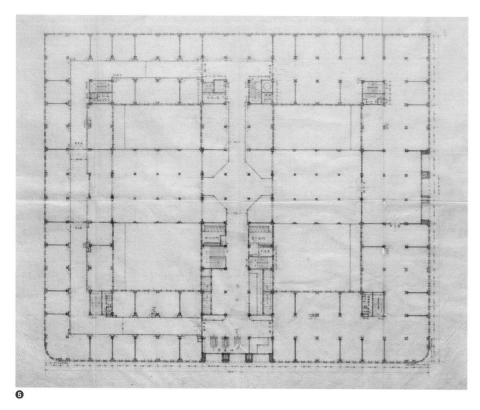

❺

❺ 丸B改造 二階平面図

- 縮尺=1/16"=1'-0"(1/192)｜20%
- 1923(大正12)年11月14日
- 当初の2階は「日」の字型の平面であったが、2階の中庭部分を増築し、1階同様の「田」の字型平面に増築したことが分かる。これは、『丸の内百年のあゆみ：三菱地所社史』(三菱地所、1993[平成5]年)によれば当初3階以上にもあった商店を1、2階に集中させるための増床対応であった。また、貸し床に構造補強のための耐震壁が1スパンないし2スパンごとに入れられたことが分かる。賃貸のためには耐震壁がない方が当然フレキシブルに貸しやすいが、構造補強のため致し方なかったのだろう。

❻ 丸B改造 表側一部詳細図

- 縮尺=3/4"=1'-0"(1/16)｜13%
- 1923(大正12)年11月12日
- 石の差し込みは使われなくなり、鉄筋コンクリートで造形を取るように変更されていることが分かる。

❼ 丸B改造 側廻り鉄筋コンクリート柱及梁詳細図

- 縮尺=3/4"=1'-0"(1/16)｜13%
- 1923(大正12)年11月14日
- この図面は、外周フレームに増設された鉄筋コンクリート架構であり、完成時の鉄骨柱に比して、補強躯体がいかに巨大であったかが分かる。

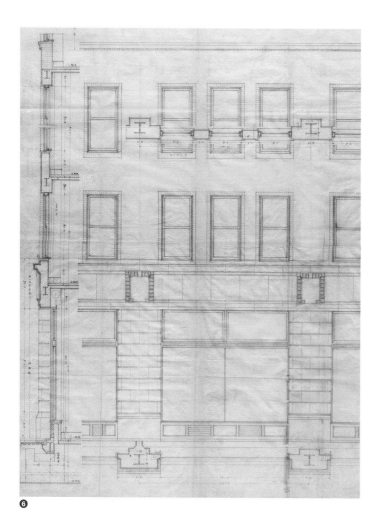

❻

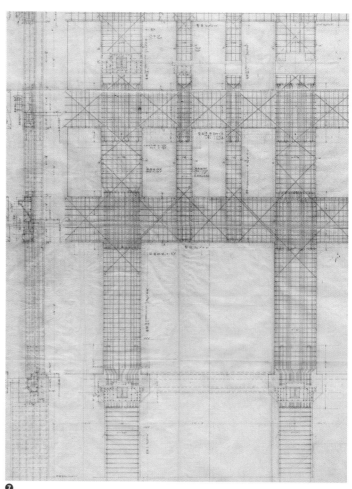

❼

－ 桜井小太郎
－ 実現せず
－ 記載なし
　（鉄筋コンクリート造か）
－ 地上6階、地下1階建て

● 　「第22号館」で本社建物を仮本社としてつくったことも関係しているのか定かではないが、本社建設計画の2度目のチャレンジとして、現在の「丸ノ内ビルヂング」の敷地に、本社を建設する幻の計画案が残っていた。いずれの図面も川本良一によるもの。

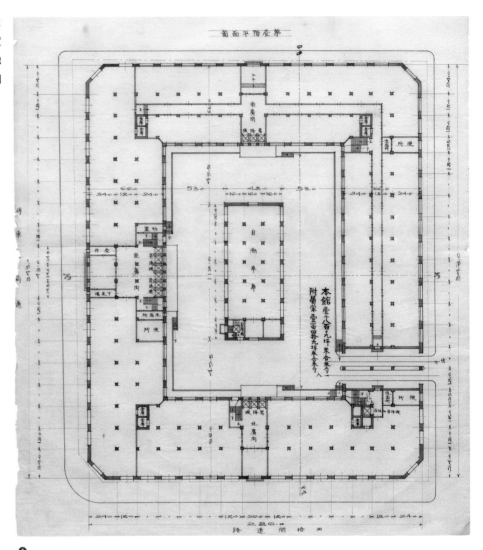

❶

❶ 第壹階平面畚

－ 　縮尺=記載なし｜42%
－ 　1917（大正6）年12月25日
－ 　口の字型平面を持つ本館とそれに囲まれた中庭中央の付属屋で構成されている。本館は事務所だが、付属屋は1階が自動車車庫で2階以上は倉庫と記載があり、中庭には仲通り側に車両出入口が設けられている。

❷ 東面立圖／北面立圖

－ 　縮尺=記載なし｜27%
－ 　1917（大正6）年12月25日
－ 　立面は開業当初の東京駅前を正面とした、堂々たるアメリカ式事務所建築のスタイルを取った外観である。

❸ 断面

－ 　縮尺=記載なし｜27%
－ 　1917（大正6）年12月25日
－ 　6階建ての本館中央の中庭に5階建ての付属屋が配置されている。

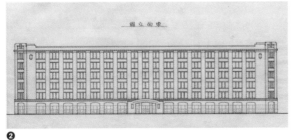

❷

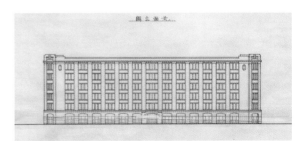

❷

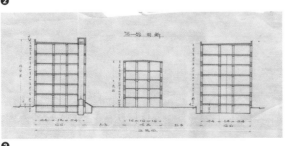

❸

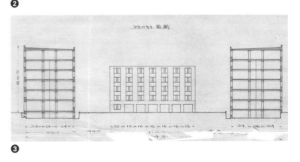

❸

英国趣味を
身に付けた建築家

［コラム］
— 3代目技師長 桜井小太郎

［著者］
— 渡邉研司 ｜ 東海大学 教授

桜井小太郎 ｜ さくらい・こたろう ｜ 1870–1953（明治3–昭和28）年
（画像：『丸の内百年のあゆみ　三菱地所社史』(三菱地所、1993〔平成5〕年
3月）より転載)

英国への憧れ

　桜井小太郎（1870–1953〔明治3–昭和28〕年）は、三菱地所設計の3代目技師長であり、創設期前後に活躍したことは知られているが、この桜井の建築作品に見られる19世紀英国で花開いたさまざまな建築様式におけるエッセンスとも言える品のよさはどこから来るものだろうか。この由来を1888（明治21）年から1893（明治26）年までの5年間、桜井が過ごした英国での建築修行、特に当時英国で先端にあった建築教育の内容と建築家職能運動、さらに桜井の師であったジョサイア・コンドル（1852–1920年）と辰野金吾（1854–1919〔嘉永7–大正8〕年）の英国での活動に見ながら、桜井の英国での留学経験や、当時の英国社会の状況を振り返り、彼が身に付けた「英国趣味」が何であったのかを明らかにしたい。ところで、ここで使う「趣味」とは、いわゆるホビーや好みではなく、英語で言うならばテイスト（taste）であり、まさに18世紀英国において議論された物事への判断力を示す重要な感性であることを言っておく。

　桜井は1886（明治19）年、建築家を志すために1871（明治4）年に開設された帝国大学（旧 工部大学校）予科に入学した。同時に、コンドルが設立した建築事務所において、今で言うインターンシップを経験している。おそらく、その際、コンドルから桜井の建築家としてのスケッチや英語の才能が認められたのであろう、英国での建築教育を受けることを勧められたと推測する。さらに、コンドルの後に

工部大学校造家学科教授職を受け継いだ辰野からも、英国での実務研修を経験せよというアドバイスを受けている。1888（明治21）年、桜井は希望を胸に建築家への道を踏み出すために、「日本銀行」（1896〔明治29〕年竣工）の設計のために欧州を視察に行く辰野と共に渡英した[1]。

建築すなわち職能か芸術か?

　前述したように、桜井は辰野の欧州建築の調査に同行したかたちで1888（明治21）年に渡英する。翌年からユニバーシティ・カレッジ（以下UC）のふたつのコース、建築芸術コースと建築学術コースにそれぞれ在籍している。当時ロンドンには、建築を学問として学ぶ大学として、1826（文政9）年にUCが、1828（文政11）年にキングス・カレッジが、共に夜学として開設されていた。また、1834（天保5）年には建築家の職能制度を確立するために英国建築家協会、後に王立英国建築家協会となるRIBAと、1847（弘化4）年には桜井がUCの後にRIBAの建築家資格を取るために学んだAA（Architectural Association：建築協会）が若手建築製図工の自主教育の場所として誕生している[2]。

　桜井がUCとAAでの建築教育を受けた理由には、前述したようにコンドルと辰野によるアドバイスがあったからである。コンドル自身は、来日前1871（明治4）年の11月から、来日後の1881（明治14）年までAAの会員として登録されており、辰野も渡英直後の1880（明治13）年5月からAAの会員となっていることが当時のAAへの申請登録の記録から分かっている[3]。コンドルから続くように、辰野そして桜井も、建築をそれらの教育機関で学ぶと同時に、コンドル

— 桜井のスケッチが掲載された『AAスケッチブック』(左)と桜井によるスケッチ(右)。
（画像提供：AA Archives）

の叔父である建築家のロジャー・スミス(1830–1903年)や当時ゴシック・リバイバルの建築家として名を馳せていたウィリアム・バージェス(1827–1881年)の建築事務所で建築実務を経験している。

ところで、桜井がRIBAの建築家資格を目指した1890(明治23)年前後の英国では、建築家の資格制度と教育制度との関係が問われた時期であった。AAにおいても1892(明治25)年に正式にRIBA建築家資格取得のための準備コースが開講された。この試験に合格すると、RIBAの準会員(Associate member)として認められ、さらに7年間の実務経験を経ることで、正会員(Fellow member)になる。UC在籍時からRIBA準会員の資格を得ようと考えた桜井は、まさにこのタイミングでUCからAAに学びの場を移したのである。

ところが、建築家の資格要件を試験によって決めるというRIBAの考えに対して、設計=デザインに見られる芸術的才能を、試験というようなものによって測ることができるのかという反論が、まさに桜井がAAに移籍する1891(明治24)年に起こる。この反論の中、その中心であった建築家リチャード・ノーマン・ショウ(1831–1912年)らによって『建築すなわち職能か芸術か?』というタイトルの本も出版された[4]。

英国における建築家職能運動はここでいったん立ち止まることになる。いやこれは、言葉を変えるなら、極端な思考に走らず、バランスを取ること、あるいはゆっくりと物事を漸進的に進めることであり、これこそが英国的なものの考え方や姿勢であり、桜井が身に付けた「英国趣味」ではないだろうか。その証拠に、桜井が学んだUCでは建築芸術的スキルを身に付ける芸術コースと工学的な知識を学ぶ建築学コースのふたつを受けている。

桜井の芸術的才能が稀有であることを示す事実として、AAで行われていたスケッチ旅行で描いた建築スケッチが、優秀賞として選ばれ、『AAスケッチブック』という出版物に掲載されている。この建築スケッチの実施は、AAで学ぶ初学年に対して必須の科目であり、コンドルも当然受けており、出版はされなかったが優秀賞を得ている。この建築を自分の目で見て手を動かして描くこと。現在でも誰しも子ども時代に風景画を描いた経験はあるだろうが、このことが19世紀英国の建築教育において重要視されていた。

コンドルの教え

以上のように桜井が英国で得た「英国趣味」とは、建築を設計するに際して、それが有する芸術性と工学・技術性をバランスよく捉え、建築を総合的に思考することであり、このことは極端に走らず、批判的に物事を捉える判断力を養うことを意味している。さらに設計を行う前段階として自らの身体を使って建築をスケッチすること、このことがイマジネーションと実作を結び付ける重要な訓練であることを意味している。

実は以上のふたつの「英国趣味」については、コンドルが来日2年目の1878(明治11)年3月に造家学科の学生に対して行った講演「建築学概説」において述べられていることである[5]。

冒頭コンドルは次のように言う。「諸君は建築家の教育が科学教育であると同時に芸術でもあることを肝に銘じておく必要がある」、「諸君は諸君が使用している材料にふさわしい科学的結論と同時に、その作品を知的なものにしなければならぬし、芸術的なものにすべく努力しなければならない」、「さらに諸君は想像力豊かな精神と、本物の趣味(taste)を常に醸成することをやめてはいけない」。

そしてコンドルは、スケッチの効用について次のように言う。「数学の研究や学習と同程度に、諸君の国の文学、詩文、歴史をもって心を充たす時を見出し、そして諸君の眼前を過ぎるすべての自然形態、色合い、あるいは風景の構成を観察するのを怠ってはいけない」、「諸君の旅行に常に持ち歩くべき画帳にそれらを描き、暇があれば常に諸君の目や手を動かす必要がある」、「真の趣味は、観察、思考、芸術的研究を抜きにしては発達はしない」[6]。

このコンドルの教えとそれを忠実に実行した桜井小太郎の存在は、21世紀AI世界にまっしぐらに向かっている私たちにとって、単なる警鐘ではないと考えるのは私だけではないはずである。

渡邉研司|わたなべ・けんじ|1961年 福岡県生まれ/1987年 日本大学大学院修士課程修了/1987–93年 芦原建築設計研究所(芦原義信主宰)/1993–98年 AAスクール大学院建築史・理論コース+PhDコース/1999–2004年 連健夫建築研究室勤務/2005–10年 東海大学助教授/2011年– 同大学教授/2018年– DOCOMOMO Japan代表理事。博士(工学)、AA Graduate Diploma。

註

1 中村勝哉編『櫻井小太郎作品集』(櫻井小太郎作品集刊行会、1930年)

2 渡邉研司「日本人建築家櫻井小太郎と竹腰健造によるRIBA建築家資格の取得について」(『2012年度日本建築学会関東支部研究報告集II』pp.561-564、2013年3月)

渡邉研司「アーキテクチュラル・アソシエイション創設時における建築教育の理念と内容 1847年から1859年を中心に」(『日本建築学会計画系論文集 第77巻 第677号』pp.1809-1815、2012年7月)

3 渡邉研司「ジョサイア・コンドルと辰野金吾によるAA入会について」(『日本建築学会大会学術講演梗概集(近畿)』pp.845-846、2014年9月)

4 R. Norman Shaw, T.G. Jackson, Architecture art or profession, Thirteen Short Essays on the Qualification and Training of Architects(John Murray, 1892)

5 Josiah Conder, A Few Remarks upon Architecture, Kobu-Dai-Gakko, Tokio, 1878(日本建築学会図書館所蔵)

6 いずれも、清水慶一「建築学概説」ジョサイア・コンドル述(『建築史学』1985年第4巻 pp.116-124)

²⁸ 仲28号館

²⁸ The Center 28th Building

- 藤村朗
- 1926(大正15)年竣工
- 鉄筋コンクリート造・ラーメン構造
- 地上6階、地下1階建て

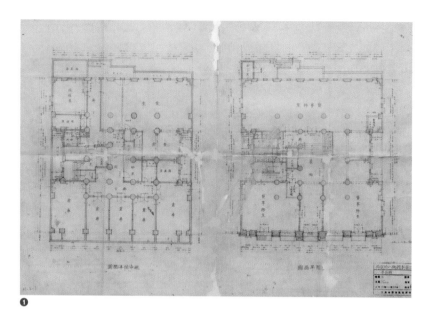

❶

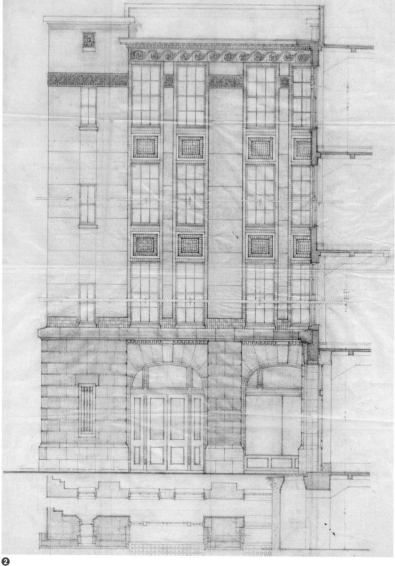

❷

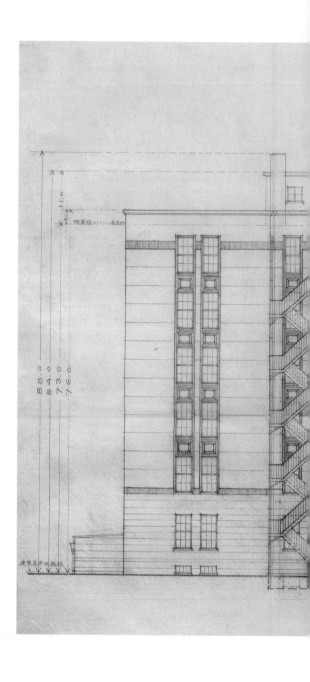

● 1923(大正12)年の関東大震災後、桜井小太郎の後を継いで4代目技師長に就任した藤村朗は、震災で壊れた既存ビルの耐震改修設計を数多く手掛けていた。そして、震災後初めて大規模な新築建物として設計されたのが「仲28号館」である。鉄筋コンクリート造地上6階建て、延床面積1,400坪(約4,600m²)で、1924(大正13)年10月に着工し、1926(大正15)年1月に竣工した。明治末期より現れる日本の初期の鉄筋コンクリート造の多くは、煉瓦壁を鉄筋コンクリート壁に置き換えたような構造であったのに対し、震災後のそれは現代建築に繋がるラーメン構造となる。「仲28号館」も鉄筋コンクリートのラーメン構造であり、初期事例のひとつである。

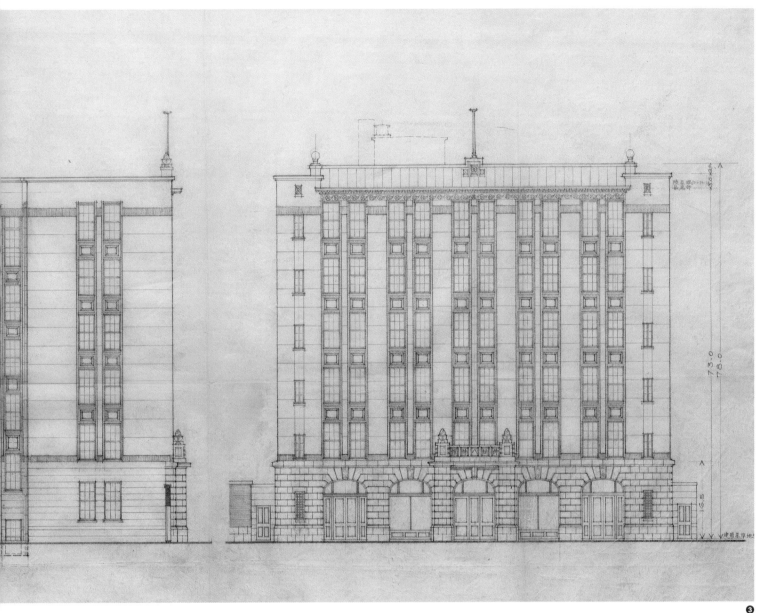

❸

① **仲貳拾八號館**
新築工事　平面圖

- 縮尺=1/100 | 15%
- 1924(大正13)年10月28日
- 仲通りを正面とした左右対
称の平面形。中央に柱を多く配置
し階段やエレベータシャフトを集
中させたコア・システムのプランニ
ングが採用されており、現代のオ
フィスビルのつくり方に近いことが
分かる。

② **図面名なし**
（正面側立面詳細図、
矩計図）

- 縮尺=記載なし | 15%
- 記載なし
- 正面ファサードのディテー
ル。鉄筋コンクリート造は煉瓦組
積造のように凹凸がつくりにくい
ため、基壇部は本石を積み、中間
部は左官による化粧モルタルの
「地」に対し、タイル・テラコッタな
どの貼物を「図」として扱いデザイ
ンをまとめるという、当時の工法や
デザイン手法が用いられている。

③ **仲貳拾八號館**
新築工事
西、北、側建圖

- 縮尺=1/100 | 42%
- 記載なし
- 正面と側面の立面図。古典
様式の建築のつくり方である三層
構成(基壇・中間部・頂部)を踏襲し
ながら、それを鉄筋コンクリートの
ラーメン構造で表現している。設
計寸法はまだ尺間ながら、高さ方
向の煉瓦割(タイル割)のモジュー
ル設計が意識されていないのは、
左官による化粧モルタル(擬石)仕

上げであるからであろう。縦ライン
を基調とした窓回りや頂部にテラ
コッタ(焼物)を装飾として使い、「丸
ノ内ビルヂング」でも用いられた米
国で流行したアールデコ調のデザ
イン手法が採用されている。

²⁹ 八重洲ビルヂング　²⁹ Yaesu Building

- 藤村朗
- 1928(昭和3)年竣工
- 鉄骨鉄筋コンクリート造・ラーメン構造
- 地上8階、地下1階建て

❶

● 1928(昭和3)年3月31日に竣工した「八重洲ビルヂング」は、鉄骨鉄筋コンクリート造陸屋根地階付き地上8階建てで、「丸ノ内ビルヂング」に次ぐ2番目の高層事務所ビルとして設計された。1929(昭和4)年4月15日に帝都復興計画の一環として町名変更が実施され、丸の内一帯の道三町、銭瓶町、永楽町、八重洲町といった町名が、新たに大手町一丁目、二丁目、丸ノ内一丁目、二丁目、三丁目、有楽町一丁目、二丁目と改められ、ここで初めて町名に「丸ノ内」が使われた。建物名称に「八重洲」を用いたのは、失われる旧町名に因んだものであり、その後建てられた「永楽ビルヂング」も同様であった。「八重洲ビルヂング」は、藤村朗の丸の内における代表作で、アールデコ調の「丸ノ内ビルヂング」にも繋がるデザインが採用されている。　三層構成を基本とし、基壇には重厚な小松石を積み、中間部は緑のタイルで縁取られたポツ窓を軽快に繰り返し、頂部はタイルと擬石によってまとめられている。そして、北東の角には東京駅方向からの目印を意図した塔が据えられているが、「第21号館」に代表される前時代の建物のような玄関位置との関係性はない。

❶ **北側建圖**
- 縮尺=1/100｜32%
- 1926(大正15)年
- 塔の屋根形状、タイル(緑色)で縁取られたポツ窓と化粧モルタルの目地割り、窓サッシの割り、西側セットバック部分の円弧状の袖壁は、設計者である藤村朗によるデザインの特徴である。

❷ **STRESS DIAGRAMS FOR A TYPICAL BENT (応力図)**
- 縮尺=記載なし｜21%
- 記載なし
- 構造図と柱梁のモーメント図。鉄筋コンクリート造は関東大震災をきっかけに大きく取り入れられるようになるが、構造の考え方は震災前後で異なる。ただし、この図をよく見てみると地震力に対する計算ではなく、「鉛直面に対して平方フィートあたり30ポンドの風圧力を見込む」とあるので、風荷重の計算をしていることになっている。耐震設計の黎明期であった当時、既に欧米で発展していた耐風設計によって、安全性を確認したということなのだろうか。地震力を計算した痕跡は見当たらない。

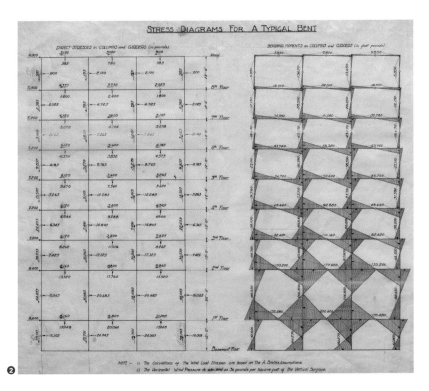

STRESS DIAGRAMS FOR A TYPICAL BENT

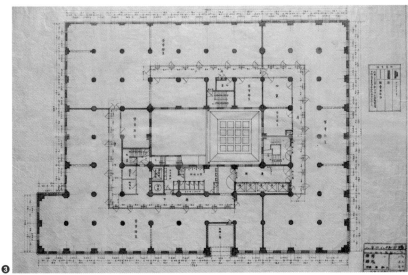

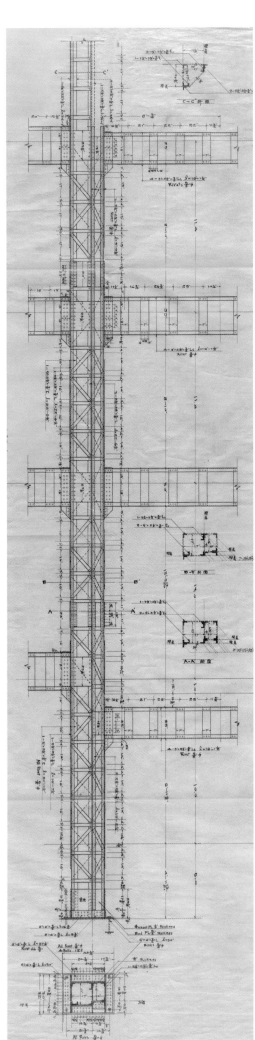

❸ 2階平面圖

- 縮尺=1/200｜14%
- 1926（大正15）年2月26日
- コア・システムで、平面中央に光庭を取っており、戦後の「ビルヂング」に通じる平面形状である。

❹ 鉄骨柱詳細（抜粋）

- 縮尺=1/20｜26%
- 1926（大正15）年5月5日
- 関東大震災直後に設計されたためか、「八重洲ビルヂング」では構造図や鉄骨詳細が数多く描かれており、構造安全性に相当配慮した設計だったことが窺える。鉄骨詳細図では使用した鋼材やトラスの間隔、接合用リベットの本数などが事細かに記載されている。大梁の縦材を見ると、応力が大きくなる柱側ほど間隔が密になっており、当時貴重だった鋼材を工夫して効率よく使用していたことが分かる。

³⁰ 丸ノ内ガラーヂビル ³⁰ Marunouchi Garage Building

- 藤村朗
- 1929(昭和4)年竣工
- 鉄筋コンクリート造・ラーメン構造
- 地上6階、地下1階建て

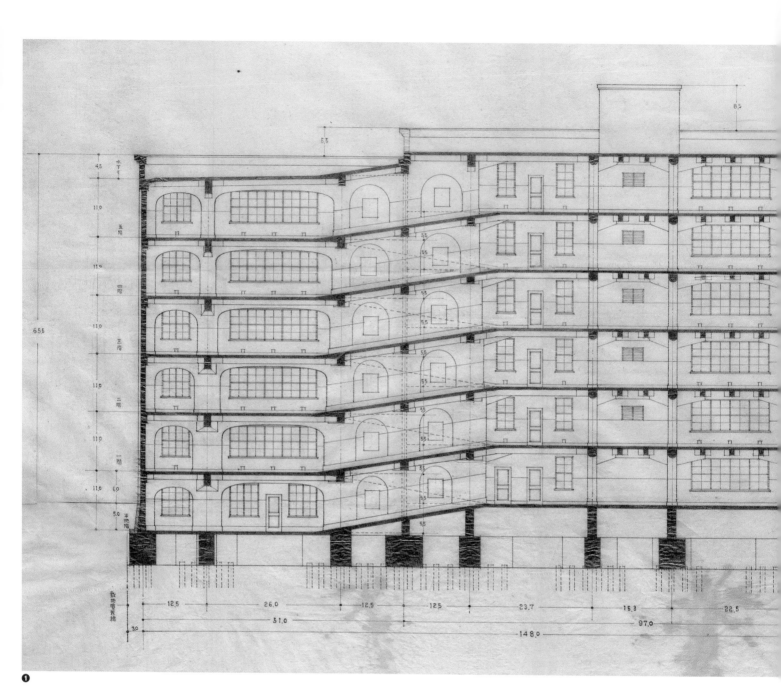

❶

● 自動車は大正期に国産車がつくられるようになり、1923(大正12)年の関東大震災後に急激に増え始める。1927(昭和2)年に三菱合資会社地所部が行った実態調査によれば、丸の内に通常出入りする自動車数は約400台で、年間50台ペースで増えていく予測がされていた。この調査は、「丸ノ内ガラーヂビル」構想のために実施されたものである。この自動車のホテルとも言うべきユニークなビルは、土地を三菱地所が貸し経営は大倉財閥が受け持つというス

キームで、起工と同時に丸ノ内ガラーヂ株式会社が設立された。当時自動車は貴重品で、東京市内でもわずか1,500台にすぎなかった時代に、駐車スペースを貸し付けるという先駆的事業であった。建物は、鉄筋コンクリート造半地階付き地上6階建て、延床面積は約1,600坪(約5,300m²)だった。自動車250台の収容能力を持ち、中央の斜路による自走式で、1階の出入口から6階まで約1分で上ることができるよう設計されていた。

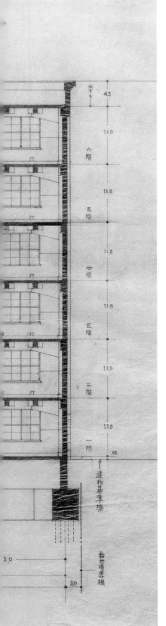

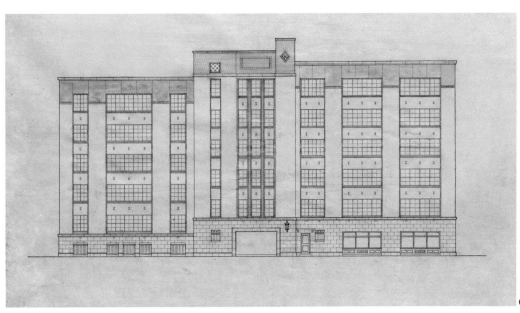

❷

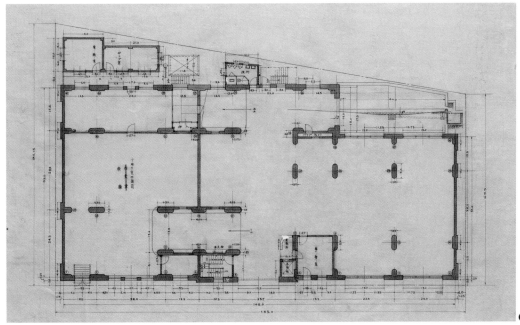

❸

❶ **自動車々庫新築
断面圖**

- 縮尺=1/100｜47%
- 1928（昭和3）年5月24日
- 断面図を見るとオフィスビルでないことが分かる。左右で床位置が半階分ごとにずれており、中央のスロープで6層が繋がれている。また、図面には展開図が描かれていて、左右で小梁のかけ方やハンチ梁の形状が異なっている。立面でスパンドレル部分に設けられた開口は床上の換気口になっている。

❷ **自動車庫新築
東側姿図**

- 縮尺=1/100｜24%
- 1928（昭和3）年5月21日
- 石積みの基壇があり、頂部にはコーニスが回され、古典様式の鉄筋コンクリート造オフィスビルの姿をしている。周囲のオフィスビルと並べて違和感があるとすれば建物各部の高さが左右で違うところであろう。

❸ **自動車庫新築
1階及び半地下室
平面図**

- 縮尺=1/100｜24%
- 1928（昭和3）年5月10日
- 1階平面図。左右の車室をふたつのスロープで昇降させている。柱が楕円形になっており、自動車が回転しやすいように配慮されていて面白い。半地下階には修理工場、1階裏には洗車場も備わっていた。立体駐車場ならではの排水設備や消火設備、ガソリントラップなどの図面も残っている。

³¹ 新丸ノ内ビルヂング　³¹ Shin-Marunouchi Building

— 藤村朗
— 1952（昭和27）年竣工
— 鉄骨鉄筋コンクリート造・ラーメン構造
— 地上8階、地下2階建て

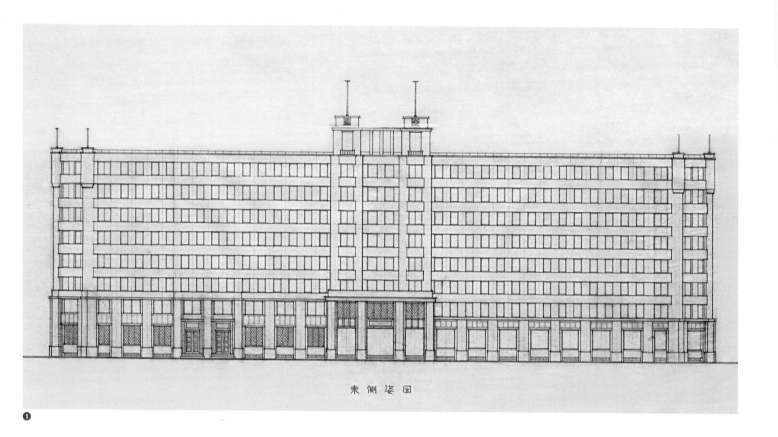

東側姿図

❶

❷

● 1917（大正6）年末から1918（大正7）年初頭にかけて、東京駅前の行幸通りを挟んで対面する敷地に、三菱はふたつの大型ビルの計画を検討していた。東京駅から向かって左側の敷地には事務所主体の「丸ノ内ビルヂング」、そして右側の敷地には、外国人の来日数の急増を背景にした「ジャパンホテル」の構想だった。しかし、第一次世界大戦後の恐慌でホテル計画はストップした。昭和に入って三菱地所株式会社が誕生、景気も上向きに転じ、第二「丸ノ内ビルヂング」の位置付けで「東京館」と呼ばれた高層の大型ビルの設計が進められ、1937（昭和12）年6月に着工した。しかし、第二次世界大戦に突入して工事はストップ、終戦後に計画を一部見直して再設計し、1952（昭和27）年11月に「新丸ノ内ビルヂング」が竣工した。

❸

❹

❶ 東側姿図

- 縮尺=1/100 | 35%
- 不明
- 検討案1

❷ 図面名なし
（東側立面図）

- 縮尺=1/100 | 35%
- 記載なし
- 検討案2

❸ 東西姿図

- 縮尺=1/100 | 17%
- 1937（昭和12）年5月7日
- 検討案3

❹ 正面図

- 縮尺=1/100 | 54%
- 記載なし
- 実現した案の正面図

戦前のビル名称を「東京館」とされていた頃に作成されたファサードのスケッチが残されている。フォルムこそ「丸ノ内ビルヂング」との調和が意識されているが、ファサードデザインはアールデコ調の「丸ノ内ビルヂング」に対し、「新丸ノ内ビルヂング」はモダニズムのスタイルで対比的調和が試みられている。戦後の実施案のファサードに見られる腰壁が連続するデザインは、この頃から見られるが、どの

案も基壇を設けた上でエントランス部分に特徴を持たせようとしている。検討案1、2は行幸通り側の基壇を2層分に上げているが、検討案3は、全体を2層分の高さにしている。また、全体的にはモダニズムを基調としながらも、検討案1ではエントランス部やコーナー頂部に装飾を設けたり、検討案3ではタイル貼りを想定しているなど、クラシカルな意匠が見られる。

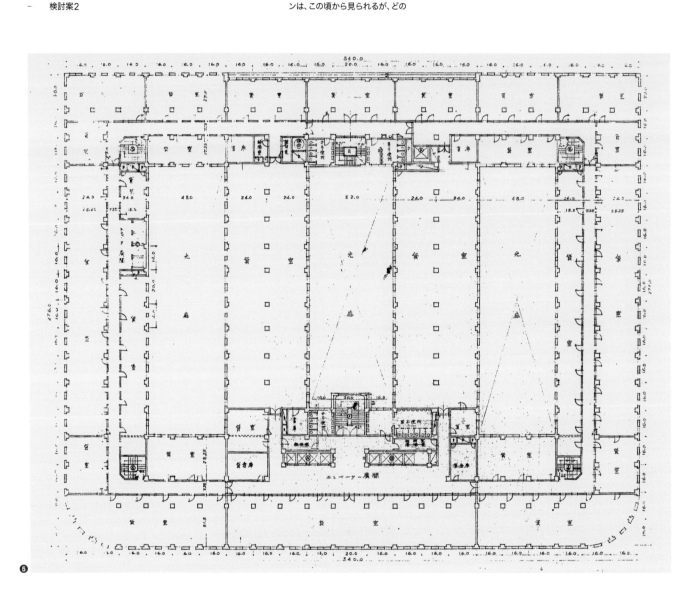

❺

❺ 7階平面図

- 縮尺=1/100 | 73%
- 記載なし
- 光庭がふたつだった「丸ノ内ビルヂング」に対し、「新丸ノ内ビルヂング」は3つの光庭を内包する中廊下形式の平面計画となっている。できるだけ貸し室を多く確保しようとしたのであろう。図面寸法はフィート寸法で描かれ、柱間は16フィート（約4.8m）、奥行は24フィート（約7.3m）を基本モジュールとしている。現在のオフィスと比べると奥行の小さい執務空間であり、採光が求められていたことが分かる。4つのコーナーの窓が設けられない部分には、階段室を配

置している。中央には、エレベーター廣間、便所、階段を配置し、ビル共用部を中央に集約している。なお、東京駅側のコーナーはアールとし、「丸ノ内ビルヂング」と呼応した特徴的な形としている。

❻ 縦断面図

- 縮尺=1/100 | 21%
- 1937（昭和12）年5月21日
- 左右（東西）の足元に1～2階の2層で玄関を構えたデザインとなっていること、東京駅に面する正面中央に塔が描かれ消された痕跡があることから、戦前の「東京館」の設計図であると思われる。1階を南北に貫通するアーケードの展開が描かれており、光庭の下には円形ドーム状のトップライトが見られる。戦後の「新丸ノ内ビルヂング」の設計見直しでもこの円形ドームは継承された。

❼ 駅前オフィスビル
ロビーB

- 縮尺=なし | 92%
- 記載なし
- 図面タイトルに「駅前オフィスビルロビーB」とあるが、整合する平面図が見当たらない。いずれにしてもかなり古典調のインテリアである。

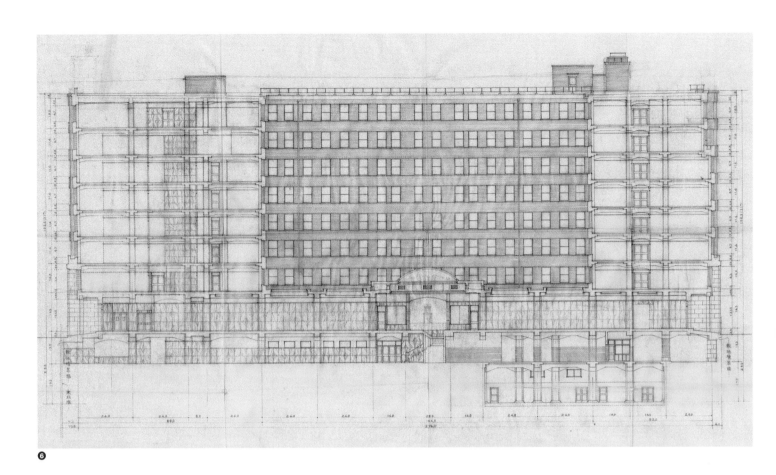

6

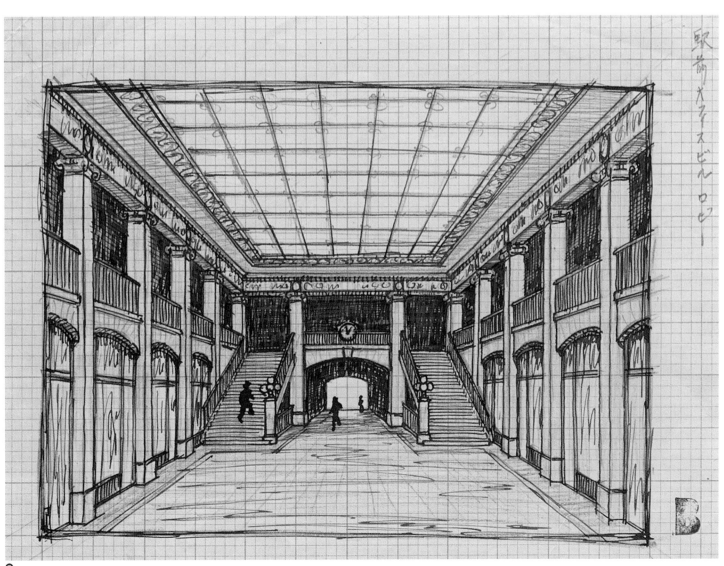

駅前オフィスビル　ロビー

7

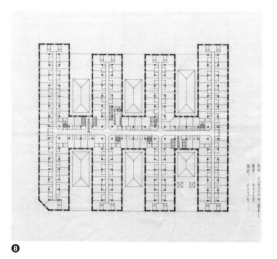

⑧

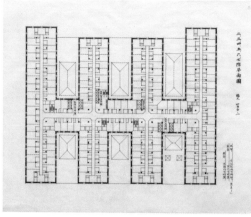

⑨

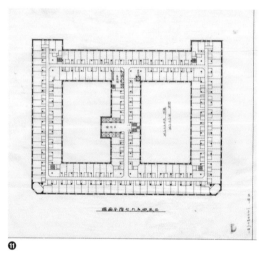

⑩　　　　　　　　　　　　　　⑪

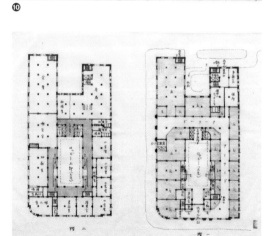

⑫

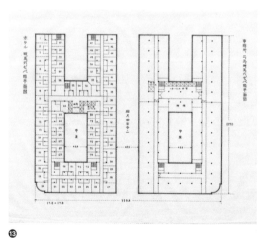

⑬

⑭

⑧　2,3,4,5,6,7階平面図A
- 縮尺=1/400｜20%
- 記載なし
- ホテル検討案 A案 櫛形プラン

⑨　2,3,4,5,6,7階平面図B
- 縮尺=1/400｜20%
- 記載なし
- ホテル検討案 B案 櫛形プラン

⑩　2,3,4,5,6,7階平面図C
- 縮尺=(1/400)｜20%
- 記載なし
- ホテル検討案 C案「丸ノ内ビルヂング」形式プラン

⑪　2,3,4,5,6,7階平面図D
- 縮尺=(1/400)｜20%
- 記載なし
- ホテル検討案 D案「丸ノ内ビルヂング」形式プラン

⑫　(1階、2階平面図)E
- 縮尺=(1/400)｜20%
- 記載なし
- オフィスとホテル別棟案 E案

⑬　事務所2,3,4,5,6,7,8階平面図F
- 縮尺=(1/400)｜20%
- 記載なし
- オフィスとホテル別棟案 F案

⑭　4,5,6,7,8階平面図G
- 縮尺=1/1,400｜20%
- 記載なし
- ホテルとデパートメントストア別棟案 G案

―　「新丸ノ内ビルヂング」は、1918(大正7)年頃は、「ジャパンホテル」として計画され、1930(昭和5)年には、ホテルとオフィスのふたつの用途で検討されている。ホテル案(A、B案)は、中庭側にも開口を持つ櫛形のプランと「丸ノ内ビルヂング」と同じくふたつの中庭を持つ平面計画(C、D案)、ホテルとオフィスのツインタワーでの計画(E、F案)、デパートメントストアとの2棟構成の計画(G案)があり、7案の検討案が残されていた。オフィス案は1階にアーケード街を有し、上層階では3つの中庭を持つ形式、櫛形の形式を持つ案など、いずれも奥行の深い敷地に対してのプランが検討されており、5つの検討案が残されている。ホテルでの検討案を見ると、いずれも敷地の奥行が深く、絶対高さ規制の中でいかに客室を多く配置できるかの検討に苦心したと考えられ、オフィス需要の増加と共にホテルは断念したと考えられる。そして、1936(昭和11)年から「丸ノ内ビルヂング」との調和を考慮していた1棟のオフィスとして「東京館」が設計された。

戦前から戦後の
リレーデザインのキーマン

［コラム］
— **4代目技師長 藤村朗**

［著者］
— **野村和宣**｜執行役員 建築設計三部長

— **藤村朗**｜ふじむら・あきら｜1887–1966（明治20–昭和41）年
（画像：『丸の内百年のあゆみ　三菱地所社史』（三菱地所、1993［平成5］
年3月）より転載）

時代の変革期に生涯通して在籍したアーキテクト

　三菱社（三菱合資会社）・丸ノ内建築所から三菱地所・設計監理部門に至るまでに在籍していた技師長は5人を数える。曾禰達蔵（1852–1937［嘉永5–昭和12］年）・桜井小太郎（1870–1953［明治3–昭和28］年）・鷲巣昌（1892–1982［明治25–昭和57］年）の3名はいずれもキャリア入社のアーキテクトで、保岡勝也（1877–1942［明治10–昭和17］年）は新卒入社したものの定年を待たず退職して独立、技師長以外でも大学で建築教育を受けたアーキテクトで定年前に退職し独立した者は少なくない。しかし、4代目技師長を務めた藤村朗（1887–1966［明治20–昭和41］年）は入社から定年まで、さらにその後も相談役として生涯三菱地所の組織に在籍していた。それゆえに彼に関する既往の研究は、三菱地所関係の文献以外にはなく、建築界でもあまり知られていない。

　1887（明治20）年北海道に生まれ、その後東京府に移住し、1911（明治44）年東京帝国大学（旧 工部大学校）を卒業して三菱合資会社地所部に入社した。当時の技師長は保岡勝也で、入社していきなり「第21号館」（1914［大正3］年竣工）の設計担当を任され、アメリカ式のオフィスビルを設計せよとの命題に戸惑いながら取り組んでいたことを語った話が残っている。「第21号館」の基本設計を終わったところで保岡が突然退社したため、1年後輩の山下寿郎（1888–1983［明治21–昭和58］年）らと共に実施設計をまとめた。「第21号館」の工事から桜井小太郎が後任技師長として加わり、以降、「三菱合資会社銀行部」（1922［大正11］年竣工）、「第22号館」（1918［大正7］年竣工）、「丸ノ内ビルヂング」（1923［大正12］年竣工）など、大正期から昭和初期にかけての主要な建物のほとんどの設計に桜井の片腕として関わっている。「丸ノ内ビルヂング」完成と共に技師長・桜井小太郎はじめ多くの技師らが退社すると、藤村は桜井に代わって技術者のトップの役割を託され、1932（昭和7）年に地所課技師長に就任した。1937（昭和12）年6月に三菱地所が設立してからは取締役兼技師長、1940（昭和15）年常務、そして1946（昭和21）年12月から1948（昭和23）年6月まで三菱地所の社長の職を務めた。社長退任後は1956（昭和28）年5月に取締役に復帰し、「丸ノ内総合改造計画」の期間も相談役として関わり続けており、在任のまま1966（昭和41）年7月に永眠した。

　藤村が技師長を務めた期間は、第二次世界大戦前後の時代で新築建物の数は少ないが、代表作としてはアメリカ式の高層事務所ビルのスタイルによる「仲28号館」（1926［昭和元］年竣工）や「八重洲ビルヂング」（1928［昭和3］年竣工）、モータリゼーションの普及を背景に計画された「丸ノ内ガラーヂビル」（1929［昭和4］年竣工）、戦前の計画段階から戦後の変更設計・工事を経て完成させた「新丸ノ内ビルヂング」（1952［昭和27］年竣工）、丸の内以外では「法曹会館」（1937［昭和12］年竣工）、「学士会館新館」（1937［昭和12］年竣工）などである。そして、今回の図面整理で分かったことであるが、震災後の耐震改修や棟割長屋形式の事務所ビルの中廊下型への大規模改修など、数多くの改修を手掛けたリノベーション設計の先駆者でもあった。

　藤村朗は、「丸ノ内ビルヂング」建設と高度経済成長期の「丸ノ内総合改造計画」という丸の内構築の2度の絶頂期に関わっている。藤村朗こそ、戦前の三菱社（三菱合資会社）地所部から戦後の三菱地所設計監理部門へとDNAを受け継いだ重要な人物であったと言える。

— **野村和宣**｜のむら・かずのり｜15頁参照。

³²　大手町ビルヂング　　　³² Otemachi Building

- 鷲巣昌、岩間、杉山、梶谷、渡辺
- 1958(昭和33)年竣工
- 鉄骨鉄筋コンクリート造・ラーメン構造
- 地上9階、地下3階建て

❶　南側立面図

- 縮尺=1/200｜41%
- 記載なし
- 仲通りのアイストップとなる南立面。仲通りからの視認性を意識して、屋上塔屋が一体的なファサードとして見えるような工夫がなされている。また、塔屋の中央部に時計が計画されていたが実現はしていない。

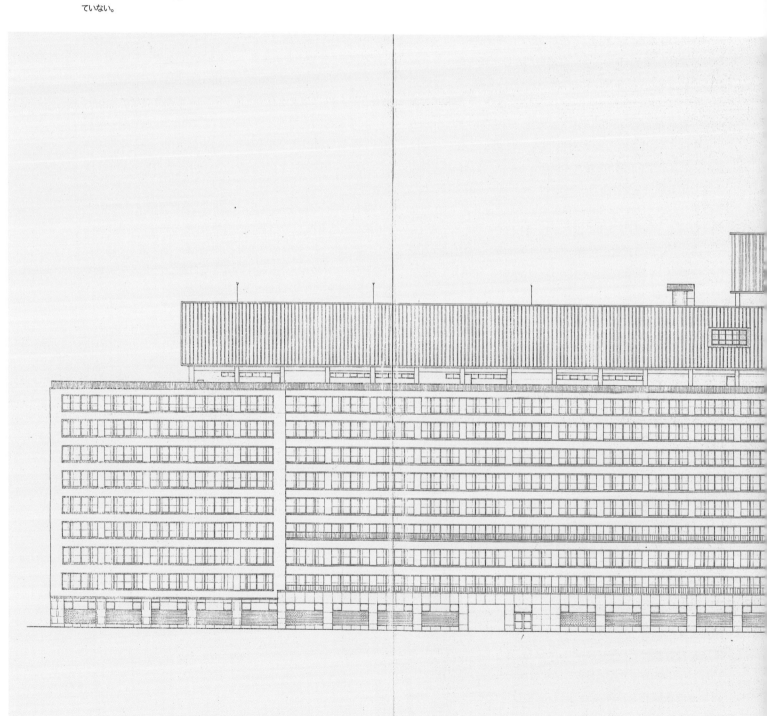

❶

● 本敷地は、道三堀と言われ、1590（天正18）年に江戸城に入城した徳川家康の命によって、船着場として豪商、大名が商取引をきわめた場所である。

「大手町ビルヂング」は、大洋自動車会社と三菱地所が共同で事業を行った。大洋自動車会社は、輸入自動車販売、自動車修理の事業のほかに、丸の内の自動車輻輳緩和のため、「大手町ビルヂング」の地下にガレージを設置した。一方、三菱地所は、オフィス需要緩和と共に、1954（昭和29）年から始まった神武景気の好況を背景とし、丸の内の優位性を高めること、かつ、ビジネスセンターの分散化を極力防ぐことを目的に事務所建築を構想した。当時としては、東洋一のマンモスビルと称された。

「大手町ビルヂング」建設にあたって、全体を三分割して、それぞれに責任者を決め同時に竣工する方法で工事を進めたとされる。地下に変電所を設け、エレベータや階段、通路、洗面所などの設備を建物中央部に集中させるアメリカ式のコア・システム、全館冷房設備を採用した。「第三丸ノ内ビルヂング新築工事」という図面枠を二重線にて消して、「大手町ビルヂング新築工事」と訂正されていることから、途中でビル名称の変更が行われたことが分かる。

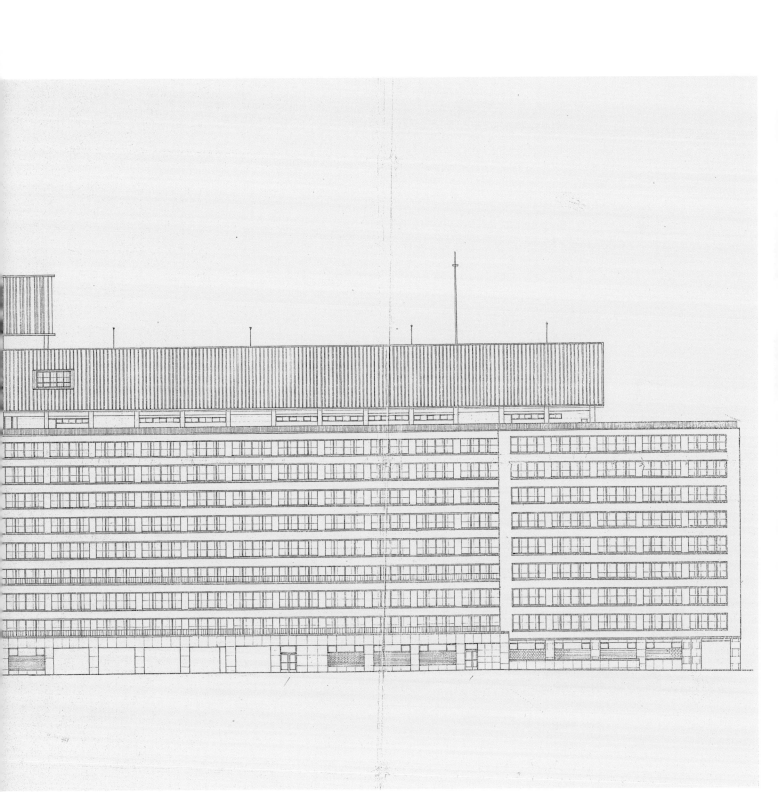

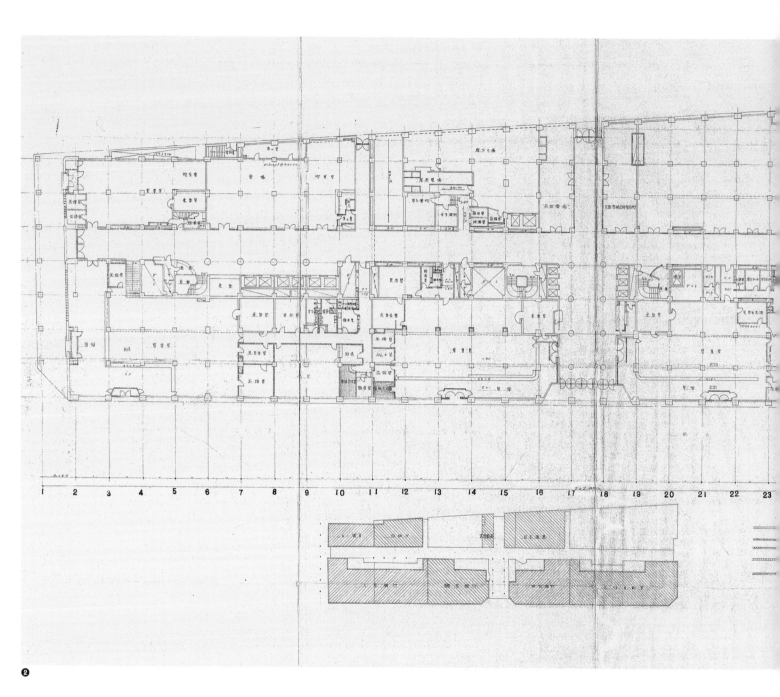

❷

❸

❷　**1階平面図**

— 縮尺=1/200｜30%

— 記載なし

— 1階には、三菱銀行、勧業銀行、協和銀行、大洋自動車が北側に面して配置され、山一証券、松坂屋、日本通運が仲通り側（南側）に面して配置されている。各銀行には、それぞれ2方向に片開き扉を設ける伝統的な形式の風除室を設け、客溜り、営業室、金庫、応接室が配置されている。

❸　**外観透視図**

— 縮尺=なし｜左：53%、右：50%

— 記載なし

— パースが2点残されている。竣工写真といずれも相違することから、設計時に作成されたと考えら

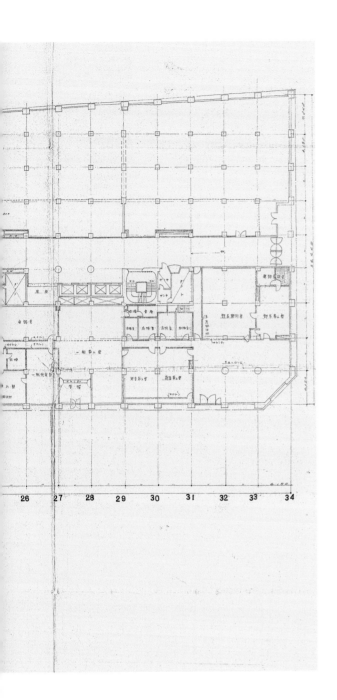

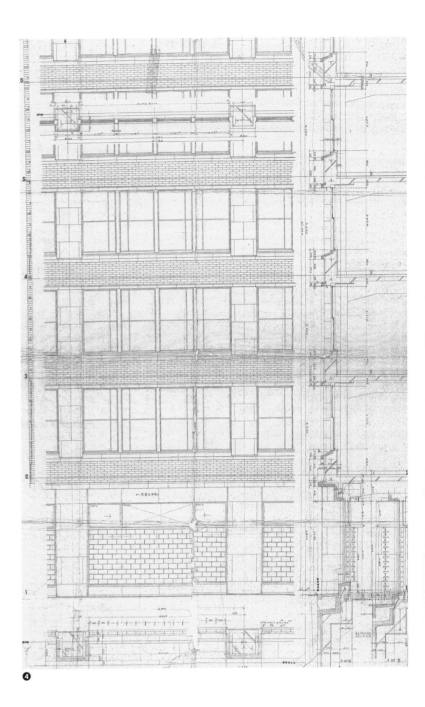

26 27 28 29 30 31 32 33 34

❹

れる。いずれも竣工写真に見られ
る横連窓形式ではなく、柱、梁の構
成によるファサードデザインとなっ
ている。特に妻面およびコーナー
部の検討がなされたと考えられ、
右側のパースは竣工写真と同様の
コーナーデザインとなっている。

❹　矩計図1

- 縮尺=1/20｜16%
- 1956（昭和31）年10月24日
- ペリメータ回りは逆梁とし、
サッシは上げ下げ窓を採用してい
る。天井は張らず梁を現しとして
いる。サッシ下端の水切りを大きく
張り出しつつ、サッシ上端にも水切
りを設け、水平方向の意匠を強調
している。

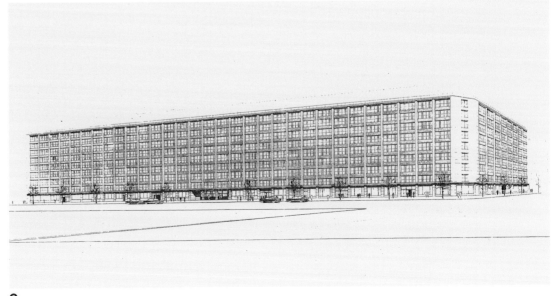

❸

33 新大手町ビルヂング ³³ Shin-Otemachi Building

- 鷲巣昌、岩間、杉山、梶谷、渡辺
- 1958(昭和33)年竣工
- 鉄骨鉄筋コンクリート造・ラーメン構造
- 地上9階、地下3階建て

● 先に計画された「大手町ビルヂング」には、新築工事中から借室申し込みが予想以上に殺到した。そこで旺盛な需要に応えるため、続けて延床面積約8,000坪(約26,400m²)のビルを新築することに決めた。需要は増え、さらに増築を得て、計24,000坪(約79,300m²)の「新大手町ビルヂング」が建つことになった(1回目の増築)。その後「新大手町ビルヂング」は、1961(昭和36)年7月から1963(昭和38)年5月にかけて北側部分2カ所に延床面積約1,523坪(約5,000m²)を増築(2回目の増築)、さらに1971(昭和46)年にも屋上部分を約500坪(約1,700m²)増築して現在に至っている(3回目の増築)。3度にわたる増築により爆発的な借室需要に応えた。ビルの名称は当初「大手町ビルヂング」であったが、「第三丸ノ内ビルヂング」が「大手町ビルヂング」と決定すると「第二大手町ビルヂング」に変わり、さらに最終的に「新大手町ビルヂング」へと二転三転した経緯があった。

❶ 5〜8階平面図
- 縮尺=1/300｜60%
- 記載なし
- 正方形グリッドでセンターコアが採用された基準階平面である。12台が1カ所に集中する大型エレベータホールと、コーナー部がアールとなった廊下や階段室が特徴である。東西両側の大型の貸し室のわりにテナント扉がひとつであることが難点であると思われる。

❷ 東立面図
- 縮尺=1/200｜53%
- 記載なし
- 丸の内界隈ではオーソドックスな外観であるが、南西の一角に大口テナントのナショナルシティバンクが入居したこともあり、本来シンメトリーに整えるメインファサードにアクセントが出ている。

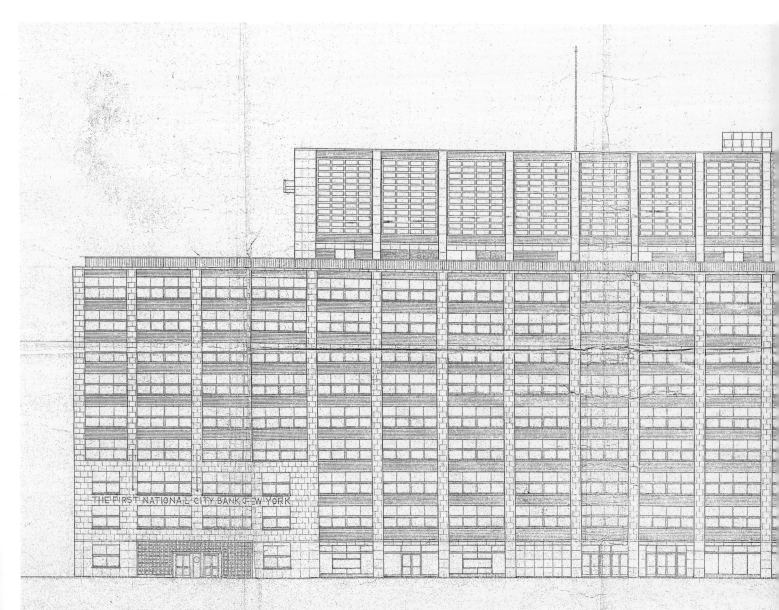

THE FIRST NATIONAL CITY BANK NEW YORK

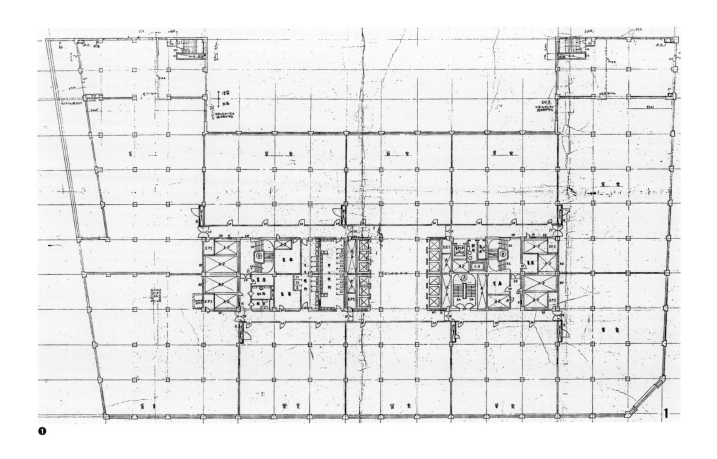

❶

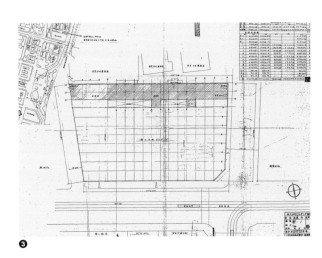

❸

❸ **配置図案内図**

- 縮尺=1/300 | 24%
- 記載なし
- 建物北側の1〜9階と1階の車寄せが増築されている。オフィス需要が高まる中では、1階部分の北側ですら床面積が必要であったと考えられる。

³⁴ 仲27号館

³⁴ The Center 27th Building

- 鷲巣昌、岩間、杉山
- 1960（昭和35）年竣工
- 鉄骨鉄筋コンクリート造・ラーメン構造
- 地上9階、地下2階、塔屋3階建て

❶

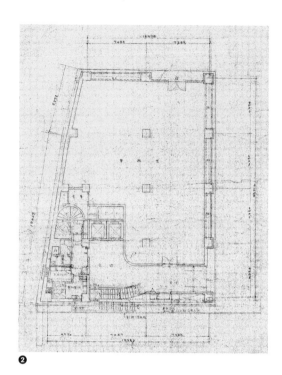

❷

● 「仲27号館」の改築は、テナントの日本勧業銀行丸ノ内支店が「大手町ビルヂング」の完成に伴い、同ビルに移転したことにより、1958（昭和33）年11月に着工した。「仲27号館」は「東銀ビルヂング」と時をほぼ同じくして1960（昭和35）年4月7日に竣工。鉄骨鉄筋コンクリート造、地上9階、地下2階建て、延床面積1,614坪（約5,300m²）という三菱地所としては小型のビルが永代通りに姿を見せた。なお「仲27号館」は1965（昭和40）年12月に隣接する「丸ノ内ガラーヂビル」敷地と共に日本興業銀行に本店改築用として譲渡され、竣工後約10年で取り壊された。三菱地所所有のビルの中でも特に短命なビルとなったわけである。外装には至ってシンプルなポツ窓が配され、サッシを十字に割るディテールが施されており、スクエア形状を強調しているのが特徴である。

❶ **立面図**
- 縮尺=1/100 | 33%
- 記載なし
- 丸の内では珍しい縦横の強調のないポツ窓を配した外装。壁柱と袖壁の幅を合わせることで、プロポーションを整えている。1層部分は2階以上の外装と性格を分けるため、横連窓で石貼りの仕上げとしている。

❷ **平面図**
- 縮尺=1/100 | 23%
- 記載なし
- サイドコア形式のコンパクトな平面形状である。居室面積が200m²未満だが、階段をふたつ設置している。1階平面図より外部への直接の出入口があることなどから、1階には外部から直接出入りができる専用テナント貸しできる区画が取られていることが分かる。螺旋階段が用いられていたのは、平面が小さいことが理由として考えられる。

❸ **詳細図**
- 縮尺=1/20 | 40%
- 1959（昭和34）年5月1日
- 非構造体の壁柱を入れ、開口部を大きく取りつつ、上げ下げ窓として使いやすい大きさに分割するためにバランサーを入れる縦に太い枠を設けている。これがファサードにも変化を与えている。

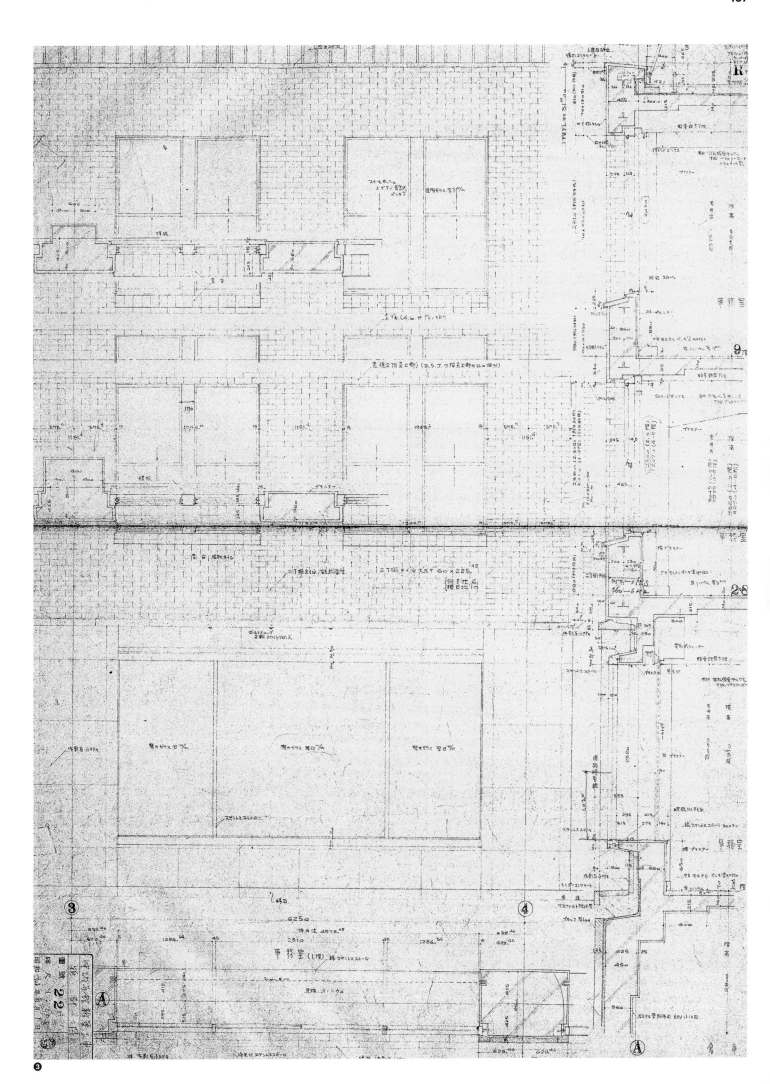

35 交通公社ビルヂング　35 Japan Travel Bureau Building

- 鷲巣昌、岩間、杉山、梶谷
- 1960(昭和35)年竣工
- 鉄骨鉄筋コンクリート造・ラーメン構造
- 地上9階、地下3階、塔屋3階建て

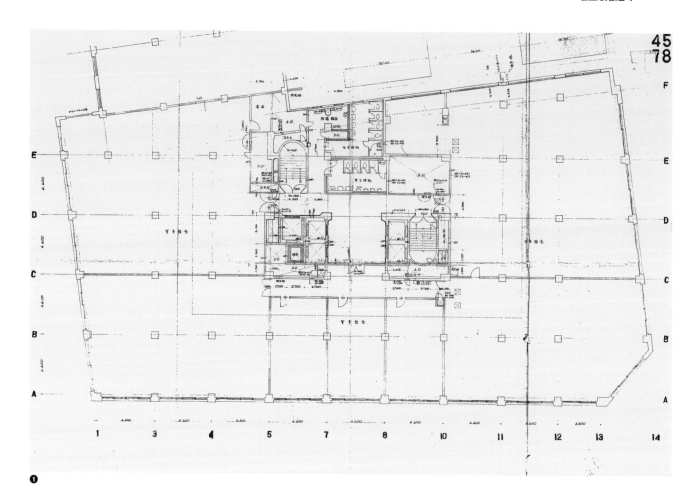

45
78

❶

❷

● 日本交通公社は三菱地所の貸地606坪（約2,000m²）に1946（昭和21）年2月、木造の本社社屋を建設した。しかし同社は防火上の見地から、木造建物を取り壊し新社屋の建設を希望していた。そこで三菱地所は、延床面積6,000坪（約19,800m²）を超えるビルの新築計画を提案し、1959（昭和34）年1月末より工事がスタートした。

「交通公社ビルヂング」敷地西側の「丸ノ内ホテル」裏の三菱地所所有地200坪（約600m²）には、宴会場や大食堂として利用されている同ホテルの付属建物670坪（約2,200m²）があった。そこで、この付属建物を取り壊し、「丸ノ内ホテル」と共同で約2,400坪（約7,900m²）を増築し「交通公社ビルヂング」西側に接続した。

❶ 4〜9階平面図
− 縮尺=1/100｜50%
− 記載なし
− 廊下はエレベータホールの両側に設けられ、エレベータホールの東側に小割の区画を配し、他は比較的大きな区画が想定された。

❷ 南側立面図
− 縮尺=1/100｜46%
− 1959（昭和34）年12月16日
− 低層部、中高層部、塔屋までシンメトリーなデザインの外観。1959（昭和34）年頃の丸の内のビルでは、縦ラインを強調しつつ、その奥に横連窓を配するファサード構成が多い。

❸ 建物縦断面図
− 縮尺=1/100｜75%
− 1960（昭和35）年6月16日
− 廊下側の執務室の天井は低くし、設備を天井内に納め、外壁側は天井高をできるだけ高くすると共に、外壁の梁を逆梁にし、執務室の奥まで光が届くような配慮がなされている。これらは、丸の内で31mの絶対高さ規制時代につくられた作品に共通している。

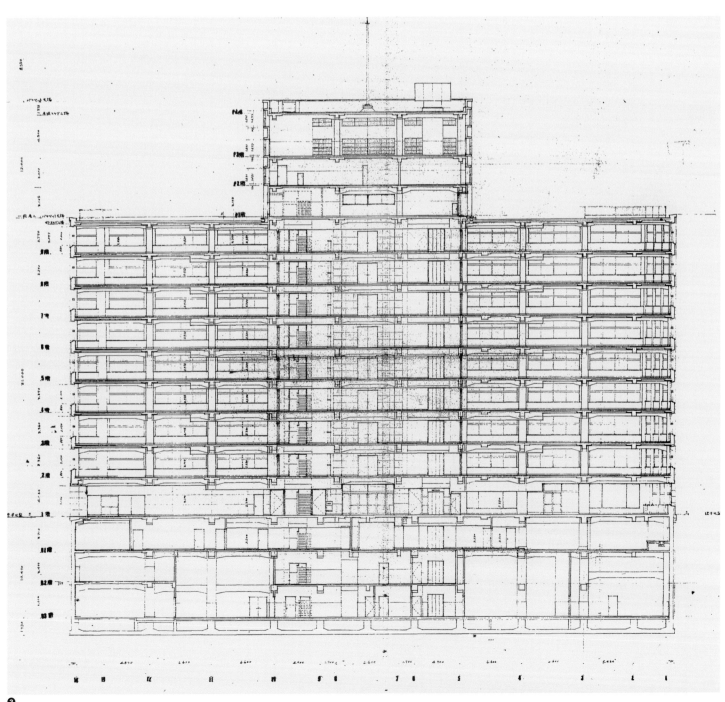

❸

³⁶ 東銀ビルヂング

³⁶ The Bank of Tokyo Building

- 鷲巣昌、岩間、杉山、梶谷
- 1960（昭和35）年竣工
- 鉄骨鉄筋コンクリート造・ラーメン構造
- 地上9階、地下3階、塔屋3階建て

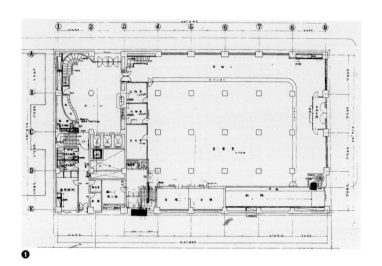

❶

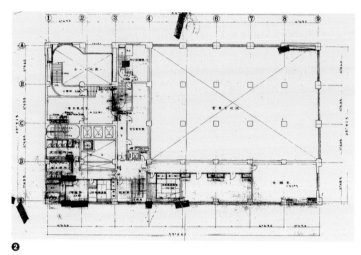

❷

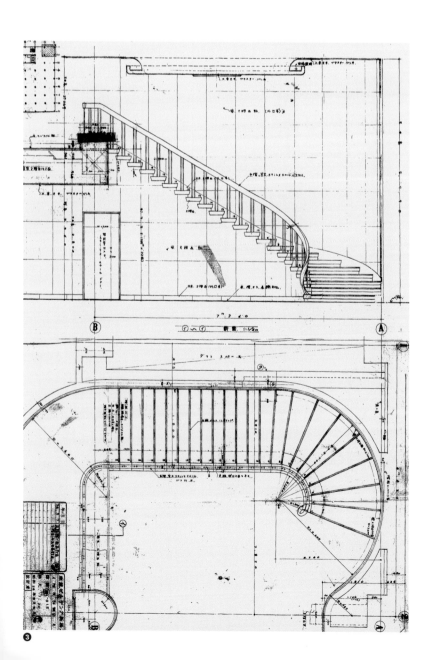

❸

● 東京銀行（旧 横浜正金銀行）東京支店宛の貸地521坪（約1,700m²）に、1956（昭和31）年4月に同行より増築の希望があった。その後、同行と新築ビルの条件について協議を重ね、同年9月の三菱地所取締役会で延床面積5,000坪（約16,500m²）に及ぶ同行との共同ビル新築が承認された。しかし旧建物を取り壊した段階で、金融情勢が変化し大蔵省の指示で工事は一時中断された。東京銀行に対し大蔵省より工事再開が許可され、新ビル建設に着手できたのは、1958（昭和33）年8月になってからであった。

1階の約3分の2を営業室とし、交差点からの視認性を高めている。特に営業室内に設けられた大きなL型カウンターは設計者・杉山雅則の大胆さが伝わる。3階の営業室へと導く1階のホール専用階段も広々と贅沢な構成となっている。

❶ 1階平面図
- 縮尺＝1/100｜29%
- 1958（昭和33）年7月28日
- 銀行建築の基本的な平面構成を持つ。一般客は1階で対応し、要人は2階以上へ導かれていく。北側の風除室は正面入りし両側へ分かれるつくりである。

❷ 2階平面図
- 縮尺＝1/100｜29%
- 1958（昭和33）年7月29日
- 約3分の2が吹き抜けており1階は開放的な営業室になっている。また要人を迎える VIP 応接室である床の間付きの和室も見受けられる。

❸ A階段詳細図
- 縮尺＝1/20｜45%
- 1958（昭和33）年8月3日
- 来客を迎え入れ上層階へ導く吹き抜けに面した大階段である。壁面より片持ち構造で跳ね出された踏面が軽快さをもたらすと共に、3次元にねじれたスチール手すりが重厚感を高めている。

❹ 南側立面図
- 縮尺＝1/100｜79%
- 1958（昭和33）年11月4日
- 8〜9階の右から3スパン分がセットバックしている。右から4スパン以降は北側前面道路の回り込みにより緩和を受けていると思われる。営業室の空間の広がりが外部からも視認されるように2層分の大開口が設けられているのが特徴である。

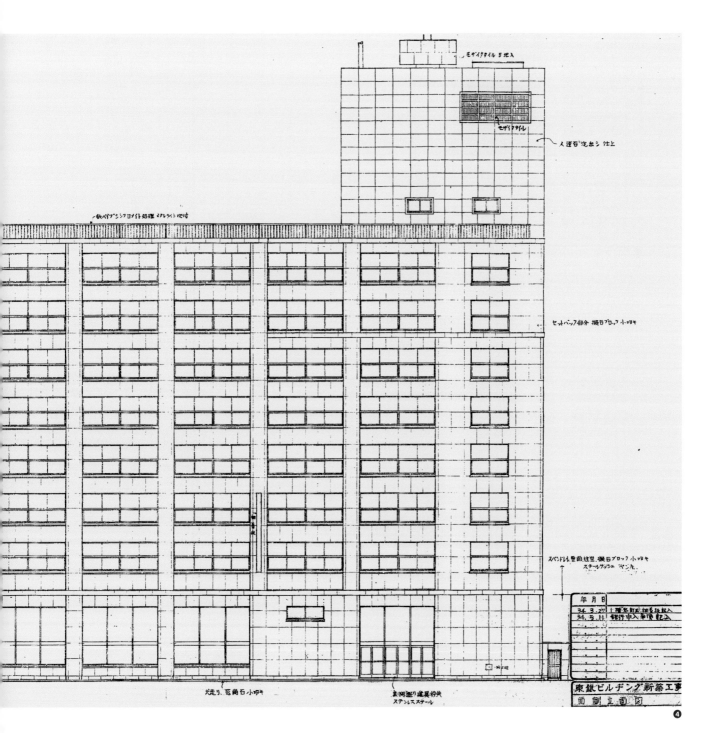

37 東京商工会議所

37 The Tokyo Chamber of Commerce and Industry Building

- 鷲巣昌、岩間、杉山、梶谷
- 1960（昭和35）年竣工
- 鉄筋コンクリート造・ラーメン構造
- 地上8階、地下3階、塔屋3階建て

❶ **4階平面図**

- 縮尺=1/200｜62%
- 記載なし
- 国際会議場が配置された4階平面図。6階までの3層吹き抜けの空間となっている。会議場は東側（仲通り側）に配置されており、ホワイエ（ロビー）が馬場先通り側に配置されている。

❷ **西側立面図**

- 縮尺=1/100｜40%
- 1961（昭和36）年1月27日
- 皇居に面した西側の立面図。皇居側の軒高は31mとなっており、濠沿いの街並みを形成していた。外装は本磨きの御影石が用いられ、重厚感のあるファサードとなっている。

❸ **集会場詳細図（8）**

- 縮尺=1/20｜83%
- 1960（昭和35）年4月20日
- 国際会議場内部の詳細図。壁面部分には六角形の凹凸のあるアルミ板（着色アルマイト仕上げ）を組み合わせた消音パネルが施されており、近代的な内装の会議場となっている。

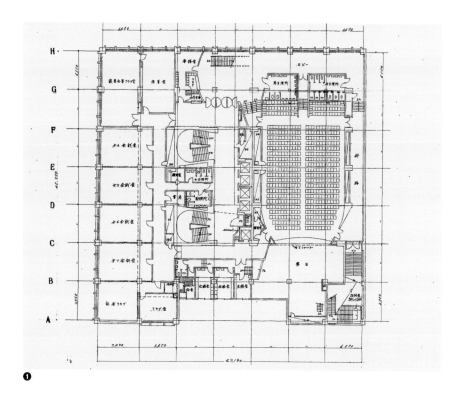

❶

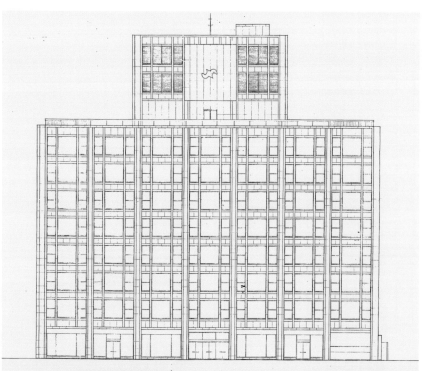

❷

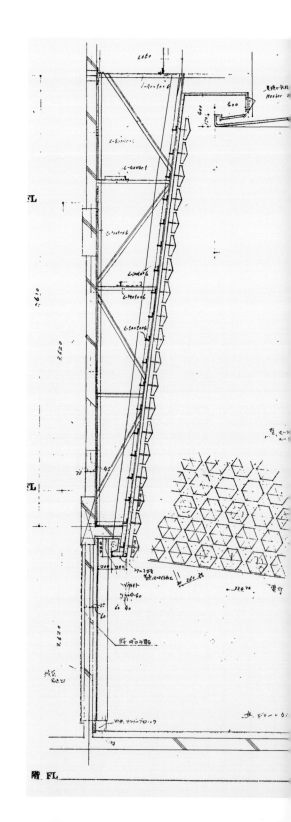

● 同敷地にあった(初代)「東京商工会議所」は、美しい2階建ての赤煉瓦の建物であった。1945(昭和20)年に第二次世界大戦で被災し、補修の上で使用されていたが、「丸ノ内総合改造計画」スタート前の1957(昭和32)年に取り壊し、三菱地所の設計監理により建て替えが行われた。本敷地は皇居前の濠に面しており、その立地特性を活かした計画が行われた。外装には都内でも他に類を見ないと言われていた本磨きの御影石を用いた。センターコア形式の平面形状で、コア部分には4台のエレベータとふたつの階段がシンメトリーに配されている。4〜6階に国際会議場が、7〜8階にホールが配置され、地下2階には蔵書約14万冊を収容できる商工図書館が配置された。皇居側の建物高さは31mの軒線を形成し、隣接する「東京會舘」ほか、周辺ビルと共に皇居に面した日比谷通りの街並みを形成した。

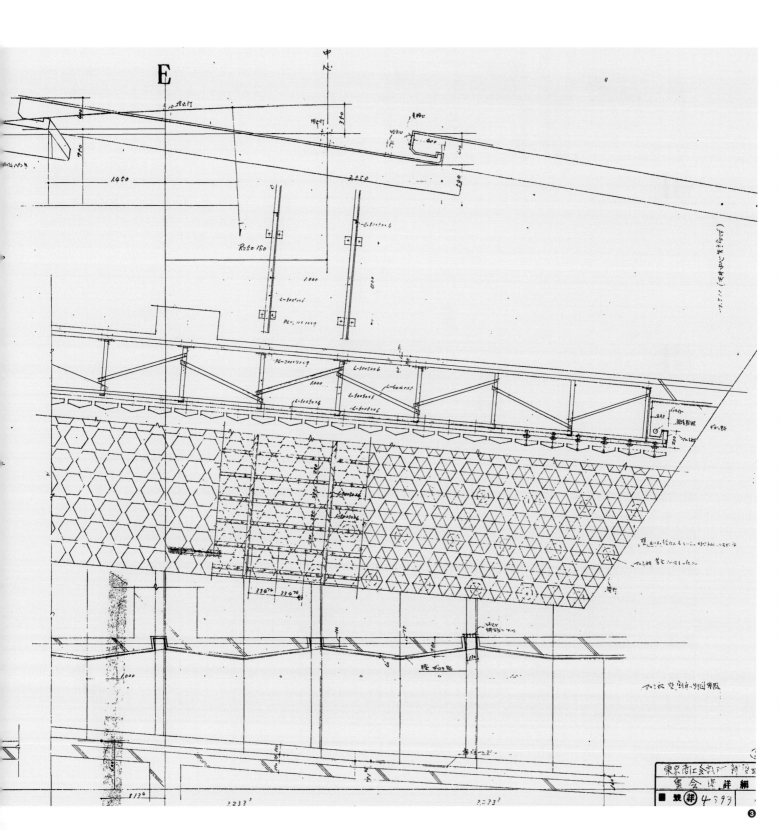

³⁸ 千代田ビルヂング　　³⁸ Chiyoda Building

- 鷲巣昌、岩間、杉山、梶谷
- 1961(昭和36)年竣工
- 鉄骨鉄筋コンクリート造・ラーメン構造
- 地上9階、地下4階、塔屋3階建て

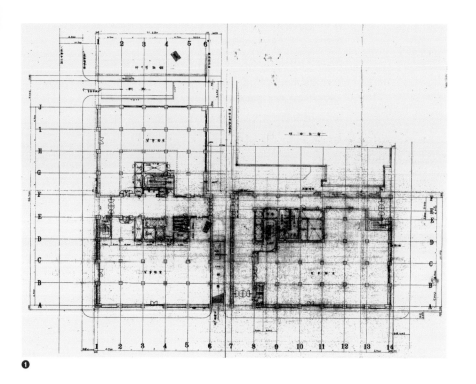

● 「千代田ビルヂング」の建設にあたっては、1914(大正3)年の東京駅の開業によりさらなる発展をした丸の内ビジネスセンターの一翼を担うにふさわしく、次のような点が考慮されていた。①周辺との調和を図る、②品位ある風格を出すよう考慮する、③いたずらに奇をてらわない、④ビルヂングの経済性を考慮する、⑤保守管理に便利のよいものとする。

　この考え方は、その後建設された丸の内の各ビルについても一貫した理念として踏襲されることになった。当初の予定では、第1期建設後、東側に隣接する「第9東寄甲乙、西寄甲乙・11号館」を取り壊して、ここに第2期を建設し、第1期と第2期建物を接続させる計画であった。ところが借室需要が強く、急遽、第1期をまず単独で使用できるよう予定を変更し、1961(昭和36)年6月6日に「千代田ビルヂング」第1期は竣工した。

　次いで第2期の工事は同年1月、「第9東寄甲乙、西寄甲乙・11号館」の取り壊し着手と共に開始された。同館のテナントの臨時移転先は、前年12月に完成した「交通公社ビルヂング」であった。第2期が完成し、当初の計画通り第1期との接続も進められ、「千代田ビルヂング」全館は1962(昭和37)年7月4日に竣工した。

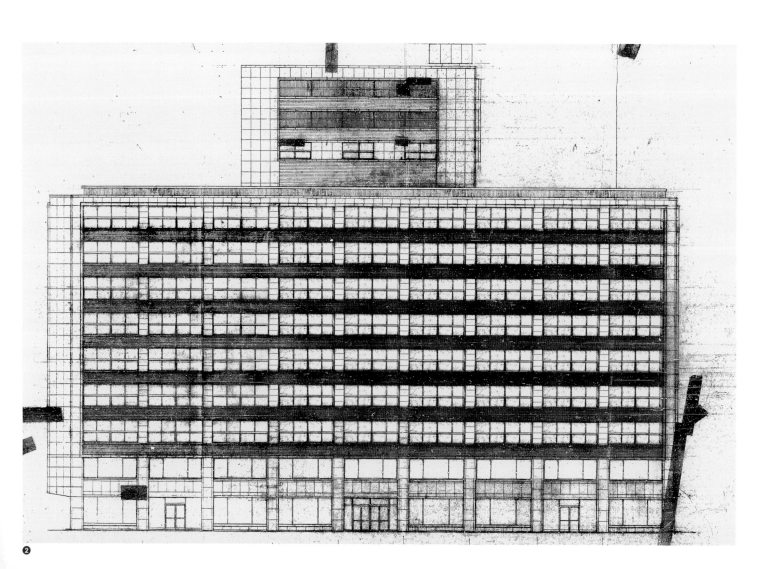

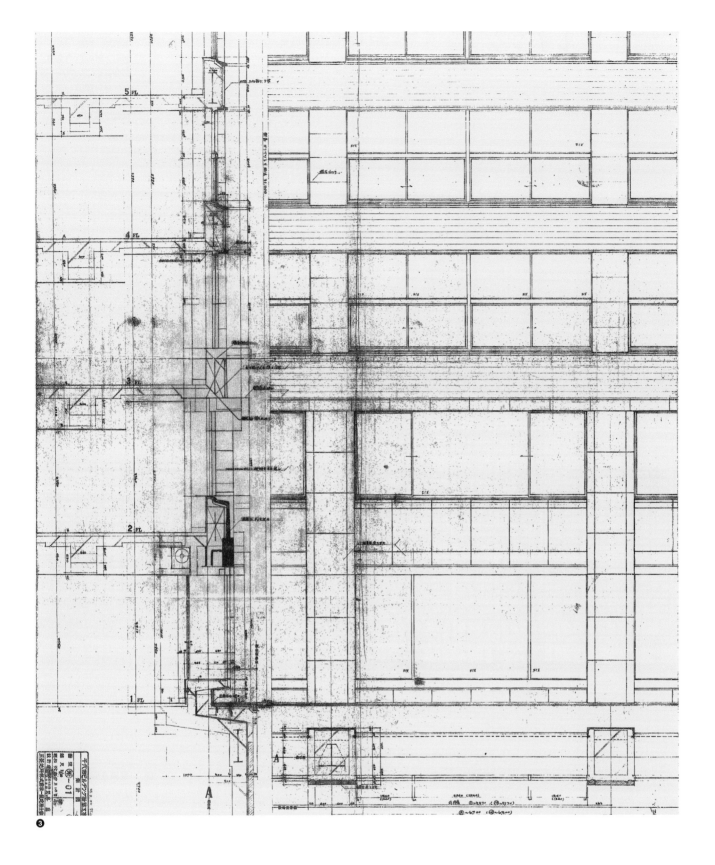

❸

❶ 1階平面図	❷ 東立面図	❸ 矩計図（1）
‒ 縮尺=1/200｜37%	‒ 縮尺=1/100｜57%	‒ 縮尺=1/100｜67%
‒ 1961（昭和36）年4月12日	‒ 1961（昭和36）年1月9日	‒ 1960（昭和35）年8月18日

❶ 1階平面図
‒ 周辺との調和を高める方法として、東西南北に抜けられる貫通通路がつくられた。東西方向の貫通通路は道路付け換えの条件として整備したと同時に、「丸ノ内ビルヂング」の十字通路の考え方を各街区の再編にも持ち込んだと思われる。このことにより、ビルの界隈性と共に、建物内部からの出入りが可能になり1階テナントの経済性も高められている。

❷ 東立面図
‒ 2層目までを基壇部とし、3層以降は横連窓としたファサードは、今後の周辺との調和と品位ある風格を目指した1959（昭和34）年に策定された「丸ノ内総合改造計画」のフラッグシップとして計画された。

❸ 矩計図（1）
‒ 保守管理に便利のよいものというコンセプトの下、出入りの少ない形状や汚れにくいタイル仕上げ、機能的な引き違いサッシなどによりファサードが構成されている。開口を大きくして外光を採り入れやすいよう、この頃から建物外周には逆梁が用いられている。

³⁹ 富士ビルヂング　　³⁹ Fuji Building

- 鷲巣昌、岩間、杉山
- 1962(昭和37)年竣工
- 鉄骨鉄筋コンクリート造・ラーメン構造
- 地上12階、地下4階、塔屋2階建て

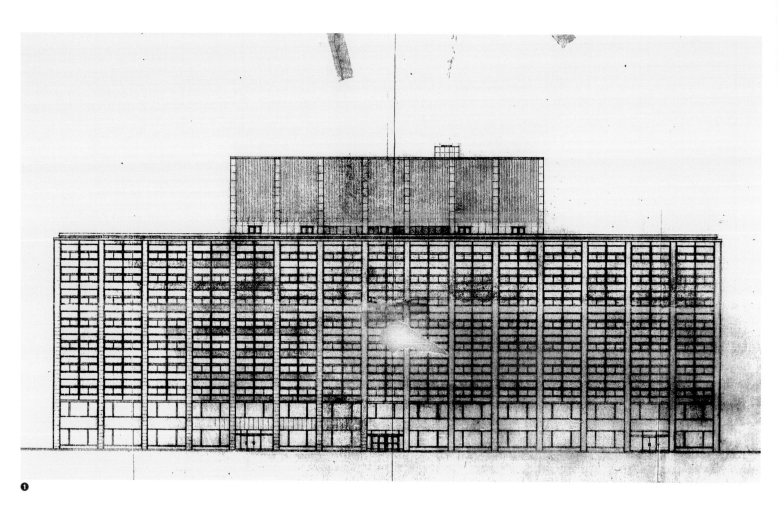

❶

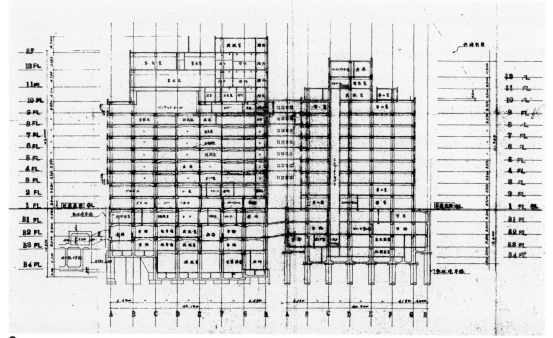

❷

❶　東側立面図(1)

- 縮尺=1/200｜73%
- 1961(昭和36)年8月1日
- 31mの絶対高さ規制の下計画され、仲通りの現在の街並みを形づくった。外装には製鉄会社にふさわしくステンレススチールを用いて、陽光を反射して七色に変化すると当時話題となっていた。

❷　断面図

- 縮尺=1/200｜56%
- 1971(昭和46)年4月30日
- 「東京會舘」を含めた断面図。地下および空中通路や日比谷通り地下の地下鉄コンコースとの接続といった歩行者ネットワークが計画されている。

● 「富士ビルヂング」は「第13号館」と同別館、「第15・17号館」をまとめて建て替えた計画である。主要テナントは八幡製鐵と合併する前の富士製鐵と早い時期から決まり、ビル名称も着工後すぐに「富士製鐵ビルヂング」と決定された。この「富士製鐵ビルヂング」の着工は「千代田ビルヂング」より遅いものの、竣工時期は「千代田ビルヂング」全館完成よりも早かったため、「丸ノ内総合改造計画」の中では最初に新しい姿を現したビルとなった。なお、「富士製鐵ビルヂング」は1970（昭和45）年に富士製鐵と八幡製鐵が合併

し、新日鐵ビルに移転したため、同年に「富士ビルヂング」と改称した。また、1975（昭和45）年6月には隣接の「東京會舘」の改築に合わせて増築工事に着手している。「富士ビルヂング」の特徴は今の大丸有地区の街づくりにも繋がる周辺ビルとのネットワークづくりにある。隣接する「東京商工会議所」、「東京會舘」、また「東京會舘」を介して道路を挟んだ「国際ビルヂング」と駐車場ネットワークや歩行者ネットワークといった周辺ビルとの繋がりが形成されている。

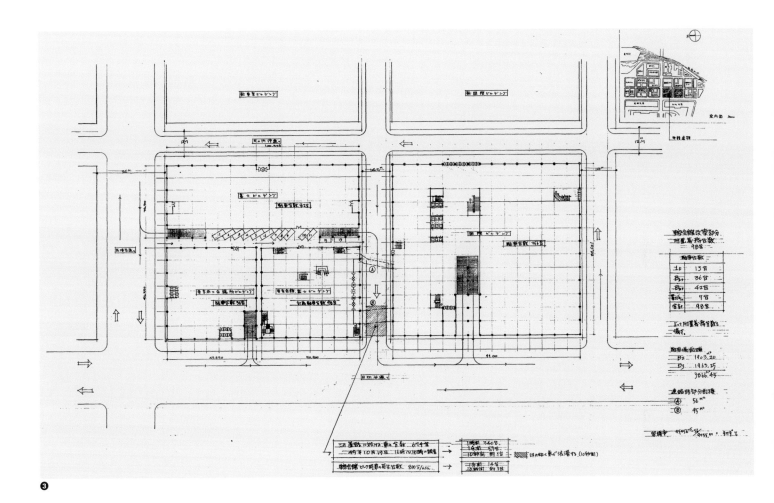

❸

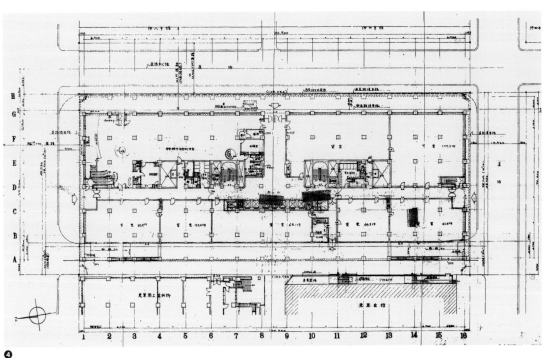

❹

❸ **東京会館・富士ビル・国際ビル・東商ビル 駐車場平面図 1階**

- 縮尺=1/500｜52%
- 1970（昭和45）年10月20日
- 駐車場ネットワークの平面図。交通量の計算がされており、渋滞する部分などが示されている。

❹ **1階平面図**

- 縮尺=1/200｜42%
- 1961（昭和36）年3月3日
- 仲通り側の中心にエントランスを設けた計画で、正面のエレベータホールには7台のエレベータが横並びで配されている。

- 鷲巣昌、岩間、杉山、梶谷
- 1962(昭和37)年竣工
- 鉄骨鉄筋コンクリート造・ラーメン構造
- 地上14階、地下4階建て

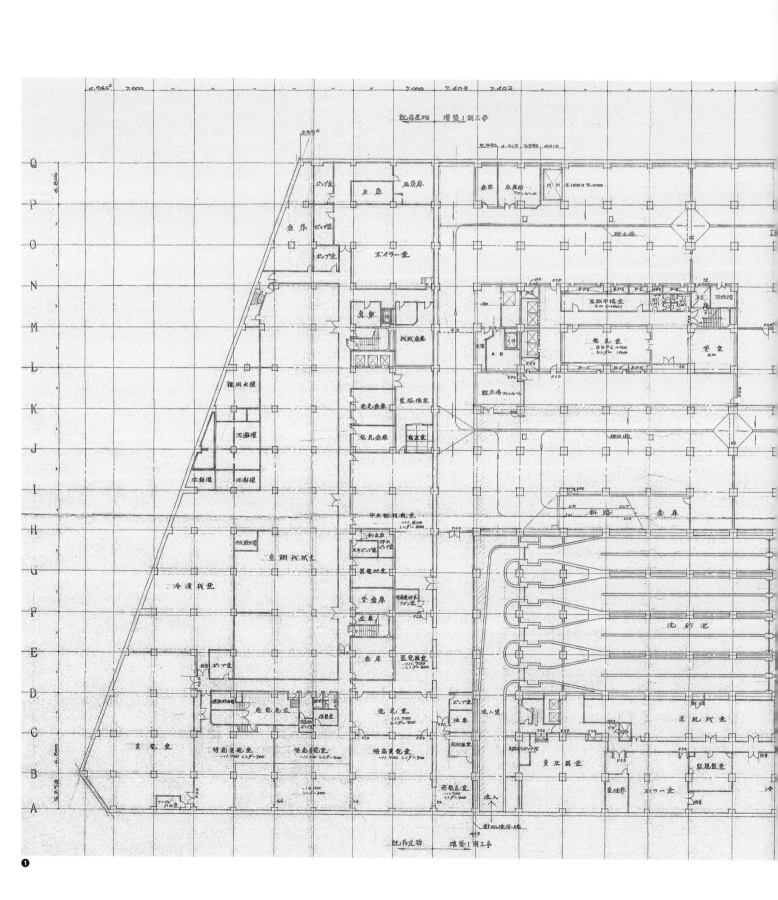

❶

● 本敷地には東京都の銭瓶町ポンプ所があり、現在の千代田区、中央区、文京区一帯の汚水を一次処理し芝浦の下水処理場へと送っていた。また、木造の下水道局事務所などが建ち並び首都の玄関としてふさわしくない状況であったことから、「日本ビルヂング」は「丸ノ内総合改造計画」と並行して進められた大規模都市再開発の草分け的存在とされた一大プロジェクトである。1964（昭和39）年の東京オリンピックを控え、都心の首都高速道路の整備などの交通機能の拡充や上下水道等のインフラストラクチャーの整備、能力増強の必要性があり、東京都を含めた事業化が進められた。この再開発は、「ポンプ所の建物屋上の使用に関する契約」により、余剰容積を空中権として賃貸した上で、防災建築街区造成法に基づき、防災建築街区の指定を受け、組合を設立して行われた当時としては画期的な計画であった。さらに、当時、建築基準法改正で容積制度が導入されたのを受け、特定街区を活用し、割り増し容積を190％とし、「霞が関ビルディング」と築地の「電通ビル」と同時に指定を受けた都内における適用第1号となった。工事は3期に分けて実施され、ポンプ場部分は2期工事として実施された。

---

❶　**B3階平面図**

- 縮尺=1/300｜48%
- 1966（昭和41）年6月3日
- ポンプ所の沈砂池のある平面図である。図面下側に流入口が見て取れる。また、ポンプ所の図面上左側が1期工事、右上が第1期増築工事部分である。構造的にそれぞれを分離するのではなく、一体的に構築していることが分かる。

---

❷　**断面図（12〜13通間）**

- 縮尺=1/200｜34%
- 1964（昭和39）年6月26日
- ポンプ所を含む断面図である。駐車場階の2倍の階高を有する沈砂池を設けていることが分かる。図面は、2期工事の図面と一緒に保存されていることから、当該部分は、2期工事にて実施されたと考えられる。

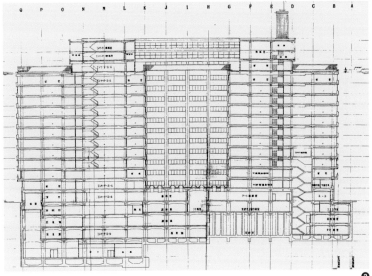

❷

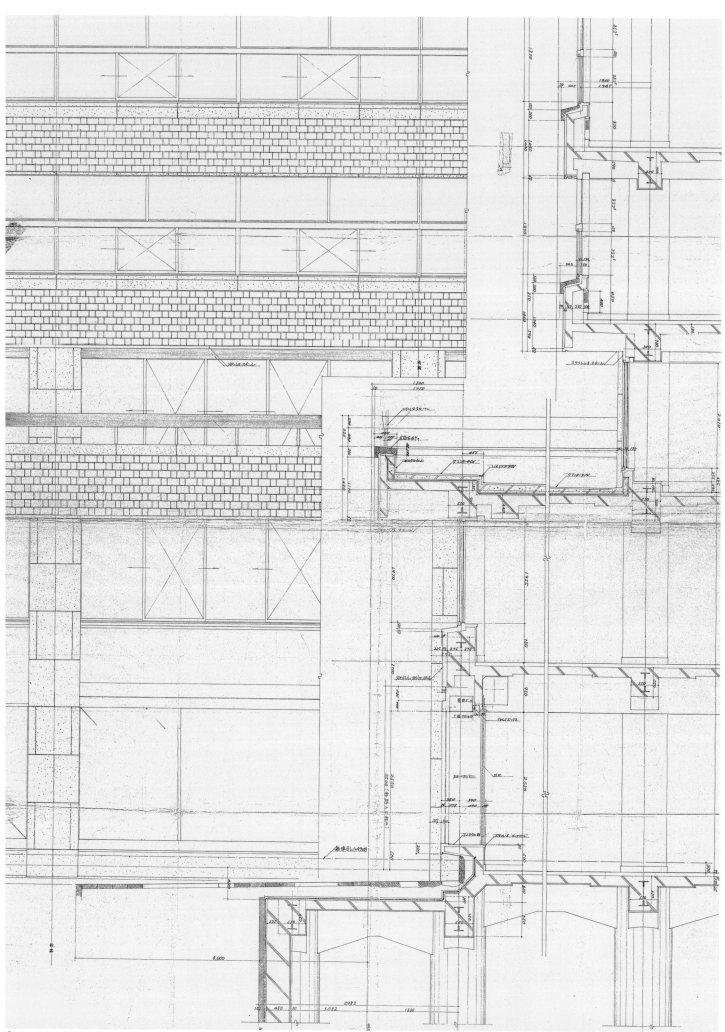

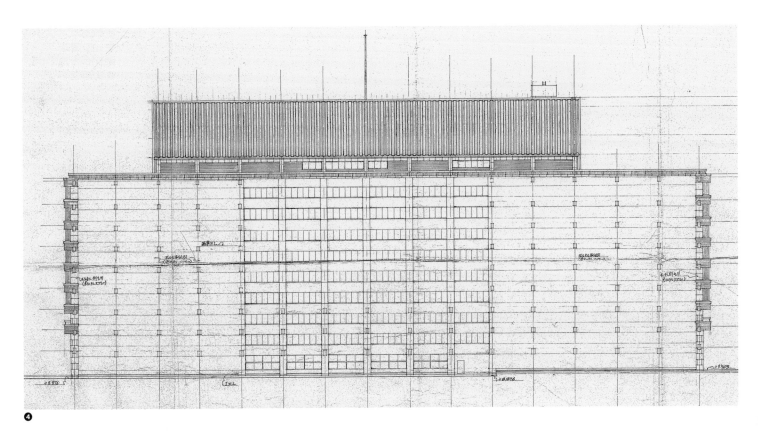

❹

❺

❸ 北側(C-K)間矩計	❹ 南側立面図	❺ 塔屋ベンチ現寸図
− 縮尺=記載なし｜28%	− 縮尺=1/200｜34%	− 縮尺=1/2｜21%
− 記載なし	− 1961(昭和36)年9月22日	− 1961(昭和36)年12月6日
− 「大手町ビルヂング」と同様の横連窓のファサード。「日本ビルヂング」では、柱を内側に配置し、柱によって横連窓が途切れないファサード構成となっている。また、外装にはタイルを施し、水切り部には石を配している。	− 第1期工事完了後の南側立面図である。中央の第2期工事で光庭となる部分を除き、両側は接続される部分となるため、梁型現しの立面となっている。中央部のファサードは、横連窓形式のファサードを持つ外周部と違い柱と梁を見せたデザインとなっている。	− 腰掛部分に人造石研ぎ出し仕上げとしたベンチを、防水押え部の形状を変えることで屋上に設けている。当時建築された「ビルヂング」に共通した要素であるが、屋上を活用していたことが窺える。また、腰掛の中央部を凹ませて座り心地を追求すると共に水抜きも設けている。

41 三菱電機ビルヂング　⁴¹ Mitsubishi Electric Building

- 鷲巣昌、岩間、杉山、渡辺
- 1963（昭和38）年竣工
- 鉄骨鉄筋コンクリート造・ラーメン構造
- 地上10階、地下4階、塔屋3階建て

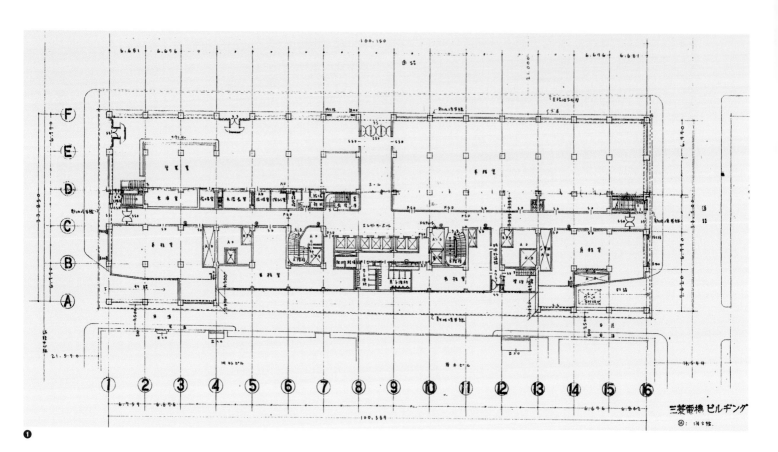

❶

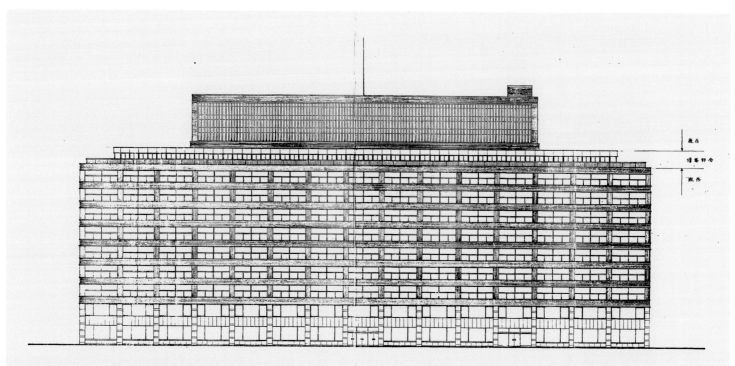

❷

● 「三菱電機ビルヂング」の建設は「富士ビルヂング」の着工から3カ月後の1960（昭和35）年12月14日に起工し、「第24号館別館」の取り壊し工事が開始された。同ビルに設置されていた養和会の剣道場や弓道場は「第22号館」の屋上に仮設した。翌年には「第24号館」と「第27号館」が取り壊され、延床面積13,403坪（約44,300m²）の新しいビルは1963（昭和38）年1月16日に竣工、入居テナントの社名を冠し「三菱電機ビルヂング」と命名された。「三菱電機ビルヂング」の2階には三菱診療所が「第26号館」から移転してき

ており、また地下には出力2万kVAもの超高圧変電所が設けられた。なお「第27号館」を取り壊す前に、同ビルを使った火災実験が行われている。当時、ビル火災についてはまだ知られていないことが多かったため、1961（昭和36）年6月、東京消防庁の指導の下に空き家になった「第27号館」で実際に火を放ち、ビルにおける火災発生の状況を詳しく観察したのである。三菱地所にとっても消火、避難救助などの研究と対策に大きな成果を上げることができた。

❶　1階平面図
- 　縮尺=1/200｜62%
- 　記載なし
- 　「丸ノ内ビルヂング」の特徴である十字のアーケードを踏襲し、東西南北それぞれに出入口を設けている。主たる出入口は東側の仲通り側。また、建物形状が細長いため、駐車場は北入りの南出の一方通行とした仲通りに沿った中廊下形式の平面で、仲通り側の中央にエントランスホールが設けられた。

❷　東側立面図
- 　縮尺=1/200｜62%
- 　1970（昭和45）年8月15日
- 　1〜2階に基壇部をつくり、3階以上は横連窓としている。塔屋の回りに10階が増築された。なお、仲通りを挟んで向かい側の「三菱重工ビルヂング」も10階が増築されている。

❸　B2階コア廻り詳細図
- 　縮尺=1/50｜34%
- 　1961（昭和36）年11月11日
- 　「丸ノ内ビルヂング」のデザインを踏襲し、執務室の出入口や廊下のコーナー部、階段の踊り場に平面的なアール形状を用いている。特にR=1,000mmという大きな曲率を採用している。

❹　矩計図
- 　縮尺=1/20｜52%
- 　1961（昭和36）年5月29日
- 　水平方向に長いファサードを強調するため、スパンドレル部には4丁掛タイルとステンレススチールが用いられた。同様に、開口部にも横長の嵌め殺し窓と太めのステンレス丸棒が採用された。

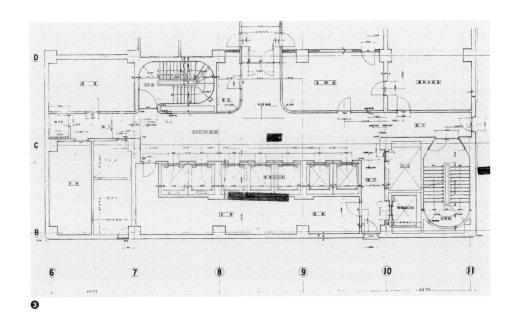

❸

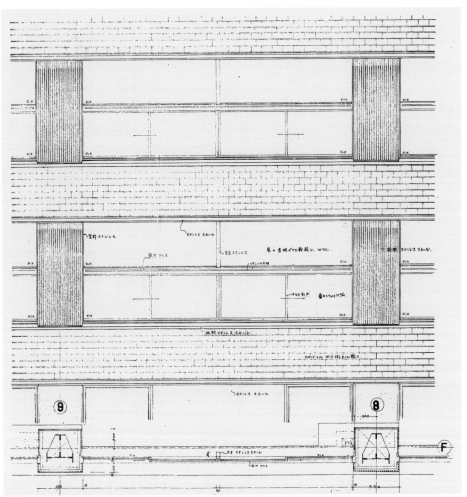

❹

⁴² 新東京ビルヂング ⁴² Shin-Tokyo Building

- 鷲巣昌、岩間、杉山、渡辺
- 1963(昭和38)年竣工
- 鉄骨鉄筋コンクリート造・ラーメン構造
- 地上9階、地下4階建て

● 「新東京ビルヂング」は、「第3号館」、「第14・16号館」および「第12号館」を取り壊し、その跡に第1期工事として延床面積約21,000坪(約69,400m²)を建設、引き続き「第21号館」を取り壊してその跡に第2期工事として延床面積約11,000坪(約36,400m²)が建築された。これにより丸の内ビジネスセンターに、北の延床面積約33,000坪(約109,000m²)の「大手町ビルヂング」と並び、大規模なオフィスビルが登場した。この時期は、「国際ビルヂング」、「新有楽町ビルヂング」、「有楽町ビルヂング」、「日本ビルヂング」、「東京交通会館ビルヂング」が建築中であった。設計者である杉山雅則は、1941(昭和16)年までアントニン・レーモンドに師事し、戦時中にアントニン・レーモンドが帰国するに伴い、三菱地所の初代会長を務めた赤星陸治の自邸である「赤星邸」を担当したことから、1942(昭和17)年に三菱地所へ入社し、「丸ノ内総合改造計画」を担当した。杉山が勤務していた頃のアントニン・レーモンド事務所には、日本のモダニズムを牽引した吉村順三やル・コルビュジエに師事した前川國男も入所しており、その影響を受けていると考えられ、「新東京ビルヂング」には、モダニズム建築特有の白い外壁(セラストン)、横連想、ピロティを思わせる1、2階の黒御影の柱型のデザイン、屋上利用が盛り込まれ、1階は人びとが自由に出入りできるピロティを思わせるプラン構成となっている。エントランスホールのデザインにも杉山によるモダニズムの考え方が反映されている。

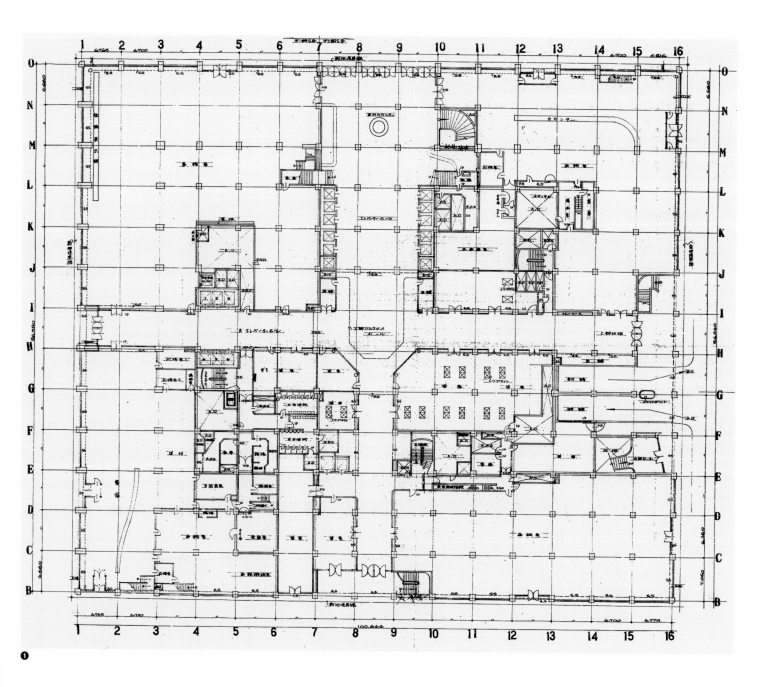

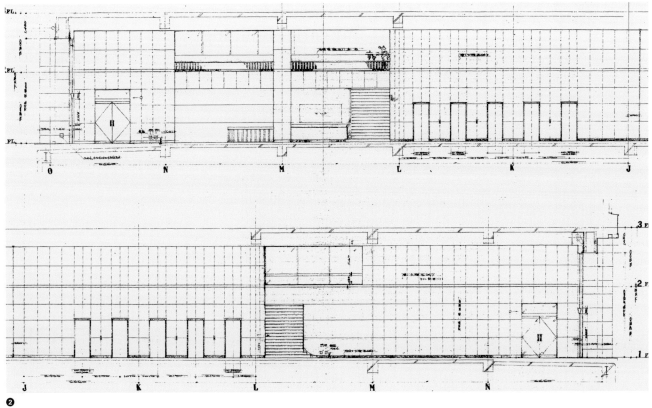

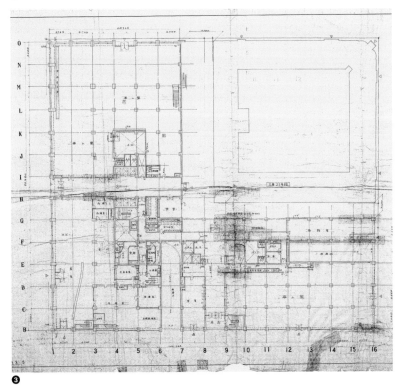

❸

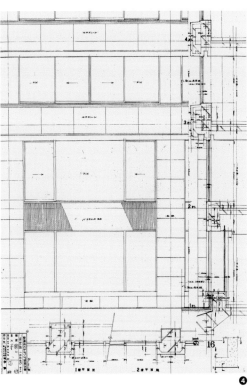

❹

❶ 1階平面図	❷ 1階東側玄関(正面)廻り展開図	❸ 1階平面図	❹ 矩計図
− 縮尺=1/200 | 66%	− 縮尺=1/50 | 47%	− 縮尺=1/200 | 18%	− 縮尺=1/20 | 27%
− 1965(昭和40)年5月10日	− 1962(昭和37)年2月	− 1962(昭和37)年6月27日	− 1964(昭和39)年2月8日
− 第2期工事後の図面であり、エレベータホールに10台のエレベータを配置している。また、建物中央部に設けた光庭から光を採り入れるべく貸し室内部にトップライトが配置されていたことが分かる。なお、光庭が庭園的に設えられたことが分かる図面も残されている。	− 図面には、「大理石(外)タイル割り図による」と表記がなされている。現状の壁面には、大理石の模様を左右対象に合わせるブックマッチで貼りながらも、モザイクタイルが施された壁面となっている。具体的なデザインを示す図面は残されていないが、当初より、大理石とタイルにより壁面を構成しようとしていた意図が窺える。	− 図面右上の「第21号館」を残し、L字型に新築工事を実施したことが分かる。第2期後に完成する東側のメインエントランスホールはまだなく、仲通りおよび馬場先通りに面した出入口が設けられ、馬場先通り側に6台のエレベータが設置されている。	− 梁の外側をふかした横連窓形式である。当時は、31mの絶対高さ制限のある時代であり、逆梁とすることで、窓回りに下がり壁のない開放的な執務室を目指すと同時に、横連窓の奥行の深い窓回りと腰壁高さを薄く見せることを意図したとも考えられる。外壁は、セラストンという砂粒状陶磁器を乾式工法により取り付けている。

43 三菱重工ビルヂング 43 Mitsubishi Heavy Industries Building

- 鷲巣昌、岩間、鑪
- 1964（昭和39）年竣工
- 鉄骨鉄筋コンクリート造・ラーメン構造
- 地上9階、地下3階建て

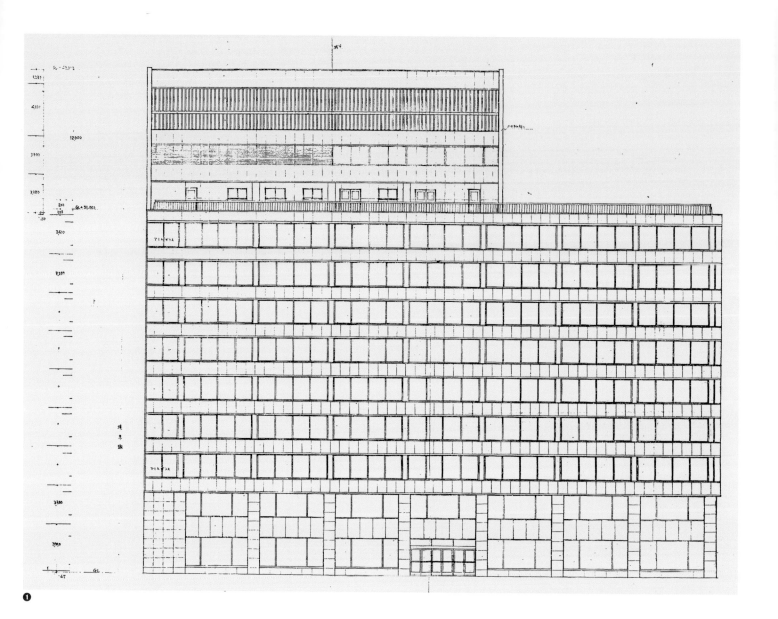

❶

● 元もとこの敷地に建つ「第25・26号館」は、1962（昭和37）年9月に解体・建て替えが決定したが、政府の建築抑制策により、新ビルの着工時期は未定となっていた。その後建築抑制策が解除され、「第22号館」の別館として1963（昭和38）年2月に建設に着手、1964（昭和39）年8月に地上9階、地下4階建て、延床面積23,128m²の規模で竣工した。

1971（昭和46）年9月より、隣接する「第22号館」の建て替えに合わせて、「新三菱重工業ビル」跡地に「三菱重工ビルヂング」の増築工事が行われた。これにより延床面積は45,985m²となり、第1期部分の約2倍の規模となった。「第22号館」跡に新築された「三菱ビルヂング」とは、低層部で接続している。

「三菱重エビルヂング」、「新三菱重工業ビル」と「第22号館」との間には道路があったが現在は廃道され、建物の構えは違うにせよ、東京駅前の100m角街区としての存在をなしている。

❶ **西立面図**
- 縮尺=1/100｜61%
- 1964（昭和39）年1月20日
- 仲通り側にあたる西側立面図。1～2階の基壇部は縦ラインを基調とした黒御影石が用いられ、3階より上層はアルミ材とサッシの横連想となっている。中層から高層部のサッシは均等の4枚割となっているが、低層部のサッシは不均等の3枚割で仲通りに対して「新東京ビルヂング」と同様にダイナミックな表情をつくっている。

❷ **1階平面図**
- 縮尺=1/200｜57%
- 1963（昭和38）年1月14日
- 隣接する「第22号館」と「新三菱重エビル」は中庭を囲む平面形状であるのに対して、「三菱重工ビルヂング」は仲通り側に空地を確保している。仲通りから「第22号館」へ連絡できる建物内貫通通路も設けられている。

❸ **グリーンベルト詳細図**
- 縮尺=1/10｜47%
- 1964（昭和39）年5月30日
- 仲通りケヤキ並木道の原型とも言われるグリーンベルトの詳細図。敷地境界から外側に1.4m幅の植栽帯が計画された。

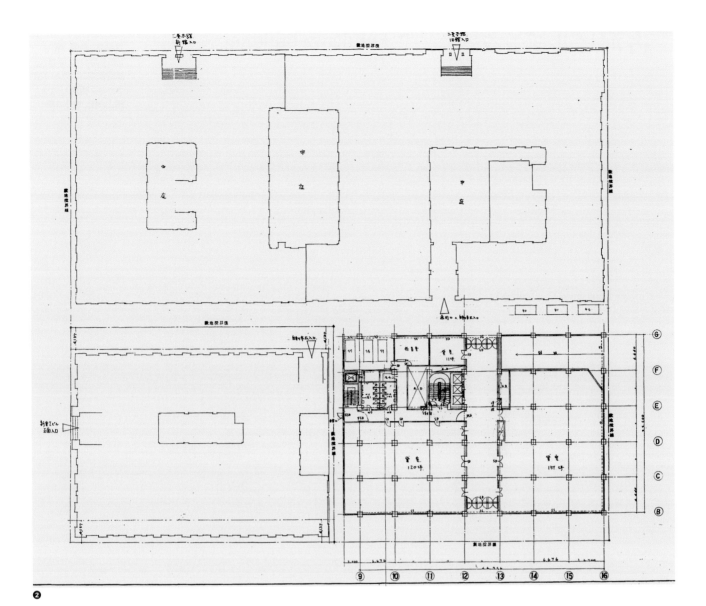

❷

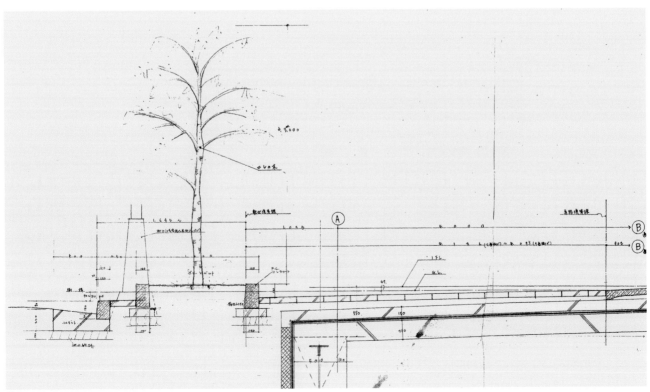

❸

古河ビルヂング   Furukawa Building

― 鷲巣昌、岩間、鑪
― 1965（昭和40）年竣工
― 鉄骨鉄筋コンクリート造・
  ラーメン構造
― 地上9階、地下4階

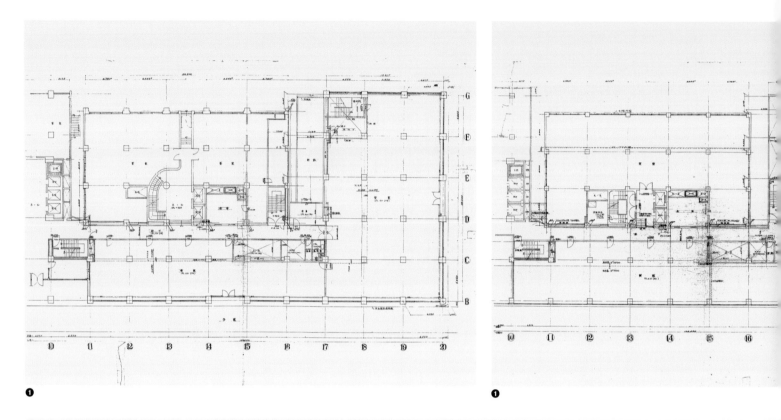

❶　　　　　　　　　　　　❶

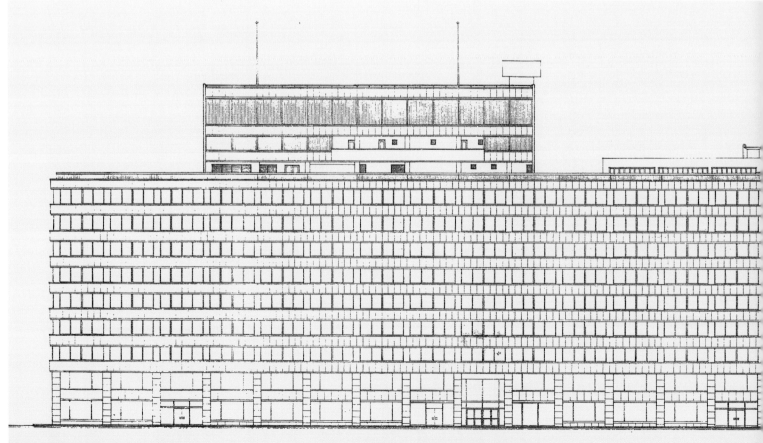

❷

● 「古河ビルヂング」は、「第4・7号館」、「第8・10号館・第23号館（中央亭）・仲12号館6号」を第1期（1965［昭和40］年竣工）・第2期（1966［昭和41］年竣工）に分けて建て替え、最終的に「第1号館」を建て替えた「三菱商事ビル」と接続されて、「八重洲ビルヂング」を除く4分の3街区がひとつの建物となった。設計を担当したのは鱸恒治である。

工事中に東京オリンピック（1964［昭和39］年）が開催され大幅な交通規制が予想されたため、資材搬入等に遅れが生じないよう施工のピッチを早めたと言われている。

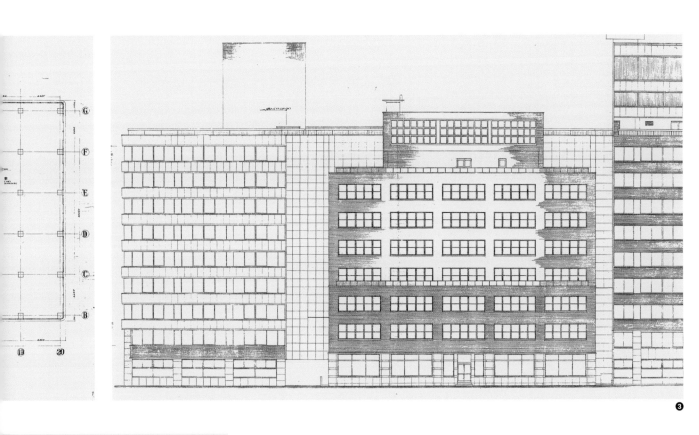

❸

❶　1階平面図（左）、
**　　基準階平面図（右）**

- 縮尺=1/100｜32.5%
- 1965（昭和40）年1月7日
- 「古河ビルヂング」第2期の1階と基準階平面図。「第4・7号館（仲10号館）別館」増築部分を取り込むように計画されていることが分かる。「第4・7号館（仲10号館）別館」増築部分の避難階段とエレベータを残しているため、新設の廊下との間にレベル解消の階段がある。

❷　西側立面図

- 縮尺=1/100｜83%
- 1965（昭和40）年6月30日
- 外観は横連窓が採用されているが、「新東京ビルヂング」と馬場先通りを挟んで対面するため、かつて一丁倫敦を形成した街並みを意識し、「新東京ビルヂング」との調和を図ったとも考えられる。一方、東立面図（裏側）を見ると中央に別のビルが挟まっているが、これは「第4・7号館別館」増築部分で、さすがに完成したばかりでは壊せず、取り込むかたちで計画された。

❸　東側立面図

- 縮尺=1/100｜42%
- 1964（昭和39）年1月20日
- 第1期と第2期との境界を感じさせない増築が行われた。街区と同じ大きさの建物に見せようとした執念を感じる。

45 新国際ビルヂング 45 Shin-Kokusai Building

- 鷲巣昌、岩間、杉山、梶谷、鱸
- 1965（昭和40）年竣工
- 鉄骨鉄筋コンクリート造・ラーメン構造
- 地上9階、地下4階、塔屋3階建て

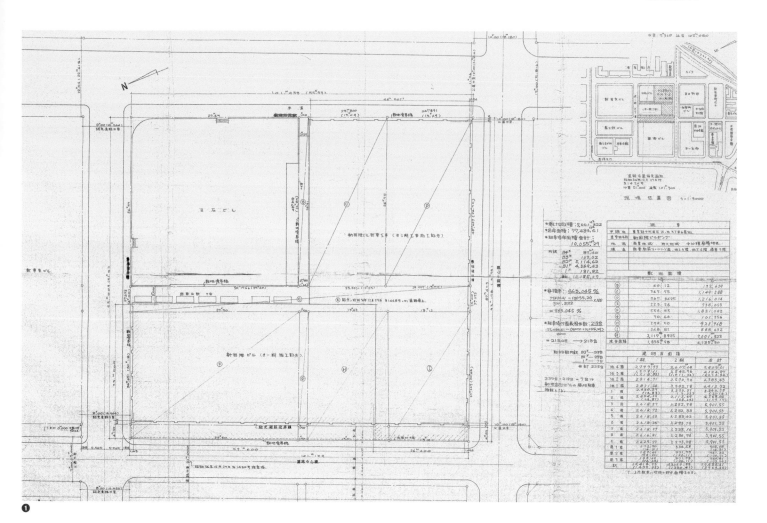

❶

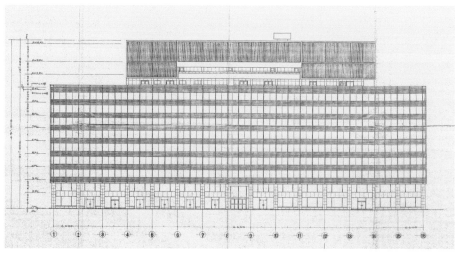

❷

● 「仲2号館」、「第18・20号館」跡地部分に「第三東京ビルヂング」として第1期工事が進められ1965（昭和40）年9月に竣工した。第1期工事が行われている最中、同年3月に隣接する「仲2号館別館」、「生命保険会館」の解体工事が並行して行われ、同年5月には第2期が新築着工、1967（昭和42）年3月に竣工した。第2期竣工時には、1966（昭和41）年に竣工していた「国際ビルヂング」の名称に配慮し、「新国際ビルヂング」として竣工を迎えている。この時代の計画の特徴として、先に工事を始められる部分は工事着手を行い、後に隣接地を第1期工事と同様の外装で増築、一体のビルとする手法が取られている。「新国際ビルヂング」では、「日石ビル」を残した街区で最終的には平面形状がL型の建物として建設された。地下に周辺の各ビルにも冷暖房蒸気を供給する地域冷暖房システムのプラントが設けられ、これは三菱地所初の集中冷暖房システムであるが、各ビルへの供給は建物竣工から8年後の1974（昭和49）年から開始されている。

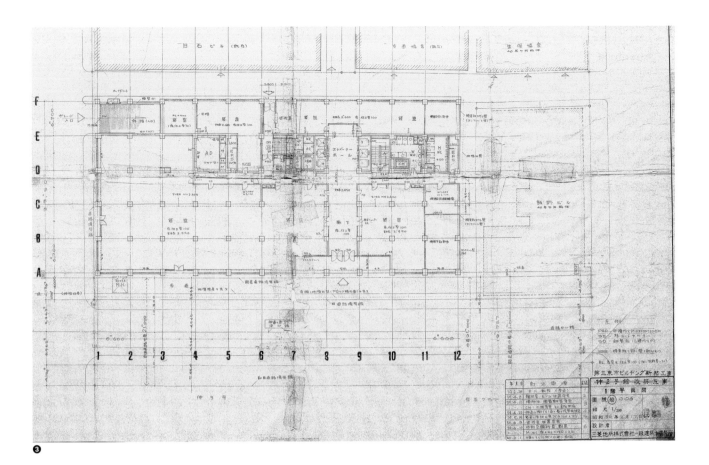

❸

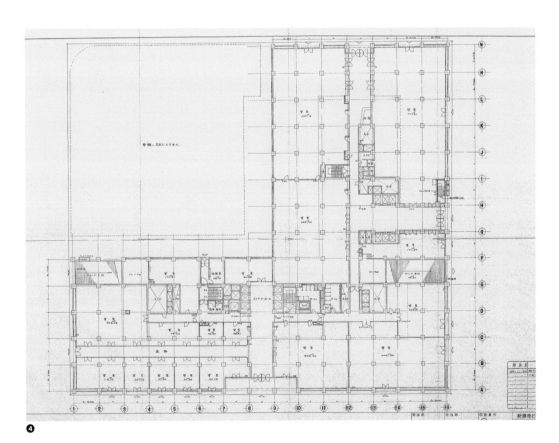

❹

❶ 配置図及案内図	❷ 西面立面図	❸ 1階平面図	❹ 1階平面図
– 縮尺=1/300｜28%	– 縮尺=1/200｜21%	– 縮尺=1/200｜27.5%	– 縮尺=1/200｜21%
– 1966（昭和41）年12月9日	– 1966（昭和41）年1月21日	– 1964（昭和39）年2月17日	– 1967（昭和42）年4月27日
– 配置図および案内図に第1期と第2期の配置が示されている。東仲通り部分については1961（昭和36）年に道路廃止がされる旨が記載されており、「丸ノ内総合改造計画」に基づいた計画が進められている。	– 仲通り側の立面図。図面には第1期と第2期の範囲が示されている。段階的に建設が行われているが、最終的に一体的な建物となるよう、第2期の外装は第1期と寸分違わぬ外装となっている。	– 図面名称に「仲2号館改築工事」の記載の上に取り消し線で「第三東京ビル新築工事」の記載がある。第2期建設後には現名称の「新国際ビルヂング」となるが、旧名称が記載されている図面となっている。	– 第1期の平面図と見比べると第2期竣工と合わせて改修された部分が分かる。第1期の北西部の貸し室を見ると、第1期にはなかった南北の通り抜け通路が設けられる改修が行われていた。

⁴⁶ 国際ビルヂング　　　⁴⁶ Kokusai Building

- 鷲巣昌、岩間、鑪
- 1966(昭和41)年竣工
- 鉄骨鉄筋コンクリート造・ラーメン構造
- 地上9階、地下6階、塔屋3階建て

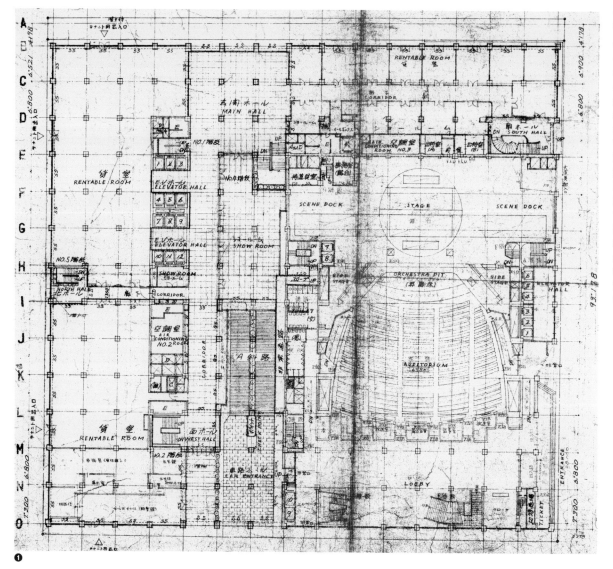

❶ **1階平面図**

- 縮尺=1/300 | 42%
- 記載なし
- 「帝国劇場」は、日比谷通りに面して街区の中央に立地していたが、建て替え後は、大空間の劇場が南西角地に配置され、事務所は仲通りと北側および西側に面して計画された。平面的には、大空間の劇場空間とオフィス空間を分離することで合理的な構成を意図したと考えられるが、断面的には、劇場の上部にもオフィスを配置していることから、合理性の追求だけではない意図があったと考えられ、劇場部分だけの外観を他と違えた計画図も残されていることから、街路に対して2面を面する配置へのこだわりがあったのではないかと考えられる。

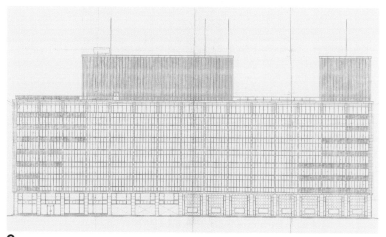

❷

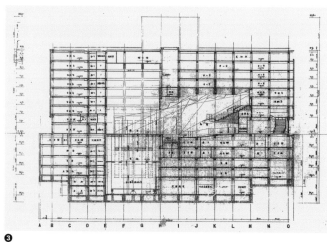

❸

●　「国際ビルヂング」は、「帝国劇場」と「日本倶楽部*」、「第19号館」の3つの建築をひとつにまとめて街区単位で建設された。また、「出光美術館」も入り、劇場に加え丸の内にアートの息吹も吹き込んだとされた。設計は、オフィス部分を三菱地所、劇場部分を阿部事務所、外観と劇場の内装を、当時東京工業大学の教授だった谷口吉郎が担当した。竣工パンフレットには、「……不要の私道の廃止等街区を整備し、中央部を南北に貫通する幅員13mの丸ノ内仲通りを21m拡幅

しました」と記載され、さらに「この度丸ノ内美化協会を設立し、植樹を進め、花壇を設け、給水自動車にて散水、給水を行い、街路灯を新設する等の美化、衛生、清掃をはかっております」とされ、仲通りの整備と美化も進められていたことが分かる。

*日本倶楽部：1898（明治31）年に設立された旧内務省出身者の親睦団体の倶楽部建築

❷　**西側立面図**

- 縮尺=1/100｜10%
- 記載なし
- 皇居側の立面図。コーナー部分の黒御影石の仕上げを、そのまま上部へパラペットまで回している。コーナー部分はアール形状ではなく、それぞれの立面が突き付け合う隙間として処理されている。上階の窓にはステンレスサッシ、熱線吸収ガラスを採用している。スパンドレル部には、ボーダータイルとステンレスリブ（2層1本）が設けられ、サッシを隠した納まりとなっている。

❸　**②断面図**

- 縮尺=1/200｜36%
- 1964（昭和39）年7月4日
- 大空間の劇場の上部にも事務所を配置しており、上部階の柱を客席上部の1層分の高さを用いた御神楽構造としている。また、下部にも貸店舗と駐車場を納めるため、床レベルを調整し、事務所部分との階高の調整も地下部分で行っている。

❸　**矩計図Ⓑ通①〜⑯**

- 縮尺=1/20｜60%
- 記載なし
- 柱を外壁面から下げて横連窓とし、柱位置には石のマリオンを設けている。また、低層部は柱型をファサード面に出し、2階の梁を外壁面から下げることで2層分が一体として見えるよう構成している。また、丸の内全体の街並みの統一感を意識し、黒い石柱が用いられた。

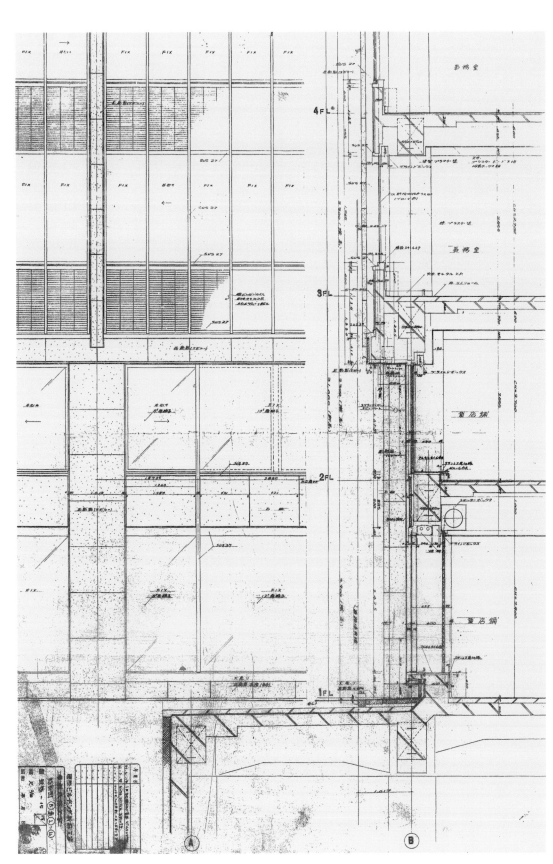

❹

- 鷲巣昌、杉山、梶谷、鱸
- 1966(昭和41)年竣工
- 鉄骨鉄筋コンクリート造・ラーメン構造
- 地上11階、地下5階、塔屋2階建て

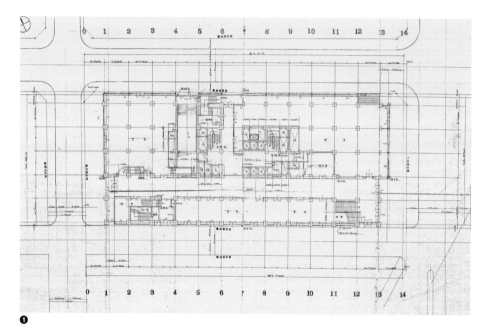

● 技師長・鷲巣昌による設計で、ビル名称は工事中には「新有楽町ビルヂング」であったが、竣工時には「有楽町ビルヂング」と変更されている。当初は従来の建築基準法に基づき地上9階建てで設計されたが、南北の前面道路幅員が狭く建物上部をセットバックしなければならないため、改正建築基準法(1963[昭和38]年)の容積率制度を取り入れた設計となった。建物低層部は白い大理石の柱とアルミニウムの自然発色の壁で縁取りし、4階以上は渋いワインレッドを基調とした四面カーテンウォールのモダンな建物である。「有楽町ビルヂング」はこれまでのオフィスビルとは異なり、地下1階から地上2階までは商業施設、2〜3階には有楽町スバル座(映画館)が入り、4階は各種医療機関が同居するメディカルセンター、屋上にはビアガーデンの用途を入れたところが大きな特徴である。

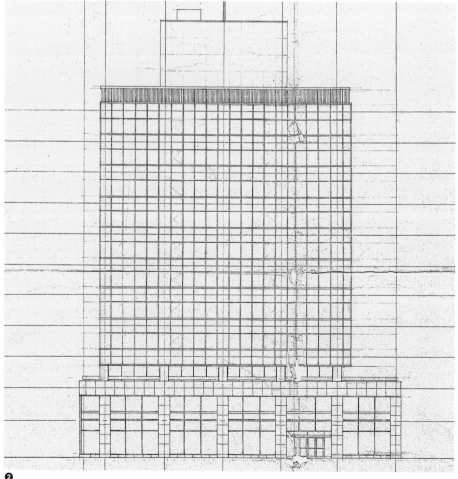

❶ **1階平面図**
- 縮尺=1/200｜19%
- 1966(昭和41)年5月
- 有楽町駅から仲通りへ続く貫通通路が設けられている。地下および地上に商業店舗が入るため、駅側からのエントランスには地下および2階へ人を引き込む階段が配されている。

❷ **東・西・立面図**
- 縮尺=1/200｜49%
- 1965(昭和40)年10月21日
- 低層部は白い大理石貼りで、高層部はカーテンウォールの外装となっている。

❸ **B通り矩計図**
- 縮尺=1/20｜31%
- 1966(昭和41)年6月15日
- アルミカーテンウォールの外装詳細図。一部が縦軸回転窓となっている。図面からは分からないが、カーテンウォールのバックボードはワインレッド色となっている。

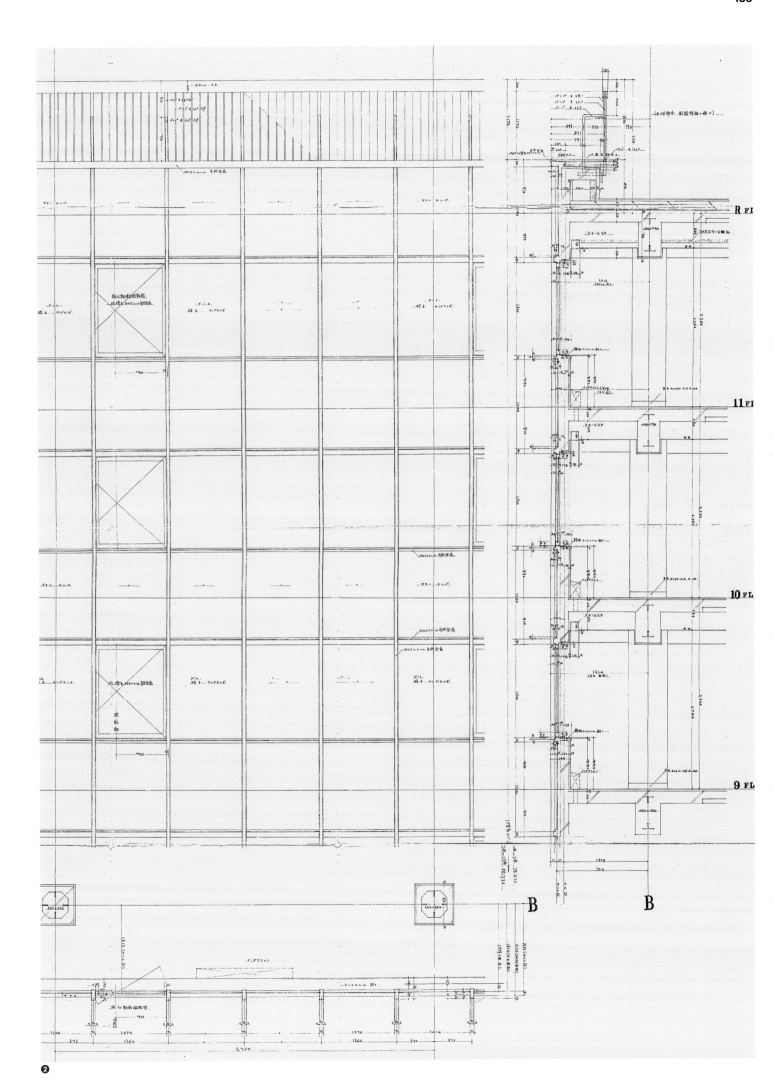

R FL

11 FL

10 FL

9 FL

B   B

- 鷲巣昌、岩間、杉山、
  鱸
- **1967(昭和42)年竣工**
- **鉄骨鉄筋コンクリート造・
  ラーメン構造**
- **地上14階、地下3階、
  塔屋2階建て**

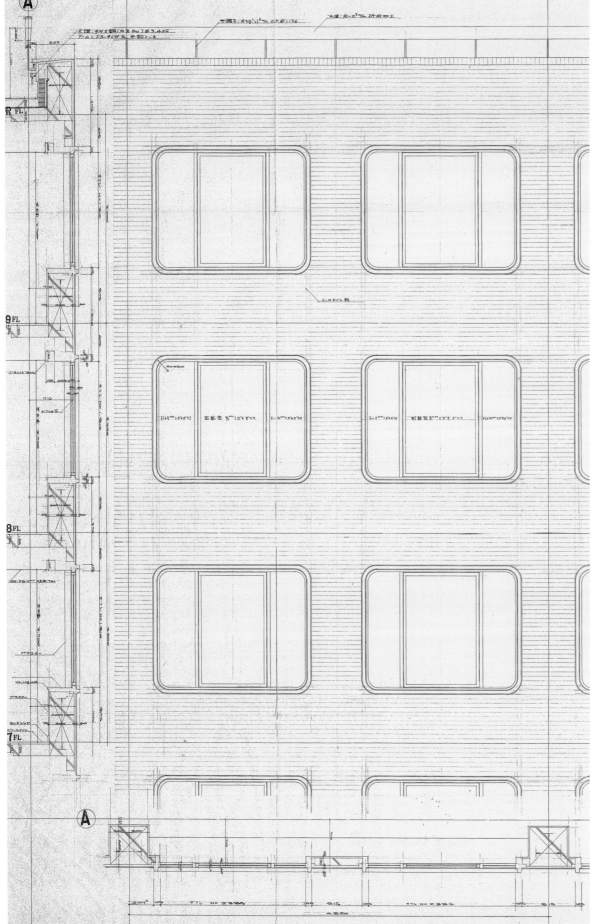

❶　**仲通り側 矩計図
　（4〜7FL）**

- 縮尺=1/20｜34%
- 1966(昭和41)年4月9日
- 「新有楽町ビルヂング」の外
装デザインは丸みを帯びた窓の形
状が特徴的で、新幹線の窓を意識
したようなデザインとなっている。
隣接する東海道新幹線の開通は
1964(昭和39)年であり、当時鉄
道関係のメーカーが建材供給を
行っていた。

❷　**②〜③間 断面図**

- 縮尺=1/200｜23%
- 1968(昭和43)年12月28日
- 「新有楽町ビルヂング」の第
1期は31m絶対高さ規制の時代に
計画されており百尺(約31m)の軒
高となっているが、第2期は絶対
高さ規制撤廃(1963[昭和38]年)
後の容積率規制に基づく計画の
ため、第1期と第2期で建物高さが
異なる計画となっている。

❸　**1階平面図**

- 縮尺=1/200｜18%
- 1968(昭和43)年5月10日
- この時代の「ビルヂング」は
「新国際ビルヂング」等をはじめ、
第1期を建設し、第1期竣工後すぐ
に第2期として増築を行う開発が
行われていた。

❹　**設備連絡管路配置図、
　断面図**

- 縮尺=平面図：1/200｜
  24%、断面図：1/10｜
  24%
- 1965(昭和40)年10月14日
- 地域冷暖房施設の連絡管
路の図面である。現在仲通り地下
で行われているエネルギー洞道の
工事はこの図面にある設備連絡管
路の付け替え工事でもあり、当時
から街全体でのエネルギーネット
ワーク構築に取り組んでいたこと
がうかがえる。

❶

● 「新有楽町ビルヂング」は第1期と第2期に分けて建設が行われており、1967（昭和42）年に第1期が竣工したすぐ後に、第2期の建設が始まり2年後の1969（昭和44）年に竣工している。計画期間中に建築基準法が改正（1963［昭和38］年）され、第1期と第2期で建物高さが異なっている。仲通りに面した第1期部分は絶対高さ規制による百尺の軒線で計画されており、この「新有楽町ビルヂング」の完成により、丸の内から有楽町までの仲通り沿いの街並みが形成された。また敷地は東海道新幹線の線路のすぐ側の立地であり、東海道新幹線の車両の窓を意識したような外装デザインが特徴的である。図面に記載されている主任技師は、第1期が鷲巣昌で、第2期が岩間旭となっている。岩間は第1期の図面にも担当者印が見えることから、岩間が第1期、第2期と通じて取りまとめを行ったと考えられる。

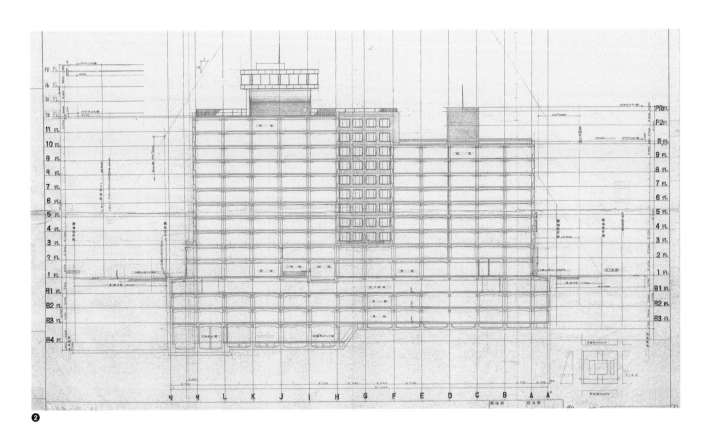

❷

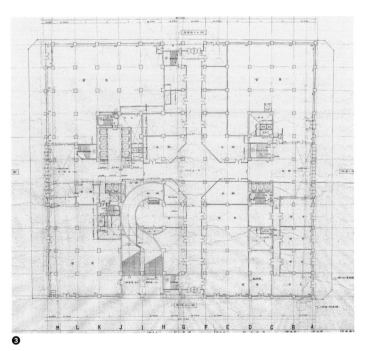

❸

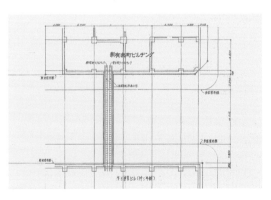

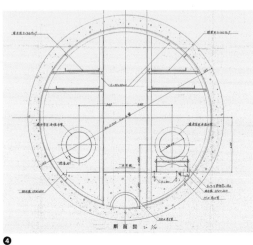

❹

タイム・ライフ ビルヂング

- 岩間旭、鱸、渡辺
- 1970（昭和45）年竣工
- 鉄骨造・ラーメン構造
- 地上15階、地下2階建て

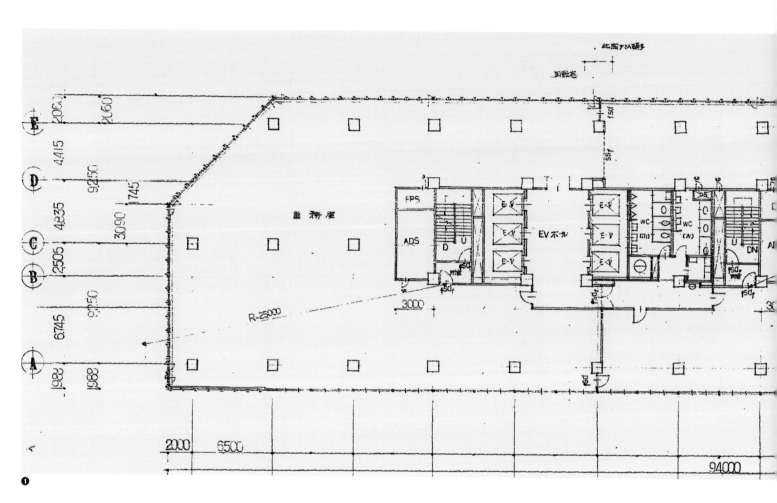

❶

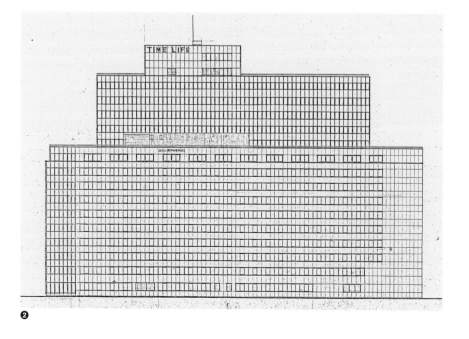

❷

❶　二階平面図

- 縮尺=1/200｜141%
- 記載なし
- 長辺が94mに対して短辺が21.5mと非常に細長いプロポーションの平面形状である。柱スパンは6.5mと一般的であるが、執務室の奥行は最大で10.2mと浅い。超高層建築の黎明期においてセンターコア形式の平面計画を実現した事例である。

❷　立面図

- 縮尺=1/200｜23%
- 1969（昭和44）年12月3日
- 戦後の丸の内では目新しい全面カーテンウォールの外壁が採用された。また道路斜線制限により、10〜15階の5層分が大きくセットバックしており、高さ方向においても敷地の制約を受けた設計がなされていることが分かる。

❸　北面矩計図（2）

- 縮尺=1/20｜27%
- 記載なし
- シンプルなマリオン式カーテンウォールである。見付け75mm、奥行150mmのグラファイトペンキ仕上げの方立てが用いられた。

● 大手町の北端、鎌倉橋のすぐ近くに、日本橋川とその上を走る首都高速道路4号線（都心環状線の一部）および「大手町電電ビル」（現 NTT 大手町ビル）に挟まれた細長い土地があった。ここは、当時東京駅の丸の内側から国鉄（現 JR）の線路、日本橋川沿いに現「丸紅ビル」裏手まで都市計画道路予定線が貫いており、利用しにくい土地であった。元もとこの地は大蔵省印刷局の敷地であったが、戦災にあった後の1965（昭和40）年初め頃には大林組の所有となっており、資材置場などに利用されていた。1968（昭和43）年、大林組よりこの土地を取得し「タイム・ライフビルヂング」計画を進めた。

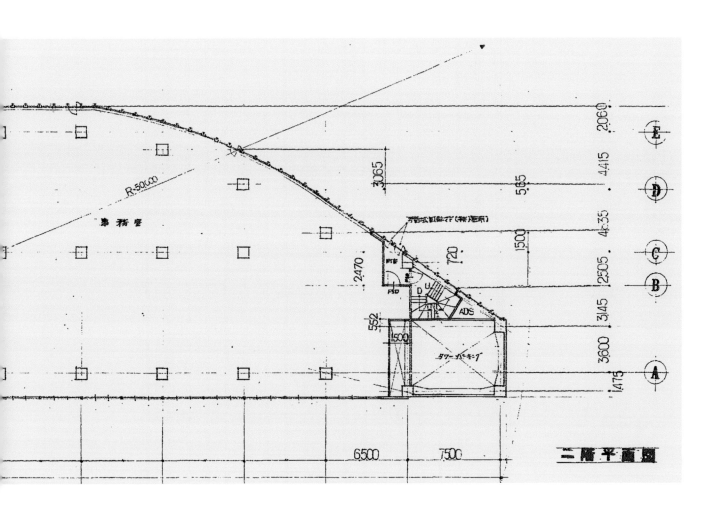

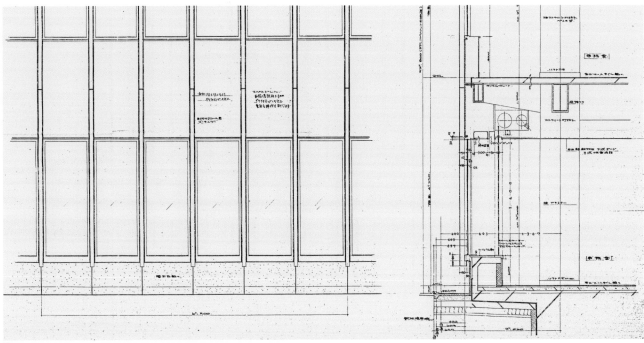

❸

⁵⁰ 新日鐵ビルヂング   ⁵⁰ Nippon Steel Building

岩間旭、鱸、梶谷
1970(昭和45)年竣工
鉄骨鉄筋コンクリート造
＋鉄骨造・ラーメン構造
地上20階、地下5階建て

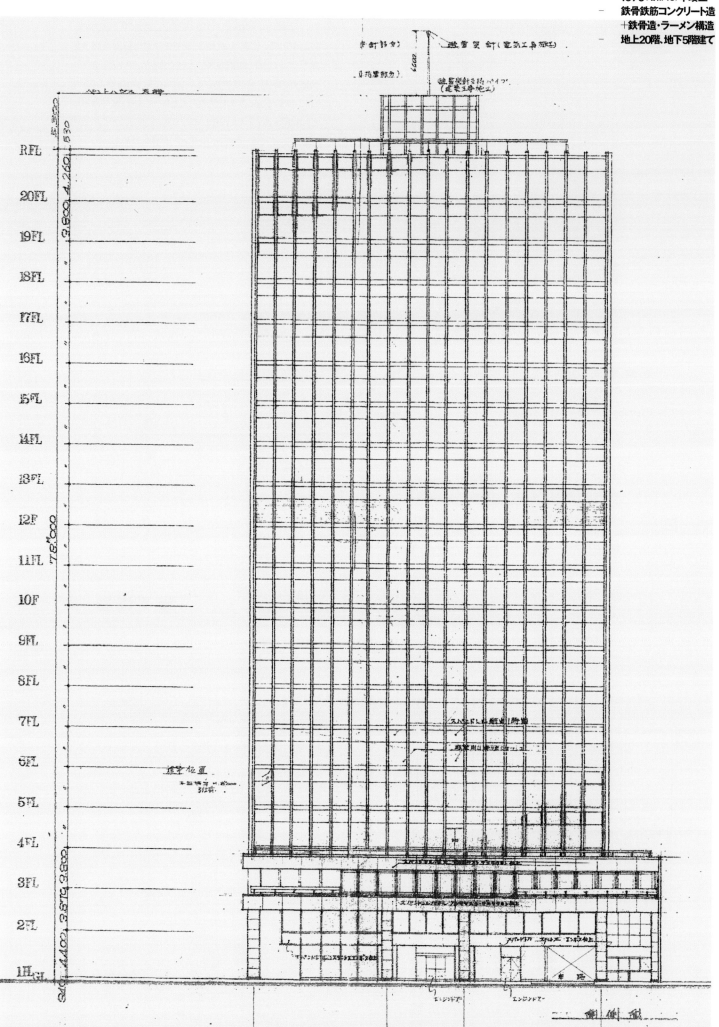

● この建物は当初は日本ビル別棟と称し、常盤橋特定街区を構成するビルのひとつで複数のテナントを想定したオフィスビルとして計画していたが、着工準備段階の1967(昭和42)年6月、八幡製鐵が本社ビルとして一括使用することになった。このため一社単独のビルとして設計を変更、1967(昭和42)年9月に着工した。計画地は特定街区の指定を受けているため、地下5階、地上20階建て、軒高78mの高層建築物として設計された。三菱地所ではこれまでに「富士銀行本店」をはじめいくつかの高層ビルの設計を手がけていたが、自社ビルとしてはこれが初めての高層建築となった。

断面の構成としては、まず歩行者用通路の地下4、5階の全部を東京電力所有の変電所が占め、新ビルの地下4、5階も変電所が半分、残り半分が機械室、電気室、倉庫となった。変電所は容最約600MVAという都心では有数の規模であった。地下2、3階はすべて駐車場で、この地区に計画されていた公共駐車場の一部を構成している。またビルの地下3階東側には隣接する大和証券ビルと共同で、営団地下鉄東西線コンコースに連絡する出入口が設置された。したがって新ビルの事務所部分は地下1階から地上20階となったのである。八幡製鐵と富士製鐵の合併は、公正取引委員会の合併停止命令が出るなど難産となったが、1969(昭和44)年10月末には公取委の同意審決書が出され決着した。これにより日本最大のマンモス企業として新日本製鐵が誕生することとなり、ビル名も「新日鐵ビルヂング」と決定したのである。「新日鐵ビルヂング」の建設にあたっては、新日本製鐵側からの要望により同社の特種鋼材を使用して仕上程度を上げたり、室内照明の明るさを一般のオフィスビルを上回る1,000lxとするなどの仕様が用いられている。

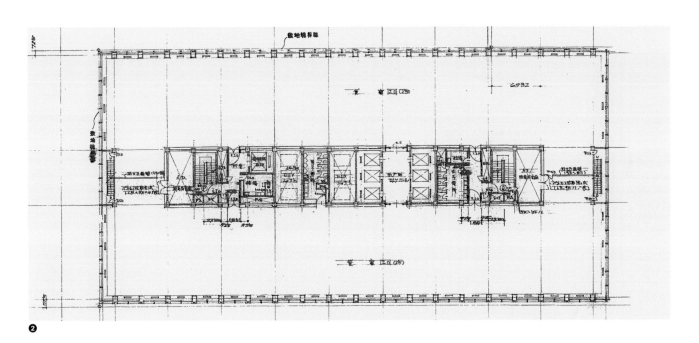

❷

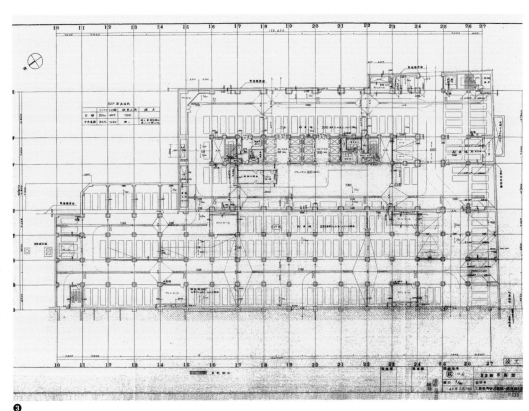

❸

❶ 南側立面図

- 縮尺=1/200 | 116%
- 1968(昭和43)年9月11日
- 「新日鐵ビルヂング」の建設にあたって、新日本製鉄の要望により同社の特種鋼材を使用したり、構造体とは別に化粧マリオン柱を付けるなど、事業主の業態を表出したデザインとしている。

❷ 5～10階平面図

- 縮尺=1/200 | 80%
- 1970(昭和45)年6月9日
- 間口68m、奥行13mの執務空間。エレベータホールから直接執務室に入ることができる平面計画から、大部屋形式での利用が想定されていたと考えられる。

❸ B2階平面図

- 縮尺=1/200 | 39%
- 1967(昭和42)年11月24日
- 地下2～3階が駐車場となっている。常盤橋街区の他のビルと一体となり、大規模な日本パーキングセンターが設けられた。

- 鱸恒治＋谷口吉郎建築設計研究所
- 1971(昭和46)年竣工
- 鉄骨鉄筋コンクリート造＋鉄筋コンクリート造（塔屋：鉄骨造)・ラーメン構造
- 地上12階、地下4階、塔屋1階建て

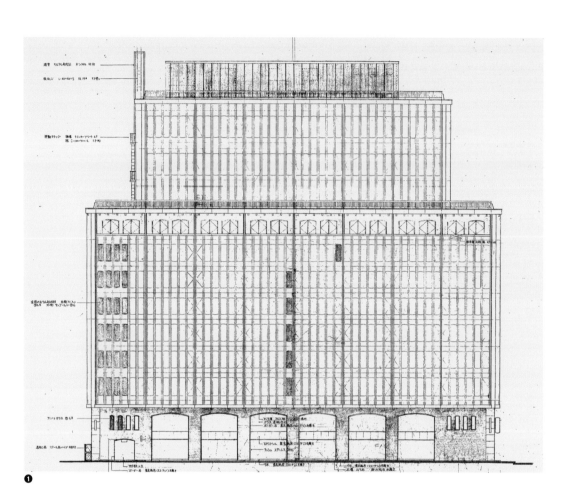

❶

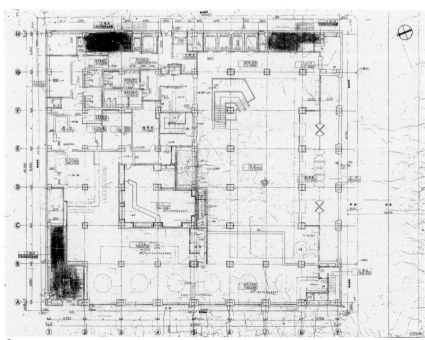

❷

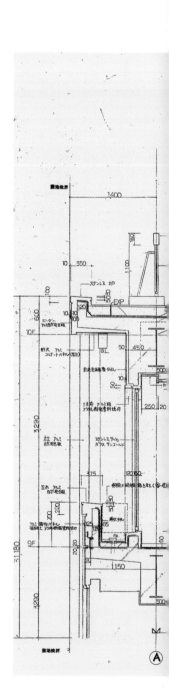

❶ 西立面図

- 縮尺=1/100 ｜ 45%
- 1971（昭和46）年3月29日
- 高層部のサッシは隣接する「国際ビルヂング」を意識した方立てのサッシ、ガラスはサンゴールドの熱線反射ガラスが用いられた。低層部の外装には朱泥タイルが配され、「旧 東京會舘」のイメージを表現している。

❷ 1階平面図

- 縮尺=1/100 ｜ 33%
- 1970（昭和45）年7月8日
- 1階のロビー部分を取り囲むように、2階部分には張り出し回廊が設けられている。ロビーの中央奥には「く」の字型の階段が配され、空間のポイントとなっている。

❸ 矩計図（9F）

- 縮尺=1/20 ｜ 72%
- 1971（昭和46）年4月28日
- 9階のバンケットホール（ローズルーム）部分の矩計図。皇居側には広い開口部が設けられ、眺望を確保している。また、壁面にはモザイクタイルの壁画パネルが施されている。

● 「東京會舘」は東京會舘と三菱地所との共同建設による横割区分所有のビルである。地上12階、地下4階建てのうち、地上3〜8階部分は隣接する「富士ビルヂング」から連絡通路で繋がった増築工事として計画され、当時は「サンドイッチ方式」と呼ばれた。設計は谷口吉郎建築設計研究所であるが、共同企業体として設計室が設置され、実施設計および監理は三菱地所が行った。「東京會舘」には、外観を特徴付ける煉瓦色のタイルやベネチアン・グラスのモザイクを大量に使った大きな壁画（猪熊弦一郎作）、レリーフ付きの金属板をホーロー仕上げした大壁画などが配され、ハンドクラフト的なデザインが随所に織り込まれた。外装の色調やデザインは、隣接する「国際ビルヂング」との調和が十分に配慮された。

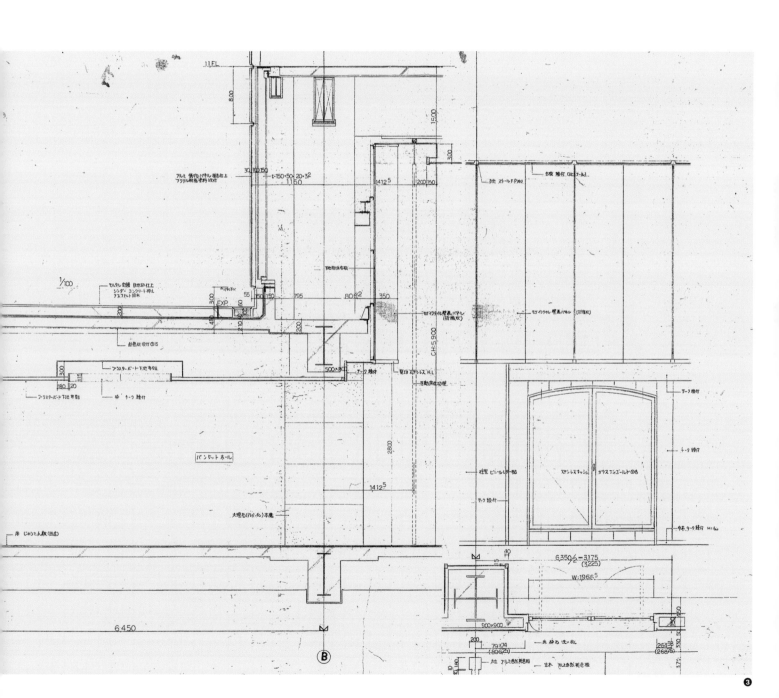

❹ 図面枠

- 谷口吉郎建築設計研究所との共同企業体として設計が行われ、図面枠も「東京会館設計室」となっており、谷口吉郎の印鑑（図面枠中央上段参照）も押印された。

三菱商事ビルヂング Mitsubishi Corporation Building

- 岩間旭、鱸、田中、中島
- 1971(昭和46)年竣工
- 鉄骨鉄筋コンクリート造・ラーメン構造
- 地上15階、地下4階建て

❶ 東側立面図

- 縮尺=1/200 | 95%
- 1968(昭和43)年12月9日
- 絶対高さ規制から容積規制へ建築基準法が改正され、斜線制限が導入されたことにより、道路幅員の広い馬場先通り側が高く建てられるようになった。一方、道路幅員の狭い仲通り側は、周囲と揃えた31mの軒高となるようにセットバック等の調整がなされている。

❷ 2階平面図

- 縮尺=1/200 | 38%
- 1968(昭和43)年11月30日
- G通りより東が増築部だが、2階以上の行き来はできない構造となっている。また増築部はセンターコアとしているが、北側の執務室に隣接建物や設備ダクトが面しているため、外部環境は好ましくなかったと推測できる。

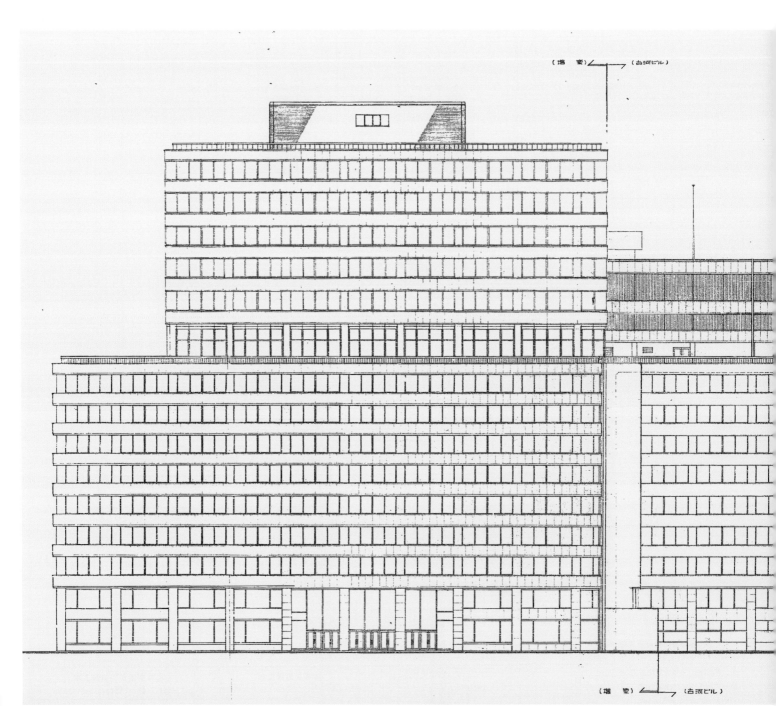

❶

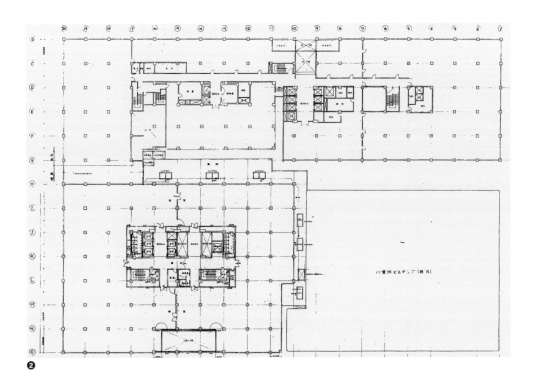

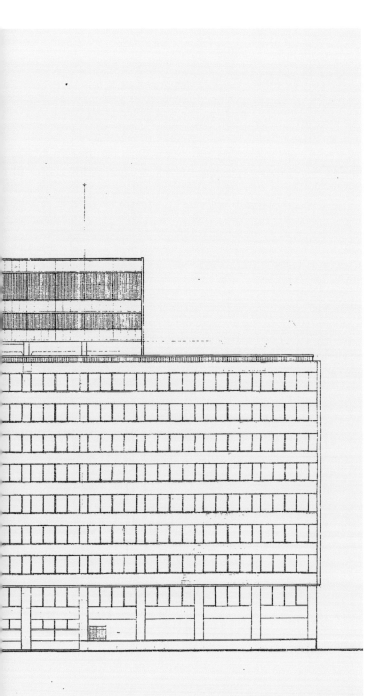

● 「第1号館」の解体工事が1968(昭和43)年6月に完了し、並行して新築ビルの設計作業が進められた。 設計にあたっては、「古河ビルヂング」、「八重洲ビルヂング」を含めた一団地として扱い、「八重洲ビルヂング」の余剰容積を新ビルに上乗せする計画となった。

　その結果、地上15階、地下4階建てとなったが、隣接の「古河ビルヂング」との接続を図ると共に、デザイン的にも一体に見えるような工夫が凝らされた。建築法規や施工技術なども著しく変化したが、最新技術を取り込みつつ、一方で「古河ビルヂング」と設備的にも違和感ないよう接続された。1958(昭和33)年完成の従来の「三菱商事ビルヂング」に入居していた三菱商事が本社スペース拡張のため新ビルに移転することになり、ビル名称も「三菱商事ビルヂング」と付けられた。なお、これに伴い、従来の「三菱商事ビルヂング」は「三菱商事ビルヂング別館」と改称した。

－　岩間旭、鱸、中島、
　　井田、田中
－　1973（昭和48）年竣工
－　鉄骨鉄筋コンクリート造・
　　ラーメン構造
－　地上15階、地下4階、
　　塔屋4階建て

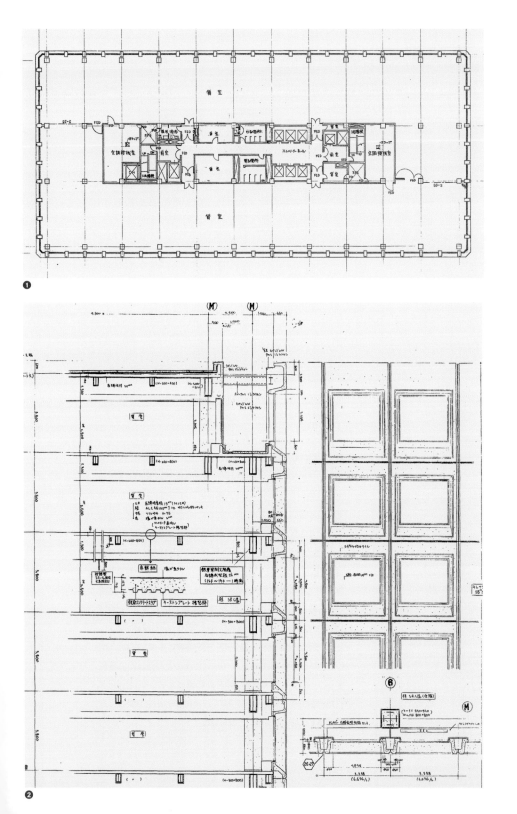

❶

❷

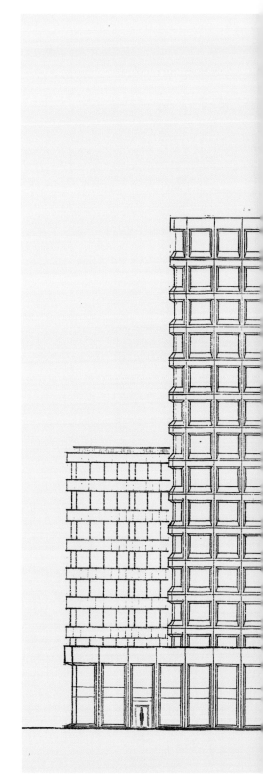

❶ 14階平面図

- 縮尺=1/200 | 63%
- 記載なし
- 6.5m四方の柱スパンが標準であったのに対して、「三菱ビルヂング」は奥行方向を倍の約13mとしており、無柱の執務空間をつくり出した。

❷ 矩計図⑵

- 縮尺=1/50 | 56%
- 記載なし
- 約3.5m角のプレキャストコンクリートのカーテンウォールとなっている。サッシまでの抱きが660mmもあり、彫りの深い外観である。

❸ 東立面図

- 縮尺=1/200 | 96%
- 1974（昭和49）年4月26日
- 構造フレームとは別に断面形状の大きい外装マリオンを約3.3mピッチで配置しており、外装に対する思い入れの深さが窺える。ファサードのコーナー部には柱を置かずに軽快な印象を生み出している。ペデストリアンデッキを有楽町方面まで伸ばす計画があったため、「有楽町ビルヂング」、「新有楽町ビルヂング」と同じような低層部の形態となっている。

● 三菱社第4代社長・岩崎小彌太が使っていた部屋がそのまま残されていた「第22号館」が「三菱ビルヂング」として建て替えられ、デザイン、設備共に最先端のビルとなると、従来通り、三菱グループ幹部の親睦会である三菱金曜会の事務局等も入居したとはいえ、かつての三菱財閥の本拠地のイメージは一変した。エポキシ樹脂仕上げのグリッドフレームの外観は、丸の内では他に類のない意匠であった。

この「三菱ビルヂング」の完成により、「丸ノ内総合改造計画」は、ほぼ完了となった。1959（昭和34）年にスタートして以来、30棟を数える古い建物を取り壊し、その跡地に「三菱ビルヂング」も含め13棟の近代的ビルが建設された。同時に仲通りを13mから21mに拡幅、グリーンベルトを設けて街路樹を植え、四季の草花を配するなど、都市機能と都市環境美を兼ね備えた世界的なビジネスセンターを形づくったのである。

❸

最後の技師長、そして技師長不在の時代へ

［コラム］
－　鷲巣昌と所員たち

［著者］
－　鯵坂徹｜鹿児島大学工学部建築学科 教授

－　鷲巣昌｜わしず・あきら｜1892-1982（明治25-昭和57）年
（148-149頁3点画像：『丸の内百年のあゆみ　三菱地所社史』（三菱地所、1993［平成5］年3月）より転載）

最後の技師長・鷲巣昌

第二次世界大戦終戦直後の三菱地所設計監理部門は戦時中の三菱グループ各社の関連工事の影響で社員が増え、140人あまりの技術者が在籍していた。うち半数は、大阪、名古屋、水島の各建設事務所、福岡事務所、苅田建設課[1]に残留し、1940（昭和15）年から技師長を務めた藤村朗（1887-1966［明治20-昭和41］年）の下、さまざまな業務に取り組んでいた。藤村が終戦直後の1946（昭和21）年12月に三菱地所の社長に就任したため、1947（昭和22）年12月に鷲巣昌が入社し技師長に就任した。1892（明治25）年生まれの鷲巣は、三菱社の丸ノ内建築所において「第13号館」（1911［明治44］年竣工）の設計を担当した東京帝国大学（現 東京大学）教授・内田祥三（1885-1972［明治18-昭和47］年）の教えを受けた人物で、同期には吉田鉄郎（1894-1956［明治27-昭和31］年）らがいた。1919（大正9）年に卒業後、横河民輔（1864-1945［文久4-昭和20］年）率いる横河工務所に入所、その年の6月頃から日本橋の三十間堀の対岸楓河岸にあった事務所に勤め始めた。事務所は建坪70坪（約230m²）ほどのモルタル塗り煉瓦造で、2階に20人ほどの所員が勤め、出勤簿もなく堅苦しくなく、「年齢、業歴、能力という様なものから自然各人間の順位が定まって、適当な節度が守られ所内の秩序が乱れる事は決してなかった」[2]と言う。鷲巣は、隣接した堀の臭気にひどく閉口したようだが、横河の右腕だった中村伝治（1880-1968［明治13-昭和43］年）の計らいで、経験を積んだ先輩所員につき、多様な実務を学んだ。鷲巣は、丸の内の「日本工業倶楽部」（1920［大正9］年竣工）のインテリアを担当した。横河工務所の同時期作品に「猿江小学校」（1920［大正9］年竣工）、「千代田生命本社」（1923［大正12］年竣工）があり、これらに関わった可能性も考えられる。関東大震災の翌年、1923（大正12）年、内務省によって同潤会が設立されると、鷲巣は、内田祥三の誘いでここに参加する。同潤会では、同じ内田祥三の門下生で、同潤会部長の川元良一（1880-1977［明治13-昭和52］年）の下で働き、同潤会アパートメントの設計に携わったと考えられる。川元は、三菱の地所部で桜井小太郎（1870-1953［明治3-昭和28］年）技師長時代に、「三菱合資会社銀行部」（1922［大正11］年竣工）や「仲2号館」（1919［大正8］年竣工）を担当、その後、「丸ノ内ビルヂング」（1923［大正12］年竣工）の建設に関わり、内田に同潤会へ呼び戻さ

れた人物である。その同潤会が1934（昭和9）年に解散後、鷲巣は、横浜市建築課長となる。1939（昭和14）年に、山下公園に「インド水塔」を設計した。終戦後、三菱地所に技師長として着任した後、1948（昭和23）年三菱地所取締役、1950（昭和25）年には常務取締役、1964（昭和39）年に専務取締役となり1965（昭和40）年に退任した。なお、三菱地所の社史によると鷲巣が常務取締役になった以降は技師長が空席[3]となっている。

戦後間もない丸の内の設計

終戦直後の混乱期に鷲巣は技師長として迎え入れられたが、極度のインフレの中、建設資材もなく、被爆建築の復旧工事、炭鉱住宅や木造の社屋といった設計が主で、札幌建設事務所開設をはじめ、地方を含めて「自活するための業務」に忙殺されていた。それまでの技師長が丸の内の大規模建築に関与していたことを考えると雲泥の差であったと思われる。1949（昭和24）年12月、「仲9号館」跡地に「中重ビルヂング（仲9号館別館）」が、そして、ようやく1950（昭和25）年6月に「東京ビルヂング」が着工した。これら丸の内の戦後最初の大規模建築の着工時に、鷲巣の役職は技師長から常務取締役に変わっている。同年8月、「永楽ビルヂング」（1952［昭和27］年竣工）の工事が始まると、翌1951（昭和26）年、いよいよ、戦時中工事を中断し貯水池となっていた「新丸ノ内ビルヂング」が着工した。「新丸ノ内ビルヂング」は、1952（昭和27）年に竣工し、冷房の一部導入に加え、丸の内初の全館蛍光灯ビルとなった。1952（昭和27）年の対日講和条約発効前後から連合軍による接収の解除が始まり、1953（昭和28）年に三社（三菱地所、陽和不動産、関東不動産）が合併し「新生」三菱地所が誕生した。1958（昭和33）年、当初「第三丸ノ内ビルヂング」とも呼ばれた「大手町ビルヂング」が竣工した。31mに9層を納めた長さ200mの巨大事務所建築で、採光規定を満たした美しいスチールサッシが取り付けられた。設計はアントニン・レーモンド（1888-1976年）の事務所で番頭を務めていた杉山雅則（1904-1999［明治37-平成11］年）で、この杉山が戦後の丸の内のデザインに大きく関与していく。レーモンドは戦争の暗雲が立ち込めてきた1937（昭和12）年に離日し、1941（昭和16）年事務所を閉鎖、杉山ら所員は三菱地所等に身を寄せた。1948（昭和23）年に再来日したレーモンドが事務所を再開すると、双方からの要望で、杉山は一時、半日はレーモンド、半日は三菱地所といった勤務もしていた[4]が、戦時中の恩義からか、三菱地所に残った経緯がある。同時期に「新大手町ビルヂング」が着工するが、計画地にあった旧朝鮮銀行東京支店を所有

していたファーストナショナルシティバンクニューヨークの移転先として赤煉瓦街の一部を取り壊し鉄筋コンクリートの建築を新築し提供しようと交渉したが、先方が、赤煉瓦街一帯はニューヨークのハーレムを連想させ一流銀行にはふさわしくないとの回答を出したという出来事があり、それが「丸ノ内総合改造計画」の引き金になったと言われている。

丸ノ内総合改造計画と設計体制

高さ15mほどの組積造の赤煉瓦街を、仲通りに並行していた東西仲通りを廃道し「丸ノ内ビルヂング」とほぼ同じ大きさの街区にまとめ、一団地認定により整形な31mの近代的なオフィス群に改築する「丸ノ内総合改造計画」が着手された。最初に1959（昭和34）年、「千代田ビルヂング」が着工し、1973（昭和48）年頃まで順次建て替えが続けられていく。

1953（昭和28）年5月、三菱地所建築部が建築第一部と建築第二部に分割され、建築第二部が建築設計を担当した。鷲巣が現役を退いた直後の1966（昭和41）年に担当業務の実態に合わせて第一建築部が建築部、第二建築部が設計部という名称になった。1970（昭和45）年には、設計部が第一建築部、第二建築部、第三建築部、住宅建築部に細分化され、各部に意匠、構造、設備、積算、工務の担当を配置した体制に変わり、三菱地所一級建築士事務所の中の複数の設計組織により、高度成長期の増大する設計監理業務を担っていった。

「大手町ビルヂング」から「三菱ビルヂング」（1973［昭和48］年竣工）までの37棟の意匠設計図約11,000枚の設計者を、図面に捺印された設計者印から分析すると、戦後の丸の内のビル群の設計には、5段階の設計体制の変化があったと考えられる。第1段階は杉山雅則、梶谷裕一、渡辺寿一らがひとつのチームとなり、1958（昭和33）年着工の「東銀ビルヂング」の頃から同時並行に多数の設計を進めるようになる。第2段階では、杉山＋梶谷（「東銀ビルヂング」、「千代田ビルヂング」、「日本ビルヂング」、「有楽町ビルヂング」、「新有楽町ビルヂング」）、杉山＋渡辺（「富士製鐵ビルヂング」、「三菱電機ビルヂング」、「新東京ビルヂング」）という2軸となる。続く第3段階では、1963（昭和38）年に着工した「三菱重工ビルヂング」から、先のふたつのチームと異なり杉山印がほとんど見られない鱸恒治のチーム（「三菱重工ビルヂング」、「古河ビルヂング」、「国際ビルヂング」、「新国際ビルヂング」、「千代田ビルヂング別館」）が「丸ノ内総合改造計画」の設計に加わる。鱸は、東京帝国大学卒業後、ル・コルビュジエ（1887-1965年）に学んだ坂倉準三（1901-1969［明治34-昭和44］年）が1940（昭和15）年に設立した直後の坂倉準三建築研究所に、西澤文隆、駒田知彦と共に入所、「飯箸邸」（1941［昭和16］年竣工）等を担当した。1944（昭和19）年に三菱地所に入社し、ガラスブロックの外装が美しかった「東京瓦斯ビル（呉服橋ビル）」（1954［昭和29］年竣工）の設計を担当した。この作品はとりわけ外部の評価を得た名作のひとつに数えられる[5]。鱸が丸の内のビル群で関わりを持ったのは、唯一「仲9号館別館」（1951［昭和26］年竣工、1956［昭和31］年増築）のみだったが、1966（昭和41）年に、設計部の部長に就任、翌年には取締役、常務[6]

と昇格しながら設計部全体を把握していったのでそれ以降の第4段階、1973（昭和48）年までの「丸ノ内総合開発計画」に関する設計図にも鱸の捺印が確認される。鱸の下には、渡辺寿一、梶谷裕一、中島昌信、建畠惣弥、向田長和、鈴木卓爾、須藤祥夫らが当時の名簿で確認され、「タイム・ライフビルヂング」（1968［昭和43］年着工）は梶谷、「三菱ビルヂング」は中島の捺印が多い。

この約20年間の丸の内のビル群のデザインは、赤煉瓦街から踏襲された街路を挟んだファサードの統一や設計体制、時期によるデザイン、ディテールも異なっているがここでは紙面の都合で触れない。戦後、技師長として鷲巣が着任し、杉山が多くの丸の内の建築に関係し、その後、鱸の設計部長時代を経て、高度成長期の設計業務の拡大の中で、ひとりの建築家が設計を統制する仕組みから、各部の複数の建築家が設計の責任者となる、今日の仕組みへと変化を遂げていったのである。

鯵坂徹｜あじさか・とおる｜1957年 愛知県生まれ／1981年早稲田大学理工学部建築学科卒業／1983年 早稲田大学大学院理工学研究科建設工学専攻修了／1983年 三菱地所／2001年 三菱地所設計／2013年- 鹿児島大学工学部建築学科教授。
現在大学では建築設計の授業を担当し、学生と麓集落の調査や街歩きマップづくりの活動、保存再生や図書館、小学校、オフィス等の研究を進めている。三菱地所設計では、「明治安田生命ビル街区再開発」（2010年日本建築学会業績賞）、「国際文化会館本館保存再生」（2007年日本建築学会賞業績）等の保存再生のプロジェクトや他の新築プロジェクトを担当。

「東京瓦斯ビル」（左）、「仲9号館別館増築」（右）。

註
1　「三菱地所株式会社と私」『鈴木昇太郎回顧録』（1981［昭和56］年5月）
2　鷲巣昌「楓河岸の頃」（『建築夜話：日本近代建築の記憶』日刊建設通信新聞社、1962［昭和37］年）
3　『丸の内百年のあゆみ：三菱地所社史 資料・年表・索引』（三菱地所、1993［平成5］年）p.59には、空席とあるが、1956（昭和31）年の三菱地所会社社員名簿には「常務取締役 技師長 事務取扱」の記述があり技師長という役職がいつまであったか今後再確認が必要か。
4　藤森照信「丸の内をつくった建築家たち―むかし・いま」『新建築1992年4月別冊 日本現代建築家シリーズ15 三菱地所』（新建築社、1992［平成4］年）pp.252-253
5　『丸の内百年のあゆみ：三菱地所社史 下巻』pp.78-79に日刊建設通信（1957［昭和32］年2月24日）に郵政省の建築家山中の印象が引用されている。
6　1974（昭和49）年の名簿には常務取締役として掲載されている。

丸の内の光景

［論考］

［著者］
— **藤森照信**｜建築史家

上に建つ建物のことは知っていても、下の土地についての事情を知る人はほとんどいない。建築と都市の歴史をもっぱら調べてきた私でも、神田の江戸時代から続く老舗そば店の土地が不動産会社からの賃貸とは知らなかったし、その時期をたずねると、答は「江戸時代のことだから分からない」。

28年前の『新建築1992年4月別冊　日本現代建築家シリーズ15　三菱地所』に、「丸の内をつくった建築家たち—むかし・いま—」を書いた時は、もっぱら戦前に的を絞ったから、このたび再び三菱地所を扱うにあたり、戦後を中心としようと考えた。そして、丸の内の戦後のビルのある時期までの平面図を見てひとつのことを思った。基本的に戦前の到達点を踏襲している、と。

—

丸の内のオフィスビル

戦前、日本のオフィスビルは丸の内がリードした。1894（明治27）年、「第1号館」によってイギリス式の棟割形式からスタートし、1913（大正2）年、「第21号館」によってイギリス式の棟割賃貸からアメリカ式のエレベータ付きのフロア貸し（床貸式）へと変わり、さらに1923（大正12）年の「丸ノ内ビルヂング」、通称「丸ビル」の建設にあたり、アメリカの超高層ビルであるスカイスクレイパー（摩天楼）の建設技術を導入する。

地所が「丸ビル」建設にあたり、当時の世界でもアメリカのシカゴとニューヨークにしか存在しなかったスカイスクレイパーの建設技術を導入しようとしたのは、工期の難題を克服するためだった。「丸ビル」建設に先立ち、それまでの人力だけによる工事で試算すると18年もかかることが分かった。ところが、スカイクレイパーに学び鉄骨を骨組みとし軽量の中空煉瓦を積んで壁とし、仕上げにタイルかテラコッタを貼り、加えて工事の機械化と工事管理のシステム化を導入するなら、「丸ビル」の大きさでも30カ月（2年半）で実現可能。18年が2年半。日々の賃料で成り立つオフィスビル業にとってこれほどの朗報はない。

—

三菱地所の建築家たち

それまで三菱地所は、と言うより正確には三菱と岩崎家は、ビルであれ首脳部の邸宅であれ建築をつくるにあたっては“お抱え建築家”にコスト管理を含めて任せることを旨としてきた。それがコンドル（1852–1920年）に始まり、曾禰達蔵（1852–1937［嘉永5–昭和12］年）、保岡勝也（1877–1942［明治10–昭和17］年）、桜井小太郎（1870–1953［明治3–昭和28］年）へと続く三菱の建築家の習であった。しかしこうした

習が一般的ではなかったことは、例えば三井の場合、そのようなお抱え建築家はいなかったことから分かる。三菱のやり方は住友へも伝わり、住友も地所と似た建設体勢を採り、現在の日建設計は住友の設計部門を源流とする。

しかし、「丸ビル」建設にあたり、すべて自社内で行うやり方は止め、設計と設計監理は地所でやるが、施工はニューヨークきっての施工会社フラー社に託すことが決まる。

意匠は桜井小太郎、構造は山下寿郎（1888–1983［明治21–昭和58］年）が担当して「丸ビル」の設計は終わり、フラー社から来日した20人のアメリカ人の指導の下、順調に工事は進み、1923（大正12）年、無事、竣工する。

—

東京の記念碑「丸ビル」

1894（明治27）年の「第1号館」に始まり1923（大正12）年の「丸ビル」まで29年間の短期間に、イギリス式からアメリカ式まで世界のオフィスビルの先端を学び、習得してきたが、しかし、そのピークを画す「丸ビル」において、地所と地所の建築家は手痛い挫折を味わう。

竣工したばかりの「丸ビル」は、関東大震災（1923［大正12］年9月1日）で被害を受ける（正確には、大震災前の地震で被災し、その復旧後に再被災）。鉄骨は大きく揺れて変形し、耐力を持たない中空煉瓦壁は崩れ、オフィスビルとしては使用不能に陥った。

桜井・山下は設計にあたり初のことゆえフラー社の指導を受けていたが、フラー社の指示するハリケーン対応強度の鉄骨があまりに細く、日本の地震用としては大きな不安をぬぐえなかった。その不安をフラー側に伝え、訂正しようとしたものの、ニューヨークでの打合せの時、意思疎通ができなかった。もし意思疎通が実行されていたとしても通じたのは意思だけで、フラー社が日本側の求める太い鉄骨を送ってこなかった可能性が高い。なぜなら、同じことが同時に同様に進行していた「丸ビル」の隣りの「郵政ビル」（設計：曾禰中條建築設計事務所、1923年［大正12］年竣工）でも起こり、日本にニューヨークから届いて陸揚げされた設計図より細い鉄骨を前に、構造設計担当の内田祥三（1885–1972［明治18–昭和47］年）があまりのことに激怒しているからだ。

使えなくなった「丸ビル」は、鉄骨を鉄筋コンクリートで包み、中空煉瓦は鉄筋コンクリート壁に変え、新たに耐震壁を入れ、やっと再開している。そして、桜井と山下は責任を取り地所を去った。桜井は設計事務所を開き、山下はニューヨークを手本とする本社

（現「三井本館」、1929［昭和4］年竣工）を計画中の三井へと移っている。

巷間、「組織の三菱、個人の三井」と言われているが、桜井も山下もこのようにして組織に対しての責任を取った。

「丸ビル」の建設は、地所と地所の建築家にとっては困難な出来事であったが、しかし、世間は東京駅前を飾る大型ビルとして認め東京の記念碑となり、その後「東京ドーム」（1988［昭和63］年竣工）が誕生するまで、量の大きさを言うのに「丸ビル○杯分」と表現するようになる。

建築界への影響は決定的で、18年（216カ月）を30カ月へ、単純計算すると工期を1/72に短縮できるという奇跡のアメリカ施工技術を学ぶべく、建設業者は調査団を派遣し、また建築家たちもヨーロッパからアメリカへと目を振り向けるようになる。とりわけ大阪に本拠を置く渡辺節（1884–1967［明治17–昭和42］年）と若き所員の村野藤吾（1891–1984［明治24–昭和59］年）は、渡米して熱心にアメリカの技術とプランとスタイルを学んでいる。

「丸ビル」の後、世界恐慌（1929［昭和4］年–）と第二次世界大戦（1939–1945［昭和14–20］年）と続き、日本でも新しいタイプのビルはつくられなくなり、こと大型オフィスビルについて言うなら、「丸ビル」が最後の花となった。

–

オフィスビルの到達点

ここでオフィスビルというビルディングタイプがイギリスに始まりアメリカに到り着いた段階での到達点について整理しておくと、すでに触れてきたことを含め、次のように簡条書きできる。

1｜棟割賃貸形式からフロア賃貸形式へ。

2｜煉瓦造から鉄骨造へ。

3｜階段からエレベータへ。

4｜コア・システムへ。

5｜以上四項によるレンタブル比の向上へ。

6｜工事の機械化、施工管理のシステム化による工期短縮へ。

以上のうち経済的観点から大きかったのはレンタブル比の向上と工期短縮の2点であったが、ここに注意する必要のあるのはこのようにして建設されるビルの姿形についてで、科学技術を駆使し、合理的に経済的につくられるから箱型にはなるが、しかし、その箱は装飾性の強い歴史主義系の様式で飾られていた。

例えば装飾性のいちばん少ない「丸ビル」もアール・デコ様式による。20世紀建築の姿形の先端は装飾を排したモダニズムに到達していたが、ことオフィスビルについては最先端のニューヨークも「丸ビル」も、最後の装飾様式ともいうべきアール・デコで飾られていた。このことは忘れないようにしたい。

–

コアシステムと「丸ビル」のストリート性

戦前の段階で、日本のオフィスビルは「丸ビル」をピークとしてアメリカの先端的6項目をなんとか獲得した、というのは全体としては正しいが、しかし一部は不正確で、**4｜**コア・システムを「丸ビル」は採っていない。

前回（『新建築1992年4月別冊　日本現代建築家シリーズ15　三菱地所』）では触れなかったコア・システムプランの一件をここに述べよう。

エレベータと階段、配管を不可欠とする洗面所と簡便な調理台もしくは給湯室、さらにダストシュート、郵便受け用のメールシュート、今なら空調用の縦ダクト、といった縦方向の諸機能を1カ所に集中させ厚い壁で囲んでコア（核）とし、その四周に廊下を設け、さらにその外側を貸しフロアとする平面をコア・システムと呼び、これこそ19世紀末にシカゴに初登場したアメリカのスカイスクレイパーが不可欠に生み出した平面として知られる。

しかし、1914（大正3）年の「第21号館」から「丸ビル」に至るアメリカ系の丸の内オフィスビルには厳密なコア・システムが見当たらない。おそらく当時の建築基準法の実質10階制限（100尺制限。上限高さ30m）の下ではタテ長の全体形はあり得ず、広いビルに中庭を取って各フロアへの明り採りとするしかないからコア・システムの必要はなかった。

日本のオフィスビルにおけるコア・システムは、1927（昭和2）年の「大阪ビル東京分館一号館」が最初となり以後1931（昭和6）年「同二号館」と続き、つくられた場所はいずれも丸の内の南隣の日比谷のオフィスビル街の一画を占める。設計は渡辺節事務所。担当は村野藤吾。ビルの敷地が狭いからコア・システムが最適解だっ

❶　「大阪ビルヂング」（設計：渡辺節事務所、1925［大正14］年竣工）（撮影：新建築社写真部）

たに違いないが、大阪を本拠にオフィスビル業を営む大阪建物は初の東京進出にあたり丸の内を強く意識していた可能性が高い。日比谷を選んだのも、ビルにナンバーを振るという三菱地所が始めた呼名もそうだろう。

大阪建物は三菱地所を、渡辺節は桜井小太郎に挑むような気持ちで取り組んだに違いない。その時、オフィスというビルディングタイプの核心はプランと考え、調査済みのアメリカを参考にコア・システムをまとめた。もちろん狭い敷地ゆえもあるが、丸の内と同じような広い敷地に大阪建物が渡辺節に託して1925（大正14）年に実現した「大阪ビルヂング」を見ると、「丸ビル」同様コア・システムではないがコア・システムに通ずるプランの集中性と緊張感がある。一方、「丸ビル」にはそれがない。

しかし、「丸ビル」にはプランの集中性と緊張感に代わって、中央を十字に走る広い通り抜けがあった。大げさに言うなら、オフィスビルの中にストリートが取り込まれていた。このストリート性が集中と緊張を邪魔したに違いないが、しかしこの性格があったからこそ「丸ビル」は普通のオフィスビルを超えて広く長く人びとに記憶されることに成功した。

—

都市の中の丸の内

戦前の丸の内のビルについては以上にして、都市の一部としての丸の内についても簡単に触れておきたい。

丸の内をオフィス街とすることは1890（明治23）年に政府が決め、三菱一社と“渋沢グループ”（渋沢栄一［1840−1931〈天保11−昭和6〉年］、三井、大倉他）が払い下げを巡って争い、結局、企業として捨身で臨んだ三菱が一社払い下げに成功し、道路他のインフラを含め三菱は独自にオフィス街開発を進め、1894（明治27）年「第1号館」（通称「三菱一号館」）から1923（大正12）年の「丸ビル」に至ることは既に述べた。その間、すべて独自に進めたわけではなく、周囲の地域と関係する事項については政府の、正確には内務省市区改正委員会との合議に従った。その最大は、東京駅と皇居の間を繋ぐ50m幅の行幸道路の計画だった。

市区改正委員会が新橋・上野間の鉄道敷設と東京駅の配置を決めた段階ではまだ行幸道路の計画はなく、駅前の一部を除いて三菱所有のオフィス用地が占めていた。東京の表玄関の整備だけに政府にとっても三菱にとっても一大事に違いないが、残念ながらそのやり取りについてはまだ明らかになっていない。

1916（大正5）年、東京駅開業直前にやっと行幸道路が決まり、その地割に従って「丸ビル」と「郵船ビル」がつくられ、今日に至る東京の表玄関が形づくられている。

表玄関ゆえ、八重洲口と違い、ネオンや看板は取り付けず、ヨーロッパのように整然とした、東京には稀な街並みが成立した。「第1号館」の建つ通りは「一丁倫敦（ロンドン）」と呼ばれたし、「丸ビル」前を当初「一丁紐育（ニューヨーク）」と呼ぶ動きもあったが結局こっちは定着していない。

以上が、丸の内を巡る戦前の建築と都市の動きの粗筋となる。

戦後のことを、戦後すぐの技師長を務めた杉山雅則に聞いたことがあるが、「平面も仕上げもローコストを旨としたから、建築家としては盛り上がることが少なかった」という。

実際、仲通りに軒を連ねた戦後のオフィスビルを図面に当たって確かめると、そうとしか言えないが、戦前との差は2点で明らかで、まず平面にコア・システムが現れているし、姿形はモダニズムを採る。この2点は丸の内の外の普通のビルも同じだから特色とは言えないが、軒高を整えてひとつの街並みを形成している点は丸の内ならではで、とりわけ仲通りはそうだった。充実した並木と一体化して、ヨーロッパの歴史的街並みを戦後のモダニズム建築でつくったみたいに見える。

—

戦前のビルの建て替え

戦後復興として経済成長の中で戦前のビルは次々に建て替えられていくことになるが、最後に取り壊されその象徴となったのが1968（昭和43）年の「第1号館」だった。改築計画に対し、三菱地所出身にして当時の建築界のボスとも言うべき内田祥三と建築史家の関野克（1909−2001［明治42−平成13］年）は社長に直接、保存を求めたが、しかし、社長の海外出張中に取り壊しが始まってしまった。

「第1号館」以後に各地に多発した歴史的建築の取り壊しは、やがて東京駅に波及し、この頃から保存と開発の問題をなんとか

❷

調停すべく、2001（平成13）年、アメリカに学んで「空中権の移転」の方法が認められるようになる。戦後における保存の問題も、「第1号館」から「東京駅」まで、丸の内を舞台として推移している。

高さ問題の発生

もうひとつ大きな出来事として、1965（昭和40）年、行幸道路の門口に位置する超高層の「東京海上ビルディング」計画に対し、高さ問題が起きた。上階から皇居の中が覗かれるというのである。設計は前川國男（1905-1986［明治38-昭和61］年）で東京海上の自社ビルだから地所とは直接関係しないが、地所としても放っておけない複雑な問題であった。政治、行政を巻き込んださまざまな動きを経て、上層階の窓を閉じることで結着している。

明治のオフィス街に始まり大正には首都の表玄関としての公共性、記念碑性を新たに加え、戦後も不動の存在感を示す丸の内の屋台骨を1968（昭和43）年、三井不動産による「霞が関ビルディング」が揺るがす。

三井不動産は、江戸時代より市中各所で土地の集積を続け、明治維新により近代という資本主義の時代を迎えると、日本橋の本拠地とは別に、渋沢栄一と組んで兜町一帯にも進出し、日本最初のオフィス街である「兜町ビジネス街」を開発し、後に丸の内に移る三菱系各社や商工会議所や銀行協会などほぼすべての近代企業と経済関係組織が集中する。

「霞が関ビルディング」の衝激

しかし、兜町ビジネス街が予定した墨田川河口への国際港開設がヨコハマの欧米系貿易勢力の猛反対により中止され、しかたなく政府はビジネス街を丸の内に移すことを決め、そして先に述べた丸の内払い下げを巡り三菱一社と渋沢・三井連合が争い、三菱が勝った。その後の兜町には株式取引所と渋沢がつくった第一銀行が残ったものの、かつての栄光は消える。その後、1930（昭和5）年、渋沢栄一の許し（1931［昭和6］年逝去）を得て、第一銀行は丸の内の北端に移っている。

オフィス街形成において大きく遅れをとった三井は、丸の内の

南に続く日比谷に1929（昭和4）年「三信ビル」をつくるなどし、丸の内の北隣りと南隣りに非三菱のオフィス街は広がっていくものの中心の丸の内にはかなわない。

そして1968（昭和43）年、三井は霞が関の一画に「霞が関ビルディング」をつくった。政治、行政の中心地である霞が関という立地といい、日本最初の超高層オフィスビルといい、丸の内への衝激は大きかった。

超高層オフィスの衝激は分かるとしてもなぜ霞が関という立地がテーマとなり得るのか。それには日本固有の「政」と「経」の関係がある。欧米でもアジアの大陸でも、例えばアメリカならワシントンとニューヨーク、中国なら北京と上海のように政治の中心都市と経済の中心都市は分立する。日本も江戸時代の前半は、政治の江戸、経済の大阪、天皇の京都と三都分立であったが、後半は経済も大阪から江戸に移り、明治維新を境に天皇も東上し、東京には政治と経済と天皇の3つが集まる。だから、オフィス街と皇居への玄関口が一致するような世界的には珍しいあり方が成り立った。加えて丸の内は霞が関と近かったから、政、経、天皇は歩いていける距離に分布していた。

日本の政と経には欧米にはない特徴があって、政と経の間の人の行き来はなにかにつけて頻繁に行われる。とりわけ、経のトップが政に出向くことは多い。一度は、新宿副都心のビルに移った企業が大手町、丸の内、日比谷、霞が関へと戻ったのは、新宿と霞が関では移動にかかる時間が読めないからだと言う。歩いて行け

る距離なら、時間は読めるから、会議や会談に遅れることはない。

三井の「霞が関ビルディング」は、霞が関の一画を占めるから、これ以上の近さはない。

立地においてもビル形式においても、丸の内は一歩遅れをとった。

そして、地所は1988（昭和63）年に「通称 マンハッタン計画」を打ち出したが、その後大丸有地区協議会を立ち上げて現実的な第3次開発「丸の内再構築」始め、1919（大正8）年制定の建築基準の実質10階制限を超えた「丸の内ビルディング」（2002［平成14］年竣工）等の超高層オフィスビル建設へと進み、今に至る。

−

森ビルの都市開発

しかし丸の内に吹く向かい風は収まらない。私の見るところふたつ。

まずひとつは、森ビルの都市開発で、江戸以来の三井不動産も、明治このかたの三菱地所も予想だにしなかった山の手方面でオフィスビル開発が始まった。森ビルは、1959（昭和34）年の設立当初より立地も規模もまるで違う丸の内を意識し、いつの日かは抜こうと願って丸の内に習い1号、2号とナンバーを付けた、と森泰吉郎（1904−1993［明治37−平成5］年）は私に語った。森ビルが全力を傾け長い時間をかけてつくった1986（昭和61）年の「アークヒルズ」は、後ろから窺うような立地ではあるが霞が関に近い。さらにやや間を置いて「六本木ヒルズ」（2003［平成15］年竣工）が続く。

森ビルの「アークヒルズ」には三井、三菱にはない特徴があった。飲食店や店舗を、それも若い世代向けを、超高層オフィスビルの中に取り込んでいる。ショップ系に加えて、芸術系の施設まで。

「丸ビル」の1階で小規模になされていたストリートの取り込みを、大々的にかつ前面に出していた。

森ビルの試みに私が注目するのは、コア・システムに収束する高層オフィスビルの平面計画には「死んだ1階」というか「人気の感じられない1階」という欠陥があったからだ。外に向かって開

く肝心の1階が、ただ人の動線処理の場と化し、何ら街や都市空間の充実に貢献していない。森ビルは、その欠を埋めて、ビルと街の魅力を増すことでオフィスとしての魅力を高めようとしていた。

−

移り変わる東京の重心

オフィスと表玄関のふたつの場として成立し、東京において確たる地位を占めてきた丸の内を考える時、飲食や買い物といった消費とか観劇とか美術とかの、オフィス機能とは別の都市の領分と丸の内がどう関係してきたかを振り返る必要がある。

三菱も当初よりそれらは不可欠と考え、コンドルに劇場設計を依頼したが実現せず、その後、1911（明治44）年には横河民輔の手で「帝国劇場」が生まれている。飲食やパーティの場として1920（大正9）年には「東京會舘」が開業している。しかし、丸の内のオフィスとしての基本的性格を変えるほどのスケールではなかった。

ところが、隣りの日比谷（有楽町の「日本劇場」も含む）では、1934（昭和9）年以後小林一三率いる大阪の東宝が進出して「帝国劇場」をはるかに凌ぐ映画街を築き上げている。さらに東京全体のスケールで眺めれば、三井が、江戸の延長で開発を進めてきた日本橋川流域のその先の千葉方面の工場用地が公害問題から使えなくなると、その空地にディズニーランドを誘致し、東京の重心を千葉側に少しではあるが引っ張ることに成功している。

日比谷の先の品川方面は、羽田への近さといいリニアの起点といい、日本列島レベルの空と陸のインフラがここに集まるから、当然のようにして東京の重心は南へと引っ張られるに違いない。

このように都市としての東京の動向を眺めてくると、東京の重心は、丸の内近傍であれば、古くは日比谷の映画街、戦後なら「霞が関ビルディング」と森ビル、さらに品川方面の開発、丸の内からやや離れた場所であれば新宿副都心さらにディズニーランドと湾岸開発というようにさまざまな開発によって東へ西へ南へと引っ張られ移動してきた。

−

❺ 「六本木ヒルズ」（設計：森ビル
入江三宅設計事務所、2003
［平成15］年竣工）
（撮影：新建築社写真部）

丸の内の新しい光景

こうした都市の重心の移動の中で、丸の内は、戦後すぐの建て替え、さらに超高層化による第3次開発「丸の内再構築」で対応してきた。そして、明治以後の丸の内を観察し続けてきた目には思わぬ変化が起こった。昭和、高度経済成長期のビジネス中心の街とは質の違う変化だった。

「休日、丸の内を人が歩いている」

それまで休日に何か用事があって出かけても、濠端側も仲通りも人影はまばらで、人を見かけても、例えば濠端側であればビルの前に腰かけて皇居方面をスケッチする若い女性とか、仲通りであればガードマンとかに限られ、勤め人も街来者も歩いてはいない。まるでジョルジョ・デ・キリコ（1888-1978年）の「通りの神秘と憂愁」（1914年）のような、街はそのままなのに人気（ひとけ）だけが一瞬消えた光景を見ることができた。

その丸の内を、休日、若い女性たちが連れだって歩き、オフィスビルの前に立ち止って中を眺めた後、入口から入っていく。オフィス街の1階がブランドショップや高級飲食の店に代わっている。

第3次開発「丸の内再構築」の中で超高層ビルの1階問題を克服するために考えられたのか、それとも飲食や買い物や美術や観劇といったオフィスとは別の都市機能の取り込み策の延長なのか動機は知らないが、日本のオフィス街をリードしてきた丸の内に消費と文化の街が組み込まれた。

－

未来の丸の内

オフィス専用としてスタートし、やがて、東京の表玄関としての公共性と記念碑性を、さらにショッピングと文化の街としての性格も取り込んだ今、日本離れした賑わいと落ち着きの共存した仲通りを歩き、カフェから外を眺めながら思う。丸の内の長い歩みのピークを見ているのではないか、と。そしてさらに思う。このピークの先には、オフィスというビルディングタイプについての私の思考力、想像力を超えた光景が広がっているのかもしれない、と。

あまりに唐突だが、三菱を創業した岩崎彌太郎（1835-1885［天保6-明治18］年）のひ孫の岩崎寛彌（1930-2008［昭和5-平成20］年）の話を思い出す。寛彌は、彌太郎の息子の久彌（1865-1955［慶応元-昭和30］年）から、父（彦彌太、1895-1967［明治28-昭和42］年）を飛ばして岩崎家を継ぐよう中学生時代まで訓育され、戦後の財閥解体後は三菱銀行の重役を務めた。私が建築史家として親しくしていただいたのは晩年になるが、「若い頃から、銀行の店舗はなくなる、と思ってきた」とのことだった。確かに銀行の店舗数は減っているし、その延長で考えると、サラリーマンが都心の大きな広い場所に集まって一緒に働くことがこれからも大勢（たいせい）なのか——ピークの先の光景は建築史家の脳中に結像しない。

－　**藤森照信**｜ふじもり・てるのぶ｜1946年 長野県生まれ／1971年 東北大学工学部建築学科卒業／1978年 東京大学大学院修了／1998-2010年 同大学教授／2010-14年 工学院大学教授／2010年- 東京大学名誉教授／現在、工学院大学 特任教授、東京都江戸東京博物館館長

設計者（技師長等）に記載の
人物は、技師長または技師の中で
最も上位の者を指す。
　設計者（担当者）は、図面に
捺印のある人物を記載しているが
多い場合は一部とした。
（156-159頁写真：『丸の内百年のあ
ゆみ　三菱地所社史』（三菱地所、
1993［平成5］年3月）より転載／三菱
地所提供）

00	作品名
1	設計者（技師長等）
2	設計者（担当者）
3	竣工
4	構造
5	規模
>>>	P.000

01　第1号館

1	ジョサイア・コンドル
2	曾禰達蔵
3	1894（明治27）年
4	煉瓦造・壁式構造
5	地上3階｜地下1階
>>>	P.016

02　第2号館

1	ジョサイア・コンドル
2	曾禰達蔵
3	1895（明治28）年
4	煉瓦造・壁式構造
5	地上2階｜地下1階
>>>	P.022

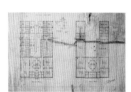

03　Proporsed Art. Galleries Maru no Uchi,Tokio ［丸ノ内美術館計画案］

1	ジョサイア・コンドル
2	―
3	実現せず
4	煉瓦造・壁式構造
5	地上2階
>>>	P.024

04　第3号館

1	曾禰達蔵
2	―
3	1896（明治29）年
4	煉瓦造・壁式構造
5	地上3階｜地下1階
>>>	P.025

05　第4号館

1	曾禰達蔵
2	保岡勝也｜上領哲三｜横山鹿吉｜小寺金治
3	1904（明治37）年
4	煉瓦造・壁式構造
5	地上3階｜地下1階
>>>	P.028

06　第5号館

1	曾禰達蔵
2	保岡勝也｜上領哲三｜横山鹿吉｜小寺金治
3	1905（明治38）年
4	煉瓦造・壁式構造
5	地上3階｜地下1階
>>>	P.030

07　第6号館

1	曾禰達蔵
2	上領哲三｜横山鹿吉｜小寺金治
3	1904（明治37）年
4	煉瓦造・壁式構造
5	地上2階｜地下1階
>>>	P.032

07　第7号館

1	曾禰達蔵
2	上領哲三｜横山鹿吉｜小寺金治
3	1904（明治37）年
4	煉瓦造・壁式構造
5	地上2階｜地下1階
>>>	P.032

08　第8号館

1	保岡勝也
2	―
3	1907（明治40）年
4	煉瓦造
5	地上2階｜地下1階
>>>	P.036

08　第9（東寄甲乙、西寄甲乙）号館

1	保岡勝也
2	―
3	1907（明治40）年
4	煉瓦造
5	地上2階｜地下1階
>>>	P.036

08　第10号館

1	保岡勝也
2	―
3	1907（明治40）年
4	煉瓦造
5	地上2階｜地下1階
>>>	P.036

08　第11号館

1	保岡勝也
2	―
3	1907（明治40）年
4	煉瓦造
5	地上2階｜地下1階
>>>	P.036

09　第12号館

1	保岡勝也
2	内田｜福田｜小寺 他
3	1910（明治43）年
4	煉瓦造
5	地上3階｜地下1階
>>>	P.040

09　第13号館

1	保岡勝也
2	内田｜福田｜小寺 他
3	1911（明治44）年
4	煉瓦造
5	地上3階｜地下1階
>>>	P.040

10　第14号館

1	保岡勝也
2	横山｜三浦｜上領
3	1912（明治45）年
4	鉄筋コンクリート造・壁式構造
5	地上3階
>>>	P.044

10　第15号館

1	保岡勝也
2	横山｜三浦｜上領
3	1912（明治45）年
4	鉄筋コンクリート造・壁式構造
5	地上3階

>>> P.044

10　第16号館

1	保岡勝也
2	横山｜三浦｜上領
3	1912（明治45）年
4	鉄筋コンクリート造・壁式構造
5	地上3階

>>> P.044

10　第17号館

1	保岡勝也
2	横山｜三浦｜上領
3	1912（明治45）年
4	鉄筋コンクリート造・壁式構造
5	地上3階

>>> P.044

11　第18号館

1	保岡勝也
2	横山｜三浦｜上領
3	1912（大正元）年
4	鉄筋コンクリート造・壁式構造
5	地上3階

>>> P.046

11　第19号館

1	保岡勝也
2	横山｜三浦｜上領
3	1912（大正元）年
4	鉄筋コンクリート造・壁式構造
5	地上3階

>>> P.046

11　第20号館

1	保岡勝也
2	―
3	1912（大正元）年
4	鉄筋コンクリート造・壁式構造
5	地上3階

>>> P.046

12　第21号館

1	保岡勝也
2	桜井｜赤星｜上領｜三浦｜横山 他
3	1914（大正3）年
4	鉄骨鉄筋コンクリート造・壁式構造とラーメン構造の併用
5	地上4階

>>> P.050

13　台湾銀行東京支店

1	桜井小太郎
2	横山鹿吉｜藤野
3	1916（大正5）年
4	鉄骨鉄筋コンクリート造・ラーメン構造
5	地上4階

>>> P.056

14　帝国鉄道協会会館

1	桜井小太郎
2	横山鹿吉
3	1916（大正5）年
4	鉄骨鉄筋コンクリート造・ラーメン構造
5	地上4階

>>> P.058

15　第22号館
［三菱社仮本社］

1	桜井小太郎
2	山下寿郎｜石原信之｜上領哲三｜横山鹿吉
3	1918（大正7）年
4	鉄骨鉄筋コンクリート造・ラーメン構造
5	地上4階

>>> P.060

16　第23号館［中央亭］

1	桜井小太郎
2	横山鹿吉
3	1915（大正4）年
4	鉄筋コンクリート造・ラーメン構造
5	地上4階

>>> P.064

17　第24号館

1	桜井小太郎
2	上領哲三｜横山鹿吉
3	1917（大正6）年
4	鉄筋コンクリート造・ラーメン構造
5	地上3階｜地下1階

>>> P.066

17　第25号館

1	桜井小太郎
2	上領哲三｜横山鹿吉
3	1917（大正6）年
4	鉄筋コンクリート造・ラーメン構造
5	地上3階｜地下1階

>>> P.066

17　第26号館

1	桜井小太郎
2	上領哲三｜横山鹿吉
3	1917（大正6）年
4	鉄筋コンクリート造・ラーメン構造
5	地上3階｜地下1階

>>> P.066

18　第4号館付属屋

1	桜井小太郎
2	山下寿郎｜千賀鑰一｜上領哲三｜横山鹿吉
3	1917（大正6）年
4	鉄筋コンクリート造・ラーメン構造
5	地上3階

>>> P.068

19　仲10号館9号

1	桜井小太郎
2	岩井勘二｜多和田明倫｜上領哲三｜横山鹿吉
3	1917（大正6）年
4	鉄筋コンクリート造・ラーメン構造
5	地上3階

>>> P.069

20　第27号館

1	桜井小太郎
2	大塚剛三｜上領哲三｜横山鹿吉
3	1919（大正8）年
4	鉄筋コンクリート造・ラーメン構造
5	地上4階

>>> P.070

21　仲2号館

1	桜井小太郎
2	川元良一｜上領哲三｜横山鹿吉
3	1919（大正8）年
4	鉄筋コンクリート造・ラーメン構造
5	地上5階

>>> P.072

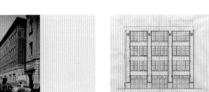

22　東京タクシー自動車株式会社車庫

1	桜井小太郎
2	大塚剛三｜吉本与志雄｜上領哲三｜横山鹿吉
3	1918（大正7）年
4	鉄筋コンクリート造・ラーメン構造
5	地上4階

>>> P.074

23　仲12号館6号

1	桜井小太郎
2	川元良一｜山下寿郎｜上領哲三｜横山鹿吉
3	1918（大正7）年
4	鉄筋コンクリート造・ラーメン構造
5	地上4階｜地下1階

>>> P.075

24 三菱合資会社 銀行部

1 桜井小太郎
2 藤村朗｜上領哲三｜横山鹿吉
3 1922(大正11)年
4 鉄骨鉄筋コンクリート造・ラーメン構造
5 地上4階

>>> P.076

25 横浜正金銀行 東京支店

1 桜井小太郎
2 藤村朗｜中村
3 1922(大正11)年
4 鉄骨鉄筋コンクリート造・ラーメン構造
5 地上4階

>>> P.078

26 丸ノ内ビルヂング

1 桜井小太郎
2 石原信之｜大塚剛三｜川元良一｜藤村朗
3 1923(大正12)年
4 鉄骨造(カーテンウォール工法)・ラーメン構造
5 地上8階｜地下1階

>>> P.080

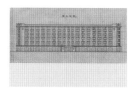

27 東京停車場前 三菱本社計画案

1 桜井小太郎
2 ―
3 実現せず
4 記載なし(鉄筋コンクリート造か)
5 地上6階｜地下1階

>>> P.085

28 仲28号館

1 藤村朗
2 岩井｜山田｜鈴木｜渡邉｜由比 他
3 1926(大正15)年
4 鉄筋コンクリート造・ラーメン構造
5 地上6階｜地下1階

>>> P.088

29 八重洲ビルヂング

1 藤村朗
2 千賀｜岩井｜本多｜川村｜由比 他
3 1928(昭和3)年
4 鉄骨鉄筋コンクリート造・ラーメン構造
5 地上8階｜地下1階

>>> P.090

30 丸ノ内ガラーヂビル

1 藤村朗
2 本多｜角｜川村｜真藤｜渡邉 他
3 1929(昭和4)年
4 鉄筋コンクリート造・ラーメン構造
5 地上6階｜地下1階

>>> P.092

31 新丸ノ内ビルヂング

1 藤村朗
2 真藤｜橋都｜青木｜大久保｜岩間 他
3 1952(昭和27)年
4 鉄骨鉄筋コンクリート造・ラーメン構造
5 地上8階｜地下2階

>>> P.094

32 大手町ビルヂング

1 鷲巣昌
2 岩間｜杉山｜梶谷｜渡辺｜酒井｜小倉｜小島 他8名
3 1958(昭和33)年
4 鉄骨鉄筋コンクリート造・ラーメン構造
5 地上9階｜地下3階

>>> P.100

33 新大手町ビルヂング

1 鷲巣昌
2 岩間｜杉山｜梶谷｜渡辺 他6名
3 1958(昭和33)年
4 鉄骨鉄筋コンクリート造・ラーメン構造
5 地上9階｜地下3階

>>> P.104

34 仲27号館

1 鷲巣昌
2 岩間｜杉山｜西村｜酒井
3 1960(昭和35)年
4 鉄骨鉄筋コンクリート造・ラーメン構造
5 地上9階｜地下2階 塔屋3階

>>> P.106

35 交通公社ビルヂング

1 鷲巣昌
2 岩間｜杉山｜梶谷 他4名
3 1960(昭和35)年
4 鉄骨鉄筋コンクリート造・ラーメン構造
5 地上9階｜地下3階 塔屋3階

>>> P.108

36 東銀ビルヂング

1 鷲巣昌
2 岩間｜杉山｜梶谷 他5名
3 1960(昭和35)年
4 鉄骨鉄筋コンクリート造・ラーメン構造
5 地上9階｜地下3階 塔屋3階

>>> P.110

37 東京商工会議所

1 鷲巣昌
2 岩間｜杉山｜建畠｜長澤 他5名
3 1960(昭和35)年
4 鉄筋コンクリート造・ラーメン構造
5 地上8階｜地下3階 塔屋3階

>>> P.112

38 千代田ビルヂング

1 鷲巣昌
2 岩間｜杉山｜梶谷 他3名
3 1961(昭和36)年
4 鉄骨鉄筋コンクリート造・ラーメン構造
5 地上9階｜地下4階 塔屋3階

>>> P.114

39 富士ビルヂング

1 鷲巣昌
2 岩間｜杉山｜渡辺｜石澤
3 1962(昭和37)年
4 鉄骨鉄筋コンクリート造・ラーメン構造
5 地上12階｜地下4階 塔屋2階

>>> P.116

40 日本ビルヂング

1 鷲巣昌
2 1期：岩間｜杉山｜梶谷｜須藤｜茶山／2期：岩間｜杉山｜梶谷｜須藤｜鱸／3期：杉山｜梶谷｜横山｜須藤｜鱸
3 1962(昭和37)年
4 鉄骨鉄筋コンクリート造・ラーメン構造
5 地上14階｜地下4階

>>> P.118

41 三菱電機ビルヂング

1 鷲巣昌
2 岩間｜杉山｜渡辺
3 1963(昭和38)年
4 鉄骨鉄筋コンクリート造・ラーメン構造
5 地上10階｜地下4階 塔屋3階

>>> P.122

42 新東京ビルヂング

1 鷲巣昌
2 岩間｜杉山｜渡辺｜伊藤｜石澤
3 1963(昭和38)年
4 鉄骨鉄筋コンクリート造・ラーメン構造
5 地上9階｜地下4階

>>> P.124

43 三菱重工ビルヂング

1 鷲巣昌
2 1期：岩間｜鱸｜徳江｜廣瀬｜前田｜竹尾｜土井／2期：岩間｜鱸｜国分｜中島｜田中｜鈴木｜枡山
3 1964(昭和39)年
4 鉄骨鉄筋コンクリート造・ラーメン構造
5 地上9階｜地下3階

>>> P.126

44　古河ビルヂング

1	鷲巣昌
2	1期：岩間｜鱸｜徳江｜廣瀬｜笹原／2期：岩間｜鱸｜徳江｜廣瀬｜前田｜竹尾｜笹原｜松井｜石田
3	1965（昭和40）年
4	鉄骨鉄筋コンクリート造・ラーメン構造
5	地上9階｜地下4階

>>>　　　　　　　P.128

45　新国際ビルヂング

1	鷲巣昌
2	岩間｜鱸｜徳江｜廣瀬｜佐藤｜石田
3	1965（昭和40）年
4	鉄骨鉄筋コンクリート造・ラーメン構造
5	地上9階｜地下4階　塔屋3階

>>>　　　　　　　P.130

46　国際ビルヂング

1	鷲巣昌
2	岩間｜鱸｜渡辺｜根本｜原｜桜井｜佐藤 他2名
3	1966（昭和41）年
4	鉄骨鉄筋コンクリート造・ラーメン構造
5	地上9階｜地下6階　塔屋3階

>>>　　　　　　　P.132

47　有楽町ビルヂング

1	鷲巣昌
2	杉山｜梶谷｜鱸｜今関｜土井
3	1966（昭和41）年
4	鉄骨鉄筋コンクリート造・ラーメン構造
5	地上11階｜地下5階　塔屋2階

>>>　　　　　　　P.134

48　新有楽町ビルヂング

1	鷲巣昌
2	岩間｜杉山｜梶谷｜鱸｜細川｜門馬｜内田 他6名
3	1967（昭和42）年
4	鉄骨鉄筋コンクリート造・ラーメン構造
5	地上14階｜地下3階　塔屋2階

>>>　　　　　　　P.136

49　タイム・ライフビルヂング

1	岩間旭
2	鱸｜渡辺｜栗生｜橋本｜山下｜山田｜小村
3	1970（昭和45）年
4	鉄骨造・ラーメン構造
5	地上15階｜地下2階

>>>　　　　　　　P.138

50　新日鐵ビルヂング

1	岩間旭
2	鱸｜梶谷｜須藤｜横山
3	1970（昭和45）年
4	鉄骨鉄筋コンクリート造＋鉄骨造・ラーメン構造
5	地上20階｜地下5階

>>>　　　　　　　P.140

51　東京會舘

1	鱸恒治＋谷口吉郎建築設計研究所
2	山崎｜村上｜虻川｜広田｜森川｜上原｜黒田｜作田
3	1971（昭和46）年
4	鉄骨鉄筋コンクリート造＋鉄筋コンクリート造（塔屋：鉄骨造）・ラーメン構造
5	地上12階｜地下4階　塔屋1階

>>>　　　　　　　P.142

52　三菱商事ビルヂング

1	岩間旭｜鱸恒治
2	田中｜中島｜鈴木 他3名
3	1971（昭和46）年
4	鉄骨鉄筋コンクリート造・ラーメン構造
5	地上15階｜地下4階

>>>　　　　　　　P.144

53　三菱ビルヂング

1	岩間旭
2	1期：中島｜井田｜田中｜鈴木｜竹島｜虻川／2期：鱸｜中島｜田中｜須藤｜鈴木｜石井｜岡田｜島村｜対木｜内田｜徳永｜相川 他2名
3	1973（昭和48）年
4	鉄骨鉄筋コンクリート造・ラーメン構造
5	地上15階｜地下4階　塔屋4階

>>>　　　　　　　P.146

　　社内で「古図面研究会」を立ち上げたのが2012年夏のこと。取り掛かったもののその量は半端ではなく、4年でやっと大正初期に到達するという状況。このペースではまずいぞ！ ということで、2020年の創業130周年にひと区切りの照準を合わせ、研究会も戦後編を立ち上げてスピードアップ、8年間かかりましたが何とか纏め上げることができました。しかし、まだ貴重な史料群の全貌を把握したに過ぎません。今後、さまざまな研究に活用されることを期待しています。

[野村和宣]

―

　　ジョサイア・コンドル、曾禰達蔵から始まる「まちづくり」について、古図面を通して見てきた。それは、人から人へと繋ぐ「街への想い」や「技術」のリレー、伝承でもあった。古図面研究会の活動もまた、人から人への伝承、人との繋がりであったと思う。手描きであった紙の図面からCADなどの電子媒体へ変わっていく中で、いかに残し、繋いでいくかが課題であるが、結局、繋ぎ、伝えるのは、人であることを改めて思う。

[江島知義]

三菱地所設計
古図面研究会メンバー

野村和宣［代表］
江島知義
須藤啓
住谷覚
東海林孝男
谷口洵
鰐淵卓
桐澤航
清水明
荒木佳子
根本裕子
平井祐一

三菱地所設計創業130周年記念
丸の内建築図集　1890-1973

2020年9月29日 初版第1刷発行
定価：本体2,700円＋税
―
編集：
三菱地所設計古図面研究会
株式会社新建築社
―
制作担当：
四方裕　老松穂波（株式会社新建築社）
―
フォーマットデザイン：
刈谷悠三＋角田奈央／neucitora
―
発行人：
吉田信之
発行所：
株式会社新建築社
〒100-6017
東京都千代田区霞が関三丁目2番5号
霞が関ビルディング17階
tel. 03-6205-4380
fax. 03-6205-4386
https://shinkenchiku.online
―
印刷所：
凸版印刷株式会社
―